《國學論文索引》全編（全四册）第三册

劉修業等 編

國家圖書館出版社

第三冊目錄

國學論文索引四編……………………一

劉修業　編

國學論文索引四編

北平：中華圖書館協會 1936年6月鉛印本

國學論文索引四編

錢玄同題

中華圖書館協會叢書

第二種

國學論文索引四編

序

國學，這二字究竟是不是一個很妥當確切的名詞？在一般人相沿應用之下，本來不大會有人加以考慮的。自從何炳松鄭振鐸二先生提出慢談國學之論，於是對於國學一名，似乎也有重加討論的需要。他們的意見是：各國都沒有所謂某國學，只有已經亡國如印度之流，纔有所謂「印度學」。又，現在不應該再沿用這籠統的名稱——國學，應該分門別類，稱中國的某某學，某某學。這幾項意見，都是値得重視的。

那麼，劉女士所編的國學論文索引，何以仍須沿用這不甚妥當的名詞呢？那別有說：

所謂國學，本含有二重意義，對於西學而言則爲「中學」，對於新學而言，則爲「古學」。國學，本不必死看作國界的表示。所以胡適之先生說：『國學在我們的心眼裏，只是國故學的縮寫』。稱國故學爲國學則所有「中學」「古學」二種意義都包涵在內了。包涵這二重意義的國學，我們覺得國學一名，尙不致成爲詬病的名詞。

不僅如此，對「國學」二字給予以一種新意義後，同時也即給予一種研究國學的新態度與新方法。一般國學研究者，有時不免分別體用，以中學爲體，西學爲用，於是只作附會之論，不肯公允地作比較的研究，這即是過於把國學看成「中學」的緣故。有時又不免抱殘守闕，墨守着傳統的見解，不肯運用近代治學的方法，則又是把國學看成「古學」的緣故。這都不是我們所蘄求的。我們認爲一方面不應囿於傳統的範圍，不妨增加許多新闢的的園地，於「國粹」之外再顧到「國渣」，同時也於「國渣」中間整理出「國粹」；這纔見國故學的重要。一方面更應利用分工的方法，各自作專門的研究；先有某種學問的專門知識，然後再來整理中國的某種學問纔能創造新的術語，獲得新的見解。這纔見國故學研究的價值。

照這樣，實在即是何鄭二先生所提倡的，所希望的意旨。而且，實際上，現在一般國學研究者也早已有意無意地照這種方向進行着。假使我們看到劉女士所編的國學論文索引三編的分類，已可看出這些趨勢；假使我們再看到她最近所編的四編之分類，其細目與三編有所出入的地方，那更可證明這是事實。然則，所謂國學云者，中國某某學某某學之共名而已。

然而，所謂中國的古學，固可以擴充爲較廣的意義，固可以適用較新的態度與方法；同時，傳統的見解與傳統的方法，却也不會一時喪墜他的地位。學術固應該有時代性，然而假使有人以曲學阿世爲恥辱，以抱殘守闕爲得計，那也是各人的自由。守經樂道，是多麼好聽的名詞；說得時髦一些，提倡東方文化，恢復中國舊道德，也不失爲動聽的口號。在此種旗幟掩護之下，可以使國學成爲所謂「國粹」，可以使國學的研究，僅僅以儒家爲中心，以經典爲本位。我們並不是不知道此種國粹式的國學也可以看出他的時代性。最明顯的，是舊時所認漢學宋學之稱。漢人宗經，成其文字訓詁之學；唐人宗經，成其文學；宋人宗經，成其性理之學；明人宗經，以六經爲注脚，成其心學；清人宗經，一方面實事求是，成考據之學，一方面以六經爲史，成爲史學。這都可以說一代有一代之學。然而正因其範圍過窄，對象相同，所以可以創爲經學即理學之論：漢宋可以溝通，文道可以合一，那麼，所謂一代有一代之學，其分別之點，也就很有限了。歷史上——或習慣上——的所謂國學，就是這麼一套，傳統的勢力，當然不會一時失墜，於是國學論文索引之內，不得不『既有文學科學之類，復具羣經諸子之名』了。這本是過渡時期中所不能免的現象。事實所限，又不能不沿用這已經約定俗成的名稱。然則所謂國學者，又不能不說是中國傳統的古學研究的意思。

也許將來，漸漸走上科學的路，於是所謂羣經諸子之學，便只同文選學一樣，於是所謂「國學」，便只是中國某某學某某學之共名於是劉女士所編的論文索引，其分類標準也比較地可以單純了。

二十五年三月二十二日　郭紹虞。

本編所收雜誌卷數號數一覽

△係藏在燕京圖的記號
○係藏在清華圖的記號
×係藏在北大圖的記號

二畫

人文月刊 人文月刊社編輯兼發行。續前編，收五卷四期至六卷十期。

人間世 林語堂主編，良友圖書公司發行。廿四年三月創刊。收一期至四十二期。

三畫

△大夏 大夏大學大夏學社編輯兼發行。廿三年四月創刊。收一卷一期至十期。

大陸 南京大陸雜誌社編輯，南京書店發行。續前編，收二卷六期至八期。

大道半月刊 天津新民編輯社編輯兼發行，廿二年十二月創刊。收一期至十四期。

大學生言論 南京中央大學生言論社編輯兼發行。廿三年七月創刊。收二期至八期。

大公報副刊 天津大公報發行。內有文藝，史地週刊，圖書副刊等，續前編，收廿三年一月至廿四年十二月。

女師學院期刊 河北省立女子師範學院出版課主編。廿二年一月創刊收一卷一期至三卷二期。

上海市通志館館刊 上海通志館編，廿二年四月創刊。收第一年一期至第二年四期。第一年一期至四期係從北大圖補足。

山東八中校刊 山東省立第八中學校刊編輯部編輯，出版部發行。廿一年十一月創刊。收一期至四期。

四畫

之江學報 之江學院文理學院編輯委員會編輯兼發行。廿二年四月創刊。收一期至四期。

之江期刊 之江文理學院學生自治會出版。收第二期。

文化批判 北平文化批判社編輯兼發行，現代書局代售。廿三年五月創刊。收一卷一期至二卷六期，又中國民族史研究特輯一冊。

文化建設 上海文化建設月刊社編輯兼發行。廿三年十月創刊。收一卷一期至二卷三期。

文化與教育 北平文化與教育社發行。廿三年十一月創刊。收一期至七十三，四期合刊。

文史 吳承仕編輯，北平中國學院國學系發行。廿三年四月創刊。收一卷一期至四期。

文史叢刊 國立山東大學編輯兼發行。廿三年五月出版。收一期。

文史叢刊 安徽大學文史學會編行。廿四年七月創刊。收一期。

文史滙刊 羅需霖編輯。國立中山大學研究院文科研究所出版。廿四年三月創刊。收一，二期。

文明之路 廣州國立中山大學文明雜誌社編輯。廿三年五月創刊。收一，二期。

文哲季刊 國立武漢大學文哲季刊委員會編輯，出版部發行。續前編，收三卷二期至五卷一期。

文哲月刊 張東蓀瞿菊農等主編，清華文哲月刊社發行，天津大公報等處代售。廿四年十月創刊。收一卷一期至三期。

文學 傅東華鄭振鐸主編，生活書店發行。廿二年六月創刊。收一卷一期至五卷六期。

文學季刊 鄭振鐸章勒以主編。廿三年一月創刊。收一卷一期至二卷三期。

△**文學雜誌** 廣州文學雜誌社編輯，國立中山大學出版部發行。廿二年二月創刊。收一期至八期。

文藝叢刊 國立中央大學文學院編輯兼發行。廿三年十一月創刊。收一卷一期至二卷一期。

文瀾學報 浙江省立圖書館編輯兼發行。廿四年一月創刊。收第一集。

文華圖書館學季刊 武昌文華大學圖書館科編輯。續前編，收六卷一期至七卷三，四期合刊。

文獻叢編 故宮博物院文獻館編輯 續前編，收十七輯至廿八輯。

中山文化教育館季刊 上海中山文化敎育館編輯兼發行。廿三年秋季創刊。收一卷一期至二卷四期。

中央時事週報 南京中央日報社編輯兼發行。收二卷一期至四卷四十二期。

中法大學月刊 北平中法大學編輯兼發行。續前編，收四卷五期至七卷五期。

中原文化 北平大學中原文化社編輯兼發行。廿三年二月創刊。收一期至廿期。

中西醫藥 上海中西醫藥研究社發行。廿四年九月創刊。收一卷一，二期。

中國文學 温州中學高中部中國文學研究會編輯。收第二期(廿三年十二月)

中國文學月刊 莊心在等編輯，讀者書店發行。廿三年二月創刊。收一卷一期至二卷二期。

△中國文學季刊 吳淞中國公學大學部中國文學系編輯，述學社出版。十八年夏創刊。收一卷一，二期

○中國語文學叢刊 國立暨南中國語文學會編輯彙發行。廿二年五月創刊。收第一期。

中國文化建設協會山西分會月刊 中國文化建設協會山西分會編輯彙發行。廿四年一月創刊。收一期至八期。

中國出版月刊 浙江流通圖書館，中國出版月刊社編輯彙發行。收二卷四，五，六期合刊至四卷五，六期合刊。

中國新論 南京中國新論編輯彙發行。廿四年四月創刊。收一卷一號至六號。

中國社會 南京中國社會問題研究會編輯彙發行。廿三年七月創刊。收一卷一期至二卷二期。

中國經濟 中國經濟研究會編輯彙發行。續前編，收二卷一期至三卷十二期

△中國近代經濟史研究集刊 陶孟和湯象龍主編，北平社會調查所出版。續前編，收二卷一期至三卷一期。

中國營造學社彙刊 中國營造社編輯。續前編，收四卷二期至六卷一期。

中華季刊 武昌大學中華季刊編輯委員會編輯彙發行。十九年二月創刊。收一卷一期至三卷一期。

中華月報　林泊生主編，上海中華日報館發行。收一卷一期至二卷十二期。

中華教育界　中華書局發行。續前編，收廿一卷三期至廿三卷六期。

中華圖書館協會會報　中華圖書館協會編。續前編，收九卷四期至十卷六期。

中學生　夏丏尊等主編，開明書局發行。續前編，收卅二期至六十期。

心力　黃綬等主編，重慶雜誌社發行。廿二年四月創刊。收一期至十二期，九期以前所可收之篇數極少。

化石半月刊　北平化石社編輯兼發行。廿三年一月創刊。收一卷一期至九期。

太白半月刊　陳望道編輯，生活書店發行。廿三年九月創刊。收一卷一期至二卷十二期。

方志月刊　中國人文地學會編輯，鍾山書局發行。續前編，收七卷一號至八卷十一，十二期合刊。

仁愛月刊　廣東仁愛善堂宣化部編輯兼發行。廿四年五月創刊。收一卷一期至五期。

天山月刊　天山月刊社編輯兼發行。廿三年十月創刊。收一期至六期。

天津益世報副刊　天津益世報發行，內附有史學，讀書週刊等。續前編，收廿三年一月至廿四年十二月。

五畫

史學　國立北京大學史學系史學會出版，北平景山書社發行。廿四年一月創刊。收一期。

史學年報 燕京大學歷史學會編輯兼發行。續前編，收二卷一，二期

×**史學論叢** 國立北京大學潛社編輯兼發行。廿三年七月創刊。收一，二期。

申報月刊 俞頌華凌其翰等編輯，申報館特種發行部發行。廿一年七月創刊。收一卷一期至四卷十二期。

生存月刊 上海生存學社編輯兼發行。收四卷一期至十二期。（廿二年八月至廿三年十二月）

正中半月刊 正中半月社編輯兼發行。廿三年十二月創刊。收一卷一期至二卷八，九期合刊。

正中校刊 河北省立正定中學校出版。收十七，八期合刊至卅三期（廿三年三月至廿四年十月）十六期以前只出單頁。

正風半月刊 吳柳隅主編，王新吾發行。廿四年一月創刊。收一卷一期至二卷一期。

民族 嚴繼光等主編，上海民族雜誌社發行。續前編，收一卷四期至三卷十二期。

民鐘季刊 廣東國民大學文法學院學術研究社編輯。廿四年三月創刊。收一期至三期。

民大中國文學系叢刊 北平民國大學中國文學系叢刊編輯委員會編，各大書局代售。廿三年一月創刊。收一卷一期。

北大社會科學季刊 詳見「社會科學季刊」因與武漢大學出版之季刊同名故加「北大」以別之。

北強月刊 北平北強月學社編輯，各大書局代售。收一卷一期至二卷五期。

北平半月刊 北平半月刊社編輯兼發行。廿三年六月創刊。收一期至九期。

北平圖書館館刊 國立北平圖書館編輯。續前編，收八卷四期至九卷三期。又補前編，收七卷三，四，五期。

北平晨報副刊 北平晨報社發行，內附有國劇週刊，學園，藝圃等。續前編，收廿三年一月至廿四年十二月。

六畫

西大學生 廣西大學學生自治會編輯兼發行。廿三年一月創刊。收一期。

考古社刊 北平燕京考古學社印行。廿三年十二月創刊。收一期至三期。

行健月刊 北平東北行健學社編輯，民友書局發行。廿一年九月創刊。收三卷一期至六卷四期。

汗血月刊 上海汗血月刊社編輯兼發行。廿二年四月創刊。收一卷一期至五卷六期。

△安雅月刊 武昌安雅月刊社編輯兼發行。廿四年二月創刊。收一期至十期。

安徽大學月刊 安徽大學編輯兼發行。續前編，收一卷六期至二卷八期。

安徽大學文史叢刊 詳見「文史叢刊」，因其與山東大學出版之「文史叢刊」同名，故加「安徽大學」以別之。

光華大學半月刊 上海光華大學半月刊編輯委員會編輯。現代書局代售。續前編，收二卷五期至四卷五期。

地理學報 中國地理學會編輯。廿三年九月創刊。收一卷一期至二卷四期。

地學季刊 中華地學會編輯，大東書局刊行。收一卷一期至二卷一期。

地學雜誌 中國地理學會編輯兼發行。續前編，收廿二年一期至廿四年四期。

江蘇研究 陸養浩，陸樹枬編輯，上海江蘇研究社發行。廿四年五月創刊。收一卷一期至八期。

江漢思潮 武漢江漢思潮社編輯兼發行。收一卷六期，又二卷一期至三卷六期。

江漢學報 國立中央大學湖北學會編輯兼發行，各大書店代售。廿二年四月創刊。收第一期。

七畫

社會學界 燕京大學社會學界編輯委員會編，社會學系發行。十六年六月創刊。收一卷至八卷。

社會科學 國立清華大學出版。廿四年十月創刊。收一卷一期。

社會科學季刊 武昌武漢大學社會學系編輯。續前編，收二卷二期至五卷四期。

社會科學季刊 北京大學社會科學季刊編輯委員會編，出版處發行。續第一編，收四卷一期至五卷四期。

社會科學叢刊 國立中央大學社會科學叢刊編輯委員會編，出版組發行。廿三年五月創刊。收一卷一期至二卷一期。

社會科學論叢 朱顯德編輯，國立廣州中山大學發行。收一卷一期至二卷二期。後改爲季刊，年出四冊。

八畫

東方雜誌 商務印書館印行。續前編，收卅一卷二期至卅二卷廿四期。

青年界 趙景深編輯　北新書店發行。續前編，收四卷六期至八卷五期。

青年文化 濟南青年文化月刊社編輯兼發行，濟南東方書社代售。廿三年十一月創刊。收一卷一期至三卷一期。

青年與戰爭 上海青年與戰爭社編輯兼發行。收三卷五期至四卷九期。

青鶴雜誌 青鶴雜誌社編輯兼發行。續前編，收二卷六期至三卷廿三期

武大文哲季刊 詳見「文哲季刊」。因恐與文哲月刊混同，故加「武大」以顯之。

武大社會科學季刊 詳見「社會科學季刊」，因與北大出版之同名，故加「武大」以別之。

金大文學院季刊 金陵大學文學院學生自治會出版。續前編，收二卷一期

金陵學報 南京金陵大學學報編輯委員編輯。續前編，收二卷一期至五卷一期。

金聲 金陵大學中國文學研究會出版。廿年五月創刊。收一卷一期。

河北女師國文學會特刊 河北省立師範學院國文學會出版部編輯兼發行。廿三年一月創刊。收一期至三期。封面只題「國文學會特刊」

河北第一博物院畫刊 河北第一博物院編輯。初爲半月刊，後改名畫刊。續前編，收四十九期至一〇二期。

河南大學學報 河南大學出版委員會編輯兼發行。廿三年四月創刊。收一卷一期至三期。

河南圖書館館刊 河南圖書館編輯兼發行。廿二年二月創刊。收一册至四册

法商半月刊 天津法商學院學生自治會編輯。廿二年十二月創刊。收一卷一期。

制言半月刊 章太炎主編，蘇州章氏國學講習所發行。收一期至七期。

長城季刊 綏遠長城社編輯兼發行。廿四年六月創刊。收一，二期。

九畫

盍旦 齊燕銘管舒予主編，北平人文書店等處代售。廿四年十月創刊。收一期至三期

前途雜誌 上海雜誌社編輯兼發行。續前編，收二卷一期至三卷十二期。

建國月刊 南京建國月刊社編輯兼發行。續前編，收十卷一期至十三卷六期。

津逮季刊 河北省立第一師範學校編輯兼發行。廿一年六月創刊。收一期至三期。

待旦 九江同文中學二六級出版，廿四年一月創刊，收創刊號。

南風 嶺南大學學生自治會編輯兼發行。收三卷至十卷之第一期。

南詔季刊 上海南詔學社編輯兼發行。廿四年三月創刊。收一期。

△南大半月刊 南開大學編輯，出版社發行。廿二年四月創刊。收一卷一期至二卷廿期。

△協大學術　福建協和大學出版委員會編輯兼發行。十九年六月創刊。收一期至三期。

政衡　南京政衡月刊社編輯兼發行。廿三年一月創刊。收一卷一期至二卷六期。

政治經濟學報　天津南開大學經濟研究所編。收三卷一期至四卷一期。續經濟統計季刊發行，於廿三年十月出第三卷改此名。

食貨半月刊　陶希聖主編，新生命書店發行。廿三年十二月創刊。收一卷一期至三卷二期。

禹貢半月刊　顧頡剛譚其驤主編，禹貢學會出版。廿三年三月創刊。收一卷一期至四卷八期。

故宮週刊　故宮博物館編輯兼發行。續前編，收三三〇期至四九二期。

十畫

海天　開封海天學術研究社編輯兼發行。廿三年五月創刊。收一卷一，二期。

海潮音　海潮音雜誌社編輯。續前編，收十四卷二號至十六卷十二號。

涇濤　隴東留平學會編輯兼發行。收七期至十期，又二卷一期。

浙江省立圖書館月刊　浙江省立圖書館編輯兼發行。續前編，收三卷一期至四卷六期。

朔望半月刊　徐朗西主編兼發行。廿二年五月創刊。收一期至廿一期。

珞珈月刊　國立武漢大學珞珈月刊社編輯兼發行。廿二年十一月創刊。收一卷一期至二卷八期。

師大月刊 師範大學師大月刊社編輯委員編。續前編，收七期至廿二期。

哲學與教育 國立武漢大學哲學與教育學會編輯委員會編輯兼發行。廿一年六月創刊。收一卷一期至四卷一期，第一卷可收之論文極少。

十一畫

紫光 安平縣立鄉村師範學校出版。廿四年一月創刊。收一期。

細流 北平輔仁大學細流社編輯兼發行。廿三年四月創刊。收一期至四期。

船山學報 周逸主編，長沙湖南船山學社發行。收四期至七期（廿三年十二月至廿四年一月）。

教授與作家 上海教授與作家協會編輯，現代書店發行。廿三年七月創刊。收第一期。

清華週刊 清華週刊社編輯兼發行。續前編，收四十卷十期至四十三卷十二期。

清華學報 清華大學學報社編輯。續前編，收八卷三期至十卷四期。

○清華政治學報 國立清華大學政治學會編輯兼發行。廿年一月創刊。收一卷一期。

現代史學 國立中山大學史學研究會發行。續前編，收二卷一期至四期。

現代學生 孟壽椿劉大杰主編。續前編，收三卷三，四期。又補前編，收二卷十一，十二期。

國民文學 國民文學月刊社編輯，上海汗血書店發行。廿三年十月創刊。收一期至五期。

國立中山大學文史學研究所月刊 國立中山大學文史學研究所編輯。續前編，收一卷三期至三卷三期。

國立中山大學研究院文史專刊 國立中山大學研究院文科研究所歷史學部編輯，出版部出版。廿四年十二月創刊。收一期。

國立北平大學學報 國立北平大學編輯。收一卷二期至四期。

國立四川大學季刊 國立四川大學季刊編輯委員會編輯兼發行。廿四年七月創刊。收一期。

國立武漢大學四川同學會會刊 國立武漢大學四川同學會編輯兼發行。收一卷二期（廿三年十二月出版）。

國風半月刊 柳詒徵等主編。續前編，收四卷四期至七卷四期。

國光雜誌 長沙國光雜誌社編輯兼出版。廿四年五月創刊。收一期至十一期。

國聞週報 天津國聞週報社編輯。續前編，收十一卷一期至十二卷五十期。

國語週刊 國語統一籌備委員會印行。續前編，收二十期至一八七期。由北平世界日報每星期六刊行，但亦另有單行本發行。

國專月刊 無錫國學專修科學生自治會出版委員會編輯兼發行。廿四年三月創刊。收一卷一期至二卷四期。

國畫月刊 上海中國畫會月刊社編輯兼發行。廿三年十一月創刊。收一卷一期至十二期。

國學季刊 國立北京大學國學季刊編輯委員編輯。續前編，收四卷一期至四期。

國學商兌 國學會編審委員會國學論衡編纂部編輯兼發行。廿二年一月創刊。收一期。

國學論衡 第一期名國學商兌，至第二期改此名。收二期至五期。

國衡半月刊 國衡半月刊編輯兼發行。廿四年五月創刊。收一卷一期至七期。

國論 常燕生編輯，上海國論月刊社發行。廿四年七月創刊。收一期至四期。

十二畫

進展月刊 北平進展月刊社編輯兼發行。續前編，收三卷一期至四卷四期。

衆志月刊 北平衆志學社編輯兼發行。收一卷一期至三卷一期。

詞學季刊 龍沐勛編輯，民智書局發行。續前編，收一卷四號至二卷四號。

華北月刊 華北月刊社編輯兼發行，立達書局代售。廿三年一月創刊。收一卷一期至三卷一期。

華西學報 成都華西協合大學中國文學系編輯兼發行。廿二年九月創刊。收一期至三期。

湖社月刊 金陵湖編輯，北平湖社畫會發行。十六年十一月創刊。收一冊至九十七冊。中缺廿冊至四十冊。

湖南大學期刊 湖南大學學生自治會編纂委員編輯兼發行。收五期至九期，又二卷四，五期。

厦大週報 厦大週刊部發行。續前編，收十三卷十期至十四卷廿六期。

厦門大學學報 厦門大學編譯委員會編輯，販賣股編輯。續前編，收二卷一期至三卷一期。

厦大圖書館館報 厦門大學圖編輯兼發行。廿四年九月創刊。收一卷一，二期

十三畫

福建文化 福建協和大學發行。廿年十二月創刊。收一卷一期至十期。

△經濟學季刊 唐慶增主編，中國經濟學社出版，商務印書館代售。十九年三月創刊。收一卷一期至六卷三期。

經濟學季刊 中國經濟學社出版。十九年四月創刊。收一卷一期至四期。

經濟學報 黃松齡主編，北平中國學院經濟系出版。廿四年七月創刊。收一卷一期。

新中華 新中華雜誌社編輯，中華書店發行。續前編，收二卷四期至三卷廿四期。

新中國 上海新中國雜誌社編輯兼發行。續前編，收四期至六期。

新文化月刊 南京中央大學新文化月刊社編輯兼發行。廿二年一月創刊。收一卷一期至二卷二，三期合刊。

新民月刊 陳玉崑，鍾介民主編，廣州明德社發行。廿四年五月創刊。收一卷一期至四，五期合刊。

新時代月刊 曾今可主編。續前編，收四卷六期至六卷二期。

新創造月刊 北平華北大學新創造月刊社主編兼發行。廿三年十一月創刊。收一卷一期至二卷四期。

△新社會科學季刊 南京中華社會科學社編輯，正中書局發行。廿三年二月創刊。收一卷一期至三期。

新亞細亞月刊 南京亞細亞月刊社編輯兼發行。續前編，收六卷四期至十卷五期。

新蒙古 北平新蒙古月刊社編輯兼發行。收一卷六期至三卷四期。

新學生 汪馥泉編，光華書局發行。續前編，收四，五期。

十四畫

輔仁學誌 北平輔仁大學發行。續前編，收四卷一，二期。

輔仁廣東同學會半年刊 北平輔仁大學廣東同學會出版股編輯兼發行。收一卷二期，二卷一期。

圖書展望 浙江省立圖書館圖書展望部編輯。廿四年十月創刊。收一期至三期。

圖書季刊 國立北平圖書館編印，世界文化合作中國協會出版。廿三年三月創刊。收一卷一期至二卷三期。

圖書館學季刊 中華圖書館協會編輯兼發行。續前編，收七卷四期至八卷三期，又補前編，收六卷三期。

齊大季刊 濟南私立齊魯大學印行。續前編，收四期。

廣州大學圖書館季刊 廣州大學圖書館編輯兼發行。廿二年六月創刊。收一卷一期至二卷一期。第一卷在燕京圖補足。

十五畫

蒙藏月報 蒙藏月報委員會編輯。收三卷一期至四卷三期。

劇學月刊 金悔虛主編。續前編，收二卷十二期至四卷六期。

甌風雜誌 甌風雜誌社編輯兼發行。廿三年一月出版。收一期至十九，廿期合刊。

磐石雜誌 北平輔仁大學磐石雜誌社編輯，天津益世報館發行。廿一年六月創刊。收一卷一期至三卷十期。

十六畫

燕京學報 燕京大學哈佛燕京學社編輯兼發行。續前編，收十四期至十八期。

燕京大學圖書館館報 燕京大學圖書館編輯。續前編，收卅八期至八十三期。

學文月刊 葉超編輯，學文月刊部發行。廿三年五月創刊。收一卷一期至四期。

學術季刊 太原學術編譯社編輯兼發行。廿三年五月創刊。收一，二期。

學術世界 陳柱尊編輯，上海學術世界編譯社出版。廿四年六月創刊。收一期至六期。

學風 安徽省立圖書館編印及發行。續前編，收四卷二期至五卷十期。

學藝 上海中華學藝社編輯兼發行。續前編，收十三卷二號至十四卷九號。

十七畫

勵學 國立山東大學勵學社編輯兼發行。續前編，收二期至四期。

嶺南學報　嶺南大學學報編輯委員會編輯，各大書局代售。收三卷一期至四卷二期。

十八畫

歸納雜誌　上海歸納雜誌社編輯，華通書局發行。續前編，收二期。

轆轤季刊　羅曼主編，武漢轆轤季刊社發行。廿三年五月創刊。收第一期。

十九畫

〇藝觀　中國藝術學會編輯，續前編，收第六期。

邊事研究　邊事研究會編譯組編輯兼發行。廿三年十二月創刊。收一卷一期至三卷一期。

勷勤大學季刊　勷勤大學出版委員會編輯。廿四年十月創刊。收第一期。

二十二畫

讀書生活　李公樸主編，上海雜誌公司發行。廿三年十一月創刊。收一卷一期至三卷十二期。

讀書季刊　中國文化建設協會北平分會主編兼發行。廿四年六月創刊，收一、二期。

讀書顧問　王平陵主編，南京正中書局發行。廿三年四月創刊。收一期至四期。

國學論文索引四編目錄

一、總論　一——九
二、經類　一一——三六
（1）通論　一一——一三
（2）石經　一三
（3）易經　一三——一六
（4）書經　一六——二〇
（5）詩經　二〇——二六
（6）禮　二六——二九
（7）春秋　二九——三一
（8）孝經　三一——三二
（9）四書 孔教附　三二——三六
三、語言文字學　三七——六二

(1)通論　三七——三九
(2)六書　附甲骨文　四〇——四二
(3)聲韻　四二——四七
(4)方言　四七——四九
(5)專著　四九——五三
(A)爾雅廣雅　四九——五〇
(B)玉篇　五〇
(C)說文　五〇——五一
(D)韵書　五一——五三
(6)訓詁與釋字　五三——五六
(7)國語　五六——五八
(8)文法與修辭　五八——六二
四、考古學　六三——八一

(1)通論 六三——六四
(2)甲骨 六四——六五
(3)金石 六五——七五
(A)通論 六五——六八
(B)金 附鏡鑑泉幣印璽 六八——七一
(C)石刻 附佛像玉器 七一——七五
(4)雜考 七五——七九
(5)雜記 七九——八一
五、史學 八三——一五六
(1)通論 八三——八六
(2)專著 八六——九七
(A)正史 八六——九〇
(B)雜史 九〇——九七

(3)歷代史料　九七——一〇一
(4)中外關係 附中日關係　一〇一——一〇七
(5)近代檔案　一〇七——一一一
(6)太平天國　一一一——一一七
(7)官制與兵制 附官俸軍餉與兵器　一一七——一二一
(8)民族　一二一——一三一
(9)傳記　一三一——一五〇
(A)分傳　一三一——一四七
(B)合傳　一四七——一五〇
(10)雜考　一五〇——一五六
六、地學　一五七——一九九
(1)通論 附邊疆問題　一五七——一六一
(2)專著　一六一——一六五

(3)各省地理 一六六——一七二
(4)地理沿革 一七二——一七六
(5)方志與輿圖 一七七——一八一
(6)河流山脈與鑛產 一八一——一八五
(7)交通 附郵政 一八五——一八七
(8)遊記 附古蹟 一八七——一九五
(9)雜考 一九五——一九九
七、諸子 二〇一——二三七
(1)通論 二〇一——二〇五
(2)專論 二〇五——二二八
(A)儒家 二〇五——二一七
(B)道家 二一七——二二二
(C)墨家 二二二——二二三

(D)名法家　二二三——二二五
(E)其他(附陰陽五行諸家)　二二五——二二八
(3)雜著(以著者署名筆畫簡繁爲次)　二二八——二三七
八、文學　二三九——三二二
(1)通論　附歷代文學叙略　二三九——二四六
(2)文學家評傳　二四六——二六〇
(A)分傳　二四六——二五七
(B)合傳　附論文人的生活　二五七——二六〇
(3)文集(先總集後別集)　二六〇——二六三
(4)辭賦　二六三——二六七
(A)楚辭　二六三——二六六
(B)賦　二六六——二六七
(5)詩　二六七——二八二

（A）通論 附歷代詩叙略 二六七—二七三
（B）專論 二七三—二七九
（C）詩話 附聯話 二七九—二八二
（6）詞 二八二—二九〇
（A）通論 附歷代詞叙略 二八二—二八五
（B）專論 二八五—二八九
（C）詞話 二八九—二九〇
（7）戲曲 二九〇—三一〇
（A）通論 附歷代戲曲叙略 二九〇—二九六
（B）專論 二九六—三〇五
（C）劇譚（關于化裝角色與音韻等） 三〇五—三一〇
（8）小說 三一〇—三一九
（A）小說史 三一〇—三一一

(B)專論　三一一——三一九
(9)小品文　三一九——三二二
九、科學　三二三——三三〇
(1)通論　三二三
(2)天文曆法　三二三——三二五
(3)算學　三二五——三二六
(4)氣象　三二六——三二七
(5)醫學　三二七——三二九
(6)動植物學及其他　三二九——三三〇
十、政治　三三一——三四二
(1)政治史　附地方政制　三三一——三三四
(2)政治思想　三三四——三三八
(3)外交　三三八——三三九

（4）法律 附公文 三三九——三四一
（5）吏治與其他 三四一——三四二
十一、經濟學 三四三——三六一
（1）經濟史 三四三——三四七
（2）經濟思想 三四七——三四八
（3）貨幣 附金融問題 三四八——三五二
（4）工商業 三五二——三五五
（5）賦稅 三五五——三六一
（A）田賦 三五五——三五八
（B）關稅與鹽務 三五八——三六〇
（C）其他 三六〇——三六一
十二、社會學 三六三——三九六
（1）社會史 三六三——三六八

(2)社會思想　三六九——三七〇
(3)社會問題的研究　三七〇——三八八
(A)人口　三七〇——三七三
(B)土地　三七三——三七六
(C)農村　三七六——三八〇
(D)保甲　三八〇——三八一
(E)匪亂　三八一——三八三
(F)奴隸　三八三——三八四
(G)家庭與婦女　三八四——三八七
(H)士大夫　三八七——三八八
(4)民俗（關于喪葬婚禮及節令神祗）　三八八——三九二
(5)雜考　三九二——三九六
十三、教育學　三九七——四〇四

(1)教育史　三九七—三九八
(2)教育思想　三九八—三九九
(3)書院 附現代各大學史略　三九九—四〇一
(4)近代教育　四〇一—四〇三
(5)考試制度　四〇三—四〇四
十四、宗教　四〇五—四一七
(1)通論　四〇五—四〇六
(2)佛教　四〇六—四一六
(A)通論　四〇六—四〇七
(B)佛教史附宗教，寺廟　四〇七—四一二
(C)佛經與釋義　四一二—四一六
(3)其他　四一六—四一七
十五、藝術　四一九—四三五

(1)通論　四一九——四二〇
(2)書畫　四二〇——四三一
(A)書　四二〇——四二二
(B)畫　四二二——四三一
通論　四二二——四二七
畫史　四二七——四三一
(3)建築　四三一——四三四
(4)竹刻與其他　四三四——四三五
十六、音樂 附曲譜歌舞　四三七——四四一
十七、圖學　四四三——四七〇
(1)通論　四四三——四四四
(2)各地圖書館概況　四四四——四四六
(3)目錄學附編目學　四四六——四四九

(4)檢字索引與辭典　四四九——四五一
(5)印刷與版本　四五一——四五二
(6)校勘學　四五三
(7)書目　四五三——四六八
(A)普通　四五三——四五八
(B)專科　四五八——四六二
(C)善本　附禁書　四六二——四六五
(D)地方著述目　附孔門後學考　四六五——四六七
(E)個人著述考　四六七——四六八
(8)四庫全書　附圖書集成　四六八——四七〇
附錄
一、學術界消息　四七一——四七五
二、新書的評介　四七五——四八二

一、博物的報介 ………………………………………………… 四十五——四八二

二、學術界消息 ………………………………………………… 四十二——四十五

叢載 ………………………………………………………………… 六八——四十○

（一）國學全書　附國學季刊 …………………………………… 六八——四十○

（四）時人著述表 ………………………………………………… 六七——四六八

（三）亡友遺書目　國故門與學季 ……………………………… 六六——四六七

（二）善本　附學季 ……………………………………………… 六二——四六五

（B）叢書總目 …………………………………………………… 六一——四六三

（A）書面新書總目 ……………………………………………… 五九——四六一

十七（二）書目 …………………………………………………… 五八——四五九

（二）劉刻本 ……………………………………………………… 五五——四五八

（三）明本與舊基索引 …………………………………………… 五三——四五四

（四）殿板與武英殿本索引 ……………………………………… 五三——四五四

40

國學論文索引四編

一 總論

國學漫談 李耀春 讀書月刊一卷二，三，四期

國故論衡疏證 龐俊 華西學報二，三期

國學必讀簡要目錄序 孫德謙 大夏一卷十期

國學基本叢書第二集之商榷 袁大韶 圖書季刊一卷四期 大公報圖書副刊六十八期（廿四年二月廿八日）

四部叢刊續編的評價 斐雲 大公報圖書副刊廿三，廿四期（廿三年四月廿一日，廿八日）

羣籍源流攷凡例 王蘧常 大夏一卷九號

論國學之類別及其途徑 傅佛崖 正中半月刊二卷一，二，三期

論經史實錄不應無故懷疑 章炳麟 浙江省立圖書館館刊四卷四期

論經史儒之分合 章太炎 光華大學半月刊四卷五期

中文讀法研究的總述及其應待解決問題的分析 杜佐周 中山文化教育館季刊二卷一期

這篇將近年來關于中文讀法心理的研究論文作一有系統的介紹

研究國學之方法　傅佛崖　正中半月刊一卷五，六期

研究國學之宗旨　傅佛崖　正中半月刊一卷七期

研究國學之途徑　支昂子　國光雜誌九，十，十一期

研究國學困難問題之解答　夏承燾　圖書展望一期

探索國學的敲門磚　雲英　出版週刊七八號

涉覽書的二大類別及其提要　汪辟疆　讀書顧問季刊二，三，四期

御書術　錢亞新　女師學院期刊二卷一期

古書讀法略例序　孫德謙　歸納雜誌二期

讀劉靜修叙學書後　張壽鏞　光華大學半月刊三卷一期至五期連期刊登

原學　高誼　甌風雜誌十三期

原學　陳柱　學術世界一卷五期

與陳柱尊教授論學書　張爾田　李源澄　學術世界一卷三，四期

與張孟劬教授論學書　陳柱　學術世界一卷四期

與吳宓論學書 張爾田 國風月刊七卷一期

論學書五通 學術世界一卷六期

中國發現「人」的歷史 羅根澤 清華學報九卷一期

中國人文思想的骨幹 潘光旦 人文月刊五卷一期

中國民族文化特輯 進展月刊四卷一，二合期

中國民族氣質與文化 陳文淵 協大學術三期

老子孔子與中國民族 長谷川如是閑著 孟子眞譯 文化建設一卷十期

中國歷代民氣考略 蔣希益 社會半月刊一卷九，十期合刊

中國史前文化概略 裴文中 天津益世報社會思想五七，五八期（二十二年十二月十一，十八日）

中國古代文化的剖視 李立中 文化建設一卷十二期

中國文化根本精神之一種嘗試解釋 唐君毅 文藝叢刊二卷一期

中國新舊兩石器時代的文化相 勗庵譯 文化與教育四十六期 譯自西村眞次著世界古代史中國文化之部

從國史觀察牧畜時代之文化 吳貫因 正風半月刊一卷六，七期

中國文化擴展之地理的背景　孟世傑　國立北平大學學報一卷四期（文理專刊）
中華民國文化史編首解題　顧惕生　國專月刊一卷三期
中國文化之原始　Henri Maspero著　蒂若譯　中法大學月刊四卷三期
中國文化論　閻燦文　新社會科學一卷四期
中國南北文化的起源　Carl Whiting Biohop　黃澤浦譯　集美週刊十八卷二期
南北文化觀　陳序經　嶺南學報三卷三期
漢魏時代東北之文化　馮家昇　禹貢半月刊三卷三期
魏晉南北朝文化之動向　高邁　新社會科學季刊創刊號
魏晉南北朝的面面觀　姚漁湘　天津益世報社會思想六一期至六四期（廿三年一月八，十五，廿二，廿九日）
——現代社會之一幕背景——
滿清統治下漢族之民族思想的演變　周玉麟　南詔季刊創刊號
中印文化溝通　譚云山　前途雜誌二卷十號
中西文化之比較觀　羅素著　谷芳譯　中華季刊二卷四期

中國的倫理思想　陳高傭　文化建設月刊一卷一期　仁愛月刊一卷一期

倫理正名論　林損　甌風雜誌七期至十二期，又十四期，十五，六期合刊

中國之社會倫理　馮友蘭　社會學界一卷

中國德目源流考　伍非百　中國之倫理觀　新亞細亞月刊八卷二期

書與詩中的哲理　蔣維喬　新中華二卷十五期

研究中國思想史的幾個前提　譚丕模　文史創刊號

學術思想和民族性　林宰平　〔就中國方面說〕　文哲月刊一卷一期

中國學術原衍闡微　姜亮夫　民族三卷四期

中國學術思想分期標準的討論　詠林　中原文化十六，十七期合刊

中國學術思想概論　鏡　涇濤九期

中國學術思想之回顧與前瞻　潘壽田　安徽大學文史叢刊一卷一期

漢初學術考略　謝之勃　國專月刊二卷四期

漢代學術　顏昌嶢　船山學報五期

漢學論　章炳麟　文藝叢刊二卷一期　制言半月刊一期

漢學與宋學　錢穆講　劉大洲記　磐石雜誌二卷七期

宋學之由來及其特殊性　武內義雄著　魏守樸譯　國光雜誌九，十，十一期

戰國秦漢間人的造僞與辨僞　顧頡剛　史學年報二卷二期

據天文曆法以考古籍眞僞年代之方法　王丙樣　民大中國文學系叢刊一卷一期

宋儒疑古考略　紀國宣　師大月刊廿二期

明清兩朝學術轉變關係國家興衰論　王夔武　安雅月刊一卷八期

清代學術之系統　章太炎講　柴德賡記　師大月刊十期

道光以前清代學術變遷之大勢　張鶴齡　正中校刊廿六，廿七期

清儒學案序　張爾田　國風半月刊五卷八，九合期

近百年之讀書運動　錢穆　天津益世報讀書週刊一，五，十四，廿五期(廿四年六月六日；七月四日；九月五日；十一月廿一日)

(一)陳灃，(二)曾國藩，(三)張之洞

清代江蘇學術概略　陸樹枏　江蘇研究一卷一期

論湘學 陳鼎忠 湖南大學期刊五期

從地理民族學術的變遷說到研究福建文化的途徑 王孝泉 福建文化一卷三期

吳越錢氏之文化 夏定域 文瀾學報一集

清末的西學源出中國說 全漢昇 嶺南學報四卷二期

日本之漢學 蘇叔嶽演講 竇祥筆記 浙江大學文理學院會刊三期

最近日本帝大研究中國學術之概況 王鐘麟 金陵學報二卷一期

歐人之漢學研究 石井幹之著 朱滋萃譯 中法大學月刊四卷一期至五期連期刊登，又五卷一期

歐美研究中國學術之雜誌 樊哲民 行建月刊六卷四期

馬伯樂之近代「漢學」研究論 何永譯 天津益世報讀書週刊廿九，卅期（廿四年十二月十九，廿六日）

中國哲學是如何一回事 熊十力 文哲月刊一卷一期

馮友蘭中國哲學史下卷 張蔭麟 清華學報十卷三期 附著者答書

近二十年來中國思想界的轉變及學術的進展 陳鐘凡講 宋琴心記 協大學術二期

廿二年來之中國哲學思潮 艾思奇 （中華月報二卷一期）

現代中國哲學界之解剖　孫道昇　國聞週報十二卷四十五期　北平晨報思辨十七期(廿四年十月七日)

十年來之中國思想界　全增嘏　大夏一卷五期(十週紀念特刊)　人言週刊一卷卅七期

十年來之國學商兌　錢基博　光華大學半月刊三卷九，十期

中國國文教學問題　王恩華　高玉雙　師大月刊十期

中國文教學目的之研究　阮眞　中華教育界廿二卷五，六期

中學國文教學之目的　姜炳興　新文化月刊六期

中學國學用書敘目　汪辟彊　國衡半月刊創刊號

中學國文教學之檢討　姚毅成　大夏一卷九號

與無錫師範學生談國文教學　阮眞　中華教育界廿一卷六期

國文教學的基本問題　阮眞　中華教育界廿一卷十一期

初中國文科新課程標準之實施的研究　廈大週刊十三卷十五期至十八期，廿期至廿二，三期合刊連期刊登

高初中國文教學及部頒新標準之商榷　王學易　勵學一卷二期

由「新舊文學之爭」談到目前中學國文課程　徐九思　江漢思潮二卷一期

國文教學的經驗談 常任俠 讀書季刊三期
國文教學之商榷 涂公遂 河南大學學報一卷一期
關于國文教學上的幾個問題 丁易 文化與教育五十九期
與劉文典教授論國文試題書 陳寅恪 學衡七十九期

[illegible]

與劉文典教授論國文試題書　陳寅恪　學衡七十九期

關於國文教學上的幾個問題　丁易　文化與教育五十九期

國文教學之商榷　[illegible]　河南大學學報一卷一期

[illegible]

二 經類

(1)通論

原經 麗俊 華西學報一期

羣經臆說 馬宗霍 國學論衡二期

我之對於經學之淺識 六經生面室 船山學報四期

論經學書三通 章炳麟 李源澄 學術世界一卷二期

經學與儒學 王曉舟譯 文化與教育五十四期
—拙譯瀧熊之助中國經學史第一章之前三節

述今古文之源流及其異同 章太炎講 潘承弼記 國學論衡二期

論焚書阬儒 楊樹人 安雅月刊一卷十期

三國六朝經學上的幾個問題 張西堂 師大月刊十八期
(一)所謂玄學對於經學的影響，(二)魏晉以降太學博士的增損，(三)經傳的分合與經傳的集解，(四)義疏的興起與義疏之內容，(五)所謂三傳之學及其他。

王安石的經學概論初稿 徐振亞 學藝雜誌十四卷七號

皮錫瑞經學通論書後 楊敏曾 國風半月刊五卷六，七合期

辜庵札記　開惕　安雅月刊一卷四，五，六期
述經，

小抱遺經室經札　呂思勉　光華大學半月刊三卷七，八期
內容：(一)左右史，(二)周官五史，(三)毀譽褒貶。

讀書劄記　程尚川遺著　華西學報三期
書經九條，詩經八條，易經二條，禮記十三條。

瀛書胜語　賀昌羣　大公報圖書副刊卅八期(二十三年八月四日)
—中國經典的翻譯—

論讀經　章太炎　國風半月刊六卷七，八號
演講稿三篇

論讀經有利而無弊　章太炎講　國光雜誌五期　正論卅期

再釋讀經之異議　章太炎講　國光雜誌六期　正論卅一期

讀經問題「老話」　黎錦熙　中華教育界廿二卷十二期　文化與教育五十一，五十二期

讀經芻言　徐炎文　國專月刊一卷五期

讀經平議　賀嶽僧　正中半月刊一卷六期

讀經問題　馬宗榮　中國新論一卷三號

讀經與尊孔在中國文化上之地位及其方式之研究　陳嘉異講　劉國剛記　國光雜誌二，三期

我們今日還不配讀經　胡適　中華教育界廿二卷十二期

對大公報「論學校讀經」之意見 健齋 國光雜誌一期

論學校讀經並質傅孟真胡適之 黃寶昌 安雅月刊一卷五期

反存文讀經特輯 青年文化二卷二期

（2）石經

談石經 張汝舟 學風五卷七期

漢熹平石經殘字拓本 河北博物院畫刊九十五期

文于二氏所藏漢熹平石經周易殘石校定記 胡光煒 國風半月刊五卷二號

蜀石經攷異敘錄 吳承仕 國學論衡五期上

舊杭州府學南宋石經考 張崟 浙江圖書館館刊四卷一期

（3）易經

易述 胡遠濬遺著 文藝叢刊一卷一期

易名考原 王璠 學風四卷四期

易經與卜辭的比較研究 李星可 中法大學月刊五卷四期

易學大意演講稿　李崇元　國學商兌一卷一期

易經字說　徐式圭　學藝十四卷九號

與章太炎先生論易書　吳承仕　附覆書　國學論衡五期下

周易札記　介人　仁愛月刊一卷三期

讀易札記　劉奉璋關紆惕棣棠合編　仁愛月刊一卷一期

讀易臆斷　沈瓞民　制言半月刊三期至七期連期刊登

讀易隨筆　丘均山著　鄭德坤標點　厦大週刊十四卷一，二，四，五，七，八，九，十期

讀易誌疑　李源澄　學術世界一卷三期

易十翼質疑　宇野哲人著　羅儒霖譯　國立中山大學文史學研究所月刊三卷一期

—原文載狩野還曆支那學論叢—

周易象理數之研究　沈延國　光華大學半月刊二卷六，七期

易繫傳釋九卦大意　李翊灼　國風半月刊五卷六，七合期

易用九羣龍無首說　金天翮　國學商兌一卷一期

周易暌上九爻辭新解　曾謇　北平晨報學園六九四號（二十三年六月廿五日）

易卦，爻辭攷略　何行之　讀書季刊一卷二號

周易卦爻辭之宗教觀　黎正甫　磐石雜誌二卷十一期

易說卦巽爲寡髮解　于省吾　考古社刊三期

述八卦的世界性兼評一般的錯誤　周了因　朔望半月刊十十一號

八卦爲原始語根考　周了因初稿　朔望半月刊五，六，八，九號

虞氏易旁通義舉例　李翊灼　文哲月刊一卷二期

王弼注易用老攷　鄭慕雍　勵學三期

周子太極圖說今釋　劉斯楠　國專月刊一卷一期
周子濂溪作「太極圖說」乃共調和易與老子思想的著作

周子通書今釋　劉斯楠　國專月刊一卷二，四期

易圖書學傳授考源　高明　文藝叢刊一卷一期

萊布尼茲的周易學　劉百閔　學藝十四卷三號
這篇是譯自日本五來欣造博士著「儒敎于德意志政治思想之影響」書中，萊布尼茲對于周易新解釋的一篇

包樸莊先生易玩跋　沈延國　光華大學半月刊四卷一期

易感通義與佛說緣生義之比觀　李翊灼　國風半月刊五卷十，十一合期

周易與玄學　張東蓀　北平晨報思辨五期（廿四年六月七日）

演玄　徐昂　之江學報四期

（4）書經

尙書序目決疑　邵次公　河南圖書館館刊第一册

尙書正讀　星笠　文學雜誌八期

尙書續說　太炎　制言半月刊一期

內容：（一）說西伯戡黎序，（二）說太誓序惟十有一年，（三）說金縢篇成王疑周公事。

尙書大義自序　唐文治　國學論衡二期

尙書覈詁　楊筠如　北强月刊二卷一，二，四期

評楊筠如著尙書覈詁　童書業　天津益世報讀書週刊廿四期（廿四年十一月十四日）

評顧著尙書研究講義第一册　童書業　浙江圖書館館刊三卷六期

評李泰棻著今尚書正偽 楊向奎 天津益世報讀書週刊十七期（廿四年九月廿六日）

今文尚書古文尚書以外尚有尚書 吳貫因 正風半月刊一卷十五期

古文尚書拾遺 章炳麟 國學論衡四期上，五期下

太史公古文尚書說 章炳麟 國學論衡四期上

跋閣百詩尚書古文疏證 錢穆 國立北平圖書館館刊九卷三號
—附辨黃梨洲授書隨筆—

尚書釋文敦煌殘卷與郭忠恕之關係 洪業 燕京學報十四期

從韓非子中所考見之書經 日本藤川熊一郎著 志鵬譯 西北論衡十九期至廿二，廿三期，合期
—譯自一九三四年日本出版之東洋文化第一百十四至七期—

兩漢書經說考 蔣庭曜 學術世界一卷二，三，四，六期

百兩篇 呂思勉 光華大學半月刊二卷九期

再論堯典著作時代 勞榦 禹貢半月刊二卷十期

堯典著作時代問題之討論 顧頡剛等 禹貢半月刊二卷九期

從地理上證今本堯典為漢人作 顧頡剛 禹貢半月刊二卷五期

李泰棻著「堯典正譌」糾繆　楊向奎　浙江圖書館館刊四卷五期

說驩兜所放之崇山　童書業　禹貢半月刊四卷五期

禹貢的地位　李素英　禹貢半月刊一卷一期

禹貢之研究　徐林　國專月刊一卷五期

從夏禹治水說之不可信談到禹貢之著作時代及其目的　許道齡　禹貢半月刊一卷四期

梁惠王與禹貢　馬培棠　禹貢半月刊二卷五期

大梁學術　馬培棠　禹貢半月刊二卷六期

禹貢與禹都　馬培棠　禹貢半月刊三卷八期

禹貢與紀年　馬培棠　禹貢半月刊二卷十期

說禹貢州數用九之故　張公量　禹貢半月刊一卷四期

崔邁之禹貢遺說　顧頡剛　禹貢半月刊三卷四期
內容：(一)「訥庵筆談」中之禹貢部分，(二)朱子彭蠡辨疑

「雲土夢作乂」　陳家驥　禹貢半月刊一卷一期

「雲土夢」　張公量　禹貢半月刊一卷一期

「泗濱浮磬」考 于省吾 禹貢半月刊四卷八期

「覃懷」考 郭豫才 禹貢半月刊三卷六期

禹貢三江說論辯 陳朝爵 國學論衡三期

禹貢黑水考 滇人 地學雜誌廿四年四期

黑水有三考 趙大煊 華西學報二期

一在雍州之域，一在梁州之域，一繫導江之後。

禹貢之沇水 袁鍾似 禹貢半月刊一卷八期

沱潛異說彙考 黃席羣 禹貢半月刊三卷二期

商書盤庚上篇考釋 陳鍾凡 學術世界一卷二期

盤庚上篇今譯 曾廣烈 學術世界一卷五期

修正盤庚篇今譯 孔昭聲 學術世界一卷六期

洪範合象數以應洛書例 黃元炳 國學論衡三期

洪範微 張其淦 國學論衡五期上

洪範微自序 張其淦 國學論衡五期上

太誓決疑　邵次公　河南圖書館館刊第二冊

與邵瑞彭論太誓書　章炳麟　國學論衡三期

文侯之命釋疑　温廷敬　國立中山大學文史學研究所月刊二卷二期

周書周官職方篇校記　王樹民　禹貢半月刊一卷一期

職方定本附章句芻說　王樹民　禹貢半月刊一卷一期

尙書中台字新解　容庚　考古社刊二期

關于尙書中台字新解之討論　沈春暉　考古社刊三期

(5)詩經

詩三百篇義旨參考書目備要　堉五　中原文化十四期

孔子刪詩辨　李常山　北平晨報思辨十九期(廿四年十月廿五日)

孔子未曾刪詩辨　華鐘彥　女師學院期刊二卷二期

辨孔子刪詩　朱祖英　北平半月刊七期

詩序　呂思勉　光華大學半月刊二卷十期

詩序考原 李業閣 勵學四期

詩序作者 李嘉言 北平晨報思辨廿一期(廿四年十一月十五日)

論詩序 蘇維嶽 國風月刊七卷四號

詩經大義自序 唐文治 國學論衡二期

詩經學纂要序旨 徐英 安徽大學月刊一卷六期

詩經學纂要論詩樂 徐英 安徽大學月刊二卷三期

詩經學纂要論詩教 徐英 安徽大學月刊二卷二期

詩教 朱東潤 珈珞月刊二卷四期

詩經底史的研究 萬曼 文史一卷二,三號

內容:(一)封建制度下的神官詩歌,(二)周民族的史詩,(三)諷刺詩的漸起

詩經的鳥瞰 儲皖峯 浙江大學文理學院會刊四期

詩三百篇的分析 紀廷藻 正中半月刊二卷一期

詩經的體類—古代文學史論之一— 姜亮夫 青年界四卷四期

詩經章句與韻例之研究　向映富　金聲一卷一期

詩經作者纗略　高芒　清華週刊四十卷十期

詩經之倫理觀　陳柱　大夏一卷七號

論三百篇之篇名　張壽林　女師學院期刊三卷二期

詩三百篇之詩的意義及其與樂之關係　張西堂　師大月刊十四期

詩三百篇與長短句　陳友琴　青年界四卷四期

詩風雅頌正變說　沈昌直　國學論衡三期

國風出於民間論質疑　朱東潤　武大文哲季刊五卷一號

國風辭格舉　徵鳳　珈珞月刊二卷四期
　　關于材料上，意境上，章句上的辭格舉例

詩國風「周南」「召南」攷　魯肅　民大中國文學系叢刊一卷一期
　　內容：（一）周南召南非國，（二）周南召南爲樂章之總名，（三）南爲樂器

周南新探　張壽林　民大中國文學系叢刊一卷一期
　　篇內對于關雎，葛覃，卷耳三篇詩新的解析

周南召南考　劉節　河南大學文學院季刊二期　禹貢半月刊一卷十一期

周南召南與邶鄘衛的關係 衛聚賢 教授與作家一卷一期
內容：(一)緒論，(二)武王占領河南，(三)成王占領山東河北，(四)周宣王占領湖北，(五)周南召南即漢陽諸姬詩，(六)結論

四國考 張汝舟 學風五卷一期
詩經中所常稱之四國即南國，北國，東方，西土是也

四國多方攷 于省吾 考古社刊一期

卷耳 聞一多 大公報文藝九期(廿四年九月十五日)

「小星」詩集釋 劉鐘明 政衡二卷六期

一篇詩邶風靜女的總賬 葉德祿 輔仁廣東同學會半年刊二期

詩新臺『鴻』字說 聞一多 清華學報十卷三期

鄘載馳札記 平伯 文史創刊號

釋豳風 郭鏤冰 文藝月報一卷五、六期合刊

詩「焦穫」考 陳鐘凡 勷勤大學季刊創刊號

「采芑」時代的質疑 黎昔非 中國文學季刊創刊號

棫樸解 温廷敬 國立中山大學文史學研究所月刊三卷三期

詩大雅思齊篇不顯亦臨無射亦保釋義 沈昌直 國學論衡五期上

詩緜篇「來朝走馬」解 于省吾 禹貢半月刊四卷二期

「常武」時代考 劉宇 中國文學季刊創刊號

「常武」「瞻卬」的時代 丁强漢 中國文學季刊創刊號

商頌時代的僞證 胡潤修 中國文學季刊創刊號

讀詩札記 素心 珈珞月刊二卷四期 所記及的：(一)邶風新臺，(二)鄘風牆有茨，(三)鄭風出其東門，(四)秦風車鄰

讀詩劄記 金心齋 文藝捃華一卷六册

讀詩札記 羅植乾 國學論衡五期上

讀江晉三詩經韻讀札記 層冰 文學雜誌三期

讀詩隨筆 中心 大學生言論四期 (一)三百篇，(二)工部

匡齋尺牘 聞一多 學文一卷一，三期 係關于詩經講解的通信：(一)芣苢，(二)狼跋與周公

詩經語譯序 陳子展 文學三卷二號

譯七月流火　辛父　人間世廿一期

論詩經語譯　黃承燊　勷勤大學師範學院月刊十五期

詩經言字解駁胡　沈昌直　國學論衡三期

詩三百篇「言」字新解　吳世昌　燕京學報十三期

詩經「載」字之分析　李瑋　清華週刊四十一卷七期

三百篇聯綿字研究　張壽林　燕京學報十三期

三百篇助詞釋例——釋思釋哉　張壽林　女師學院期刊二卷二期

疊字與詩經　袁湘槐　附詩經疊字表　出版週刊八九號

毛詩徵文　李源澄　河南圖書館館刊第二册

毛詩訓詁之誤　呂思勉　光華大學半月刊二卷八期

毛詩聲類纂敘例　何容心　學風五卷八期

毛詩傳授之誣　呂思勉　光華大學半月刊二卷六期

讀毛詩傳　張瑛遺著　國學論衡四期下

論毛傳鄭箋　徐英　安徽大學月刊二卷一期

朱子攻擊毛詩序的檢討　龔書輝　厦大週刊十四卷十一，十二期

齊詩爲孟子遺學證　龐俊　國立四川大學季刊一期

漢齊詩學家翼奉的思想之剖視　姚璋　光華大學半月刊二卷六期

左傳引詩攷叙言　褚保炎　女師學院期刊三卷一期

清代詩經著述考略　張壽林　燕京大學圖報五十期至五十二期，五十四期至五十六期　女師學院期刊三卷一期

高郵王氏詩學方法論　薳樹棪　中華圖書館協會會報十卷四期

（6）禮

禮經哲學研究之發凡　李翊灼　文哲月刊一卷一期

周禮行於春秋時證　季剛　華西學報一期

馬鄭序周官之謬　呂思勉　光華大學半月刊二卷七期

孟子旁通周禮考　龔權　國專月刊一卷五期

王有五門二朝考　馬宗薌　制言半月刊三期

考工記辨證 陳衍 國學論衡三，四期上

儀禮士冠禮士昏禮側尊與玉藻所言側尊是同是異辨 陳耀嫣 國學論衡四期上

嫁娶之時鄭王異說平議 王公賢 民大中國文學系叢刊一卷一期

儀禮向位解 錢玄 國學論衡五期上

儀禮喪服經文釋例 錢玄 國學論衡三，四期上

喪禮今讀記 錢基博 光華大學半月刊四卷四期

讀喪服經傳舊說後記 李源澄 學術世界一卷一期

內容：（一）總釋經例，（二）明傳本異同，（三）明漢師異讀，（四）以古義補鄭，（五）以古義匡鄭

喪服依開元禮議 太炎 制言半月刊二期

喪禮儀節 王闓運遺著 船山學報六期

喪服概論 章太炎講 潘景鄭筆述 國學商兌一卷一期

喪除立後追服議 金天翮 國學商兌一卷一期

禮經三論 陳衍 國學論衡三期

孔子三世出妻辯·儀禮喪服父卒爲母解，昆弟兄弟異同辯

鄭氏禘祫義　吳承仕　國學論衡四期上

曲禮爲人臣之禮不顯諫與檀弓事君有犯而無隱講義　黃鞏　船山學報六期

「禮記王制」及「周官職方」所言封國說之比較　鄭平樟　禹貢半月刊一卷五期

禮記月令篇是否即明堂令而鄭注引今月令又爲何書考　王公賢　民大中國文學系叢刊一卷一期

月令的來源考　容肇祖　燕京學報十八期

「今月令」考　蔣維喬　楊寬等　制言半月刊五期

朱子所見呂紀異文考釋　羅庶丹　湖南大學期刊五期

此篇節錄月令原文，及朱子手定之「儀禮集傳集注」中之校語涉及呂紀者，錄爲一篇，並附加考釋

讀禮運卷頭解題記　錢基博　光華大學半月刊四卷二期

禮運「天下爲公」句解　中和　正論一，三，五，九，十七期

思想史上之漢代禮運篇本質與漢代社會的研究　金德建　民族三卷五期

讀明堂位校記　李源澄　學藝十四卷六號

禮記學記篇今釋　董文煜　光華大學半月刊三卷七期

儒行大意 章太炎講 諸佐耕筆述 國學商兌一卷一期

船山禮記章句 黃鞏 船山學報六期

禮記大義自序 唐文治 國學論衡二期

二戴禮記輯於東漢考 童書業 浙江圖書館館刊四卷二期

三禮名物略例 吳承仕 國學論衡二期

三禮名物圖表 錢玄 國學論衡五期上

（7）春秋

孔氏撰修「春秋」異於舊史文體考 杜鋼百 武大文哲季刊三卷二號

孟子「春秋」說微 劉異 武大文哲季刊四卷三號

春秋通三統義演述 楊壽昌 南風三卷一期

春秋杞子用夷貶爵辨 陳槃 禹貢半月刊四卷三期

春秋簡書刊誤校補 羅福頤 考古社刊三期

春秋左氏傳言語緒言 蔣庭曜 國學論衡四期上

春秋左傳異文考　吳汝綸遺著　國立北平圖書館館刊九卷一，二號

略論「五十凡」　楊向奎　史學論叢二冊
附蒙文通先生跋語

左傳眞相之先決問題　鄭詩許　學術世界一卷一期

左傳略　方孝岳　文學雜誌八期

左傳選　俞平伯　文學二卷六號

左傳中賦詩通則的探索—讀左傳筆記之一—　季冰　清華週刊四十卷十期

左傳與國語　卜德(Derk Bodde)　燕京學報十六期

國語與左傳問題後案　童書業　浙江圖書館館刊四卷一期

左傳禮說自序　張其淦　國學論衡五期上

讀左分類選目　陸修祜　國專月刊二卷三期

讀左導言　周澂　光華大學半月刊三卷七，八期，四卷一期

讀左隨筆　陳朝爵　安徽大學月刊二卷三，四期
卷上隱公至成公，卷下襄公至哀公

讀左雜記　徐震　國學論衡五期上

呂東萊讀左述要 周澂 光華大學半月刊四卷三，四期

珂羅倔倫左傳眞僞考駁議 黃蕙遺著 附作者黃蕙傳 國立四川大學季刊一期

左穀解難 徐震 國學商兌一卷一，二期

公羊學通論 戴增元 國學商兌一卷一期

公羊旁記 孝岳 文學雜誌五期

論公羊學 章炳麟 光華大學半月刊三卷八期

戴宏解疑論考 吉川幸次郎 河南圖書館館刊第四册

穀梁學通論 戴增元 國學論衡五期上

穀梁大義述補闕跋 柳詒徵 國風半月刊五卷十，十一號合期

（8）孝經

孝經在經學上地位之考察 佐藤廣治著 羅霈霖迻譯 國立中山大學文史學研究所月刊三卷一期
—原文載狩野還曆支那學論叢—

孝經辨 陳柱 國學論衡五期上

孝經曾子傳講疏　顧實　國專月刊一卷一，二期

講學大旨與孝經要義　章太炎講　金宸錄　國學論衡二期

六朝之孝經學　陳子展　通俗文化二卷一，二號

(9)四書　孔教附

論語小記　知堂　水星一卷四期

論語正蒙　楊宗羲　國學論衡四期上

論語大義　唐蔚芝講　王乘六等記　國學論衡二期

廣論語駢枝　章炳麟　國學商兌一卷一期

廣論語駢枝糾繆　徐英　中法大學月刊四卷一期

女爲君子儒毋爲小人儒　何鍵　船山學報六期

大哉堯之爲君章　何鍵　船山學報六期

先進於禮樂一章　何鍵　船山學報五期

論語論管仲相桓公之義　顏昌嶢　船山學報四期

女子小人解　陳朝爵　學風四卷九期

論語飽食終日羣居終日兩章釋義　劉紹寬　甌風雜誌五期

論語中的朋友問題　鄭慶端　協大學術一期

研究論語答問　陳柱　學術世界一卷一，二，三，六期

論語皇疏校本序　吳承仕　制言半月刊三期

兩漢論語今古文源流考　余德建　廈門圖書館聲二卷十二期

孟子注釋之三部名作的批評　胡毓寰　申報月刊三卷十二期，四卷一期
後漢趙岐「孟子章句」，宋朱熹「孟子集注」，清焦循「孟子正義」

孟子大義　唐蔚芝講　王秉六等記　國學論衡二期

孟子大義自序　唐文治　國學論衡三期

告子辯　孫世揚　制言半月刊二期

「晉國天下莫強焉」又一譯　葉德祿　磐石雜誌二卷二期

潛室散記　晴天　中原文化十二，十三期
關于三孟中思想的探討

大學研究　哲生譯　女師學院期刊一卷二期　此篇譯自日本教育學會所編四書研究之一

大學古本易解　易奉乾　船山學報七，八，九期

大學與顏學的關係　孫道昇　文哲月刊一卷一，二期

格物釋　陳柱　國學論衡二期

心齋格物論　唐文治　學術世界一卷三期　國學論衡五期下

讀朱氏大學章句發疑　鄭景賢　廈大周刊十四卷廿九期

唐茹經先生大學講記　崔龍　國專月刊二卷一期

唐茹經先生中庸講記　崔龍　國專月刊二卷四期

中庸考略　譚戒甫　武大文哲季刊四卷二號

中庸鄭朱會箋卷一　姜忠奎　附自序　新民月刊創刊號

中庸鄭朱會箋自叙　姜忠奎　國學論衡五期上

中庸大義自序　唐文治　國學論衡三期

中庸鄭注講疏　顧惕生　國專月刊二卷一，二，三期

讀書劄記 關于四書的 程會川 華西學報二期

孔教

孔學管 柳詒徵 國光雜誌九期

孔道與孔學 國光雜誌七，八期

孔家政教合一思想之解剖 楊翼心 山東民衆教育月刊六卷二期

孔門弟子學說考略 盛襄子 新亞細亞月刊十卷二期

孔門分科設教次第說 張傑 光華大學半月刊四卷一期

尊孔意義 章太炎 國光雜誌九期

尊孔史叙 孔德成 新亞細亞月刊十卷二期

歷代尊孔紀略 曙 國光雜誌八期

祀孔考略 吳心恒 新亞細亞月刊十卷二，三期

清代先賢先儒從祀孔廟表 趙子林 國光雜誌八期

現階段尊孔運動的剖析 徐日洪 清華週刊四十二卷三，四期合刊

新文化運動與尊孔　林風　清華週刊四十二卷三，四期合刊

二 語言文字學

（1）通論

中國文字之起源 邱鴻 江漢思潮三卷六期

中國文字之起源 王維彰 青年文化二卷四期

中國原始文字考 黃永鎮 東方雜誌卅一卷十九號

中國原始文字略考 楊玉亭 中國文化建設協會山西分會月刊一卷十期

名原抉脈 姜寅清 國學商兌一卷一期

語原 郭豫才 河南圖書館館刊第四册
附三國志裴注音釋

中國言語之原始及其變遷 胡樸安 國學論衡五期上

中國文字之變遷及今後之趨勢 王廷杰 正中半月刊二卷八，九期

言語的演變 吳烈 國民文學一卷五期

評「中國文字之原始及其構造」 張政烺 天津益世報讀書週刊廿六期（廿四年十一月廿八日）
蔣善國著 商務版

語言文字之演進過程與社會意識形態　吳承仕　文史一卷二號

中國的語言文字　唐錦柏　文化建設月刊一卷一期

中國文字的聲音與義的關係　姜亮夫　青年界七卷五期

中國文字的特色及其在學術上的地位　姜亮夫　青年界四卷四期

關于「右文說在訓詁學上之沿革及其推闡」　詩　磐石雜誌一卷四期　附林語堂致沈兼士書

文字小論　朗琴　清華週刊四十三卷十期

文字學大綱初稿　張守義　金聲一卷一期

文字學辨證　李礫　船山學報七，八，九期

義教鈎沈（續）石斧遺著　河北第一博物院畫報五十期至六十四期連期刊登，六十六期至九十五期間期刊登

古文六例　章炳麟　國學論衡三期「文藝叢刊一卷一期

汰溪古文　黃仲琴　嶺南學報四卷二期

古籀餘論序　陳準　藝觀六期

蒼頡篇輯本述評　王重民　輔仁學誌四卷一期

皇象章草急就篇石本之研究 欲立 朔望半月刊六，七，八號

篆文偏旁同形異部考 張夢達 女師學院期刊三卷一，二期

篆書各字隸合爲一字篆書一字隸分爲數字舉例 杜鎭球 考古社刊二期

隸變考 李鳳鼎 楊振淑 女師學院期刊一卷二期

鳥書考 容庚 燕京學報十六期

鳥書考補正 容庚 燕京年報十七期

近代語探源 曾廣源 附叙例 女師學院期刊創刊號，二卷一期

高本漢「中國語言學研究」 聞在宥 大公報圖書副刊廿一期（二十三年四月七日）

—賀昌羣氏漢譯本代序—

讀「中國語言學研究」 伯韓 瑞典高本漢著商務印書館編譯 太白半月刊二卷一期

讀「大寫數字考」 陳子展 太白半月刊一卷二期

一千一百個基本漢字使用法 洪深 東方雜誌三十二卷十四號

歷代簿錄對于小學分類之異同及其得失 吳三立 附表 勷勤大學季刊創刊號，二號

(2)六書 附甲骨文

六書的淵源　萬湘澂　南詔季刊創刊號

六書總論　鄭師許　學藝雜誌十三卷八號

六書札記　粟孚　國專月刊一卷五期

由六書的條例推論漢字的演變　張永年　青年文化二卷六期　正中校刊冊二期

美國發見中國象形文字紀實　孟壽椿　現代學生三卷三號

指事通論　鄭師許　學藝雜誌十四卷四期

形聲字聲中有義略證　楊樹達　清華學報九卷二期　附論中國語源學問題

假借與形聲　駱少賓講　李昌瑛記　湖南大學季刊一卷四期

轉注發疑　章東巖　民大中國文學系叢刊一卷一期　—「同意相授」許書說解有明文說—

轉注問題蠡測　吳予天　學藝雜誌十三卷一號

轉注問題參考資料　吳予天輯　學藝雜誌十三卷二號　內容：(一)意轉注意參照表，(二)聲轉注聲參照表，(三)歷來學者討論轉注之書目

訂轉註　向楚　國立四川大學季刊一期

說「筆意」與「筆勢」　張龍炎　金聲一卷一期

戴東原轉語釋補　曾廣源　安雅月刊一卷十期

字典簡論　戴鐙齡　文華圖書館專科學校季刊七卷一，二期
其中有一部份具述我國字典之源流

辭源簡評　丁霄漢　文化建設一卷十期

辭通序　胡適　中學生四十四號

辭通序　錢玄同　師大月刊十期

評朱起鳳辭通上册　杜明甫　圖書季刊一卷二期　大公報圖書副刊卅二期（廿三年六月廿三日）

再評辭通　杜明甫　大公報圖書副刊五十七期（廿三年十二月十五日）

評朱起鳳辭通上册　陳登原　大公報圖書副刊五十一，五十二期（廿三年十一月三，十日）

高本漢中文解析字典序　張世祿譯　中國語文學叢刊創刊號

康熙字典部首省併譜　黎錦熙　文化與教育六十一期

新字新部首總歌訣　黎錦熙　文化與教育五十九期

甲骨文

卜辭文字小記　孫海波　攷古社刊三期

卜辭所見殷先公先王三續考　吳其昌　燕京學報十四期

讀王靜安先生古史新證書後　孫海波　考古社刊二期

甲骨文中之食　夏甲亘　北平晨報藝圃（廿四年十二月廿四，廿五，廿七，廿八，卅日）

殷虛書契解詁　吳其昌　武大文哲季刊三卷二，三，四號；四卷二，四號；五卷一號

契高疏記　戴蕃豫　考古社刊一期

戩壽堂殷虛文字考釋補正　許敬參　攷古社刊三期

(3)聲韻　附方音

由語言文字證中國文學聲之重要　高芸　清華週刊四十一卷一期

從元音的性質說到中國語的聲調　王力　清華學報十卷一期

中國音韻沿革考緒言　吳耕莘　學風五卷一期

中國音韻學的外來影響　羅莘田　東方雜誌卅二卷十四號

內容：（一）印度梵語的影響，（二）羅馬字母的影

響，(三)滿文字頭的影響，(四)近代語言學的影響

音略　黃季剛先生遺著　制言半月刊六期

音準　曾廣源　女師學院期刊三卷一，二期

這篇是依着「佩文廣韵彙編」分均按音，依例詳注，並訂正其中的訛闕地方

音韻發明　陳衍　國學論衡二期

音韻之分析　吳平章　正風半月刊一卷廿期至廿四期，二卷一期

音綴論　李麒祥　國立中山大學文史學研究所月刊三卷一期

音韻學研究　羅莘田　出版週刊八〇，八一號

音韻闡微例釋　趙憲章　女師學院期刊一卷二期

韻學餘論　太炎　制言半月刊五期

談音兩則　聞宥　天津益世報讀書週刊十四期(廿四年九月五日)

聲韻學　李植　華西學報一、三期

內容(一)論字紐之沿革與發音，(二)論韻之性質及其類別，(三)雙音疊韵論

聲音學與整理古籍　沈昌直　國學論衡二期

聲類分等考　曾仲數　女師學院期刊二卷一期

聲考聲數轉變表　姜亮夫　河南大學學報一卷二期

與黃季剛論韵書二首　太炎　附季剛答書　制言半月刊四期

與黃季剛先生論韵書　施則敬　制言半月刊七期

古音對轉疏證　楊樹達　清華學報十卷二期

古音咍德部與痕部對轉證　楊樹達　文哲月刊一卷三期

透定曉匣古今音變遷　張爲綱　國立中山大學文史學研究所月刊三卷二期

灰韵之古讀及其相關諸問題　A. Dragunov　蒂若譯　中法大學月刊五卷二期

古韵魚部原讀考　高亨　國立北平圖書館館刊七卷三，四號

諸家古韻入聲分配表　喻遂建　中國語文學叢刊創刊號

諸家古韻分合表　喻遂建　中國語文學叢刊創刊號

古韻與廣韻之異同　方景略　安徽大學文史叢刊一卷一期

論漢魏音 萬博哉 國立四川大學季刊一期

六朝唐代反語考 劉盼遂 清華學報九卷一期

反切釋例 李植 華西學報二期

內容：反切之名義—反切之起源—反切之制定—反切之規律—反切之改定

反切釋例叙 曾廣源 女師學院期刊一卷二期

切語上字分類表 李植 華西學報二期

聲韻學上反切之研究 余超原 文史滙刊一卷二期

說切音 月南 河南圖書館館刊第四册

等切南針叙例 曾浩然 女師學院期刊二卷二期

內容：（一）叙，（二）切音十例，（三）聲母分等表釋，（四）切均分等釋讀

陰陽對轉表 李淑敏等 女師學院期刊創刊號

內容：（一）歌魚旁轉表，（二）之蒸對轉表，（三）東侯對轉表，（四）陽蕭對轉表，（五）庚支對轉表，（六）眞脂對轉表，（七）寒泰對轉表。

四聲三問 陳寅恪 清華學報九卷二期

內容：（一）中國何以適定爲四聲？（二）何以四聲之說適值南齊

永明之世？（三）四聲與五聲之同異究何在？（二）

介紹四聲實驗錄　姜亮夫　青年界六卷三期　四聲實驗錄劉復著

陳第古音學出楊升菴辨　楊崇煥　國風半月刊五卷十，十一號合刊

段玉裁的古音學　董同龢　清華週刊四十二卷二期

章太炎之古韻學　杜繼周　(一)學風四卷九期

魏建功古音系研究序　羅常培　國語週刊一四二期

古音系研究序　周作人　文飯小品創刊號

劉頤聲韻學表解　董同龢　清華學報十卷四期　商務出版

高本漢的中國音韻論著提要　羅莘田　天津益世報讀書週刊六期（廿四年七月十一日）

音論序讚　劉申叔　制言半月刊六期

今韻述自敘　姜忠奎　國學論衡五期上

江謙說音敘　蔣維喬　光華大學半月刊四卷二期

讀「韻典」　曹家駒　國語週刊一四〇，一四五，一四六期　韻典李炳衛主編，北平民社發行

王力中國音韻學序 羅常培 大公報圖書副刊一百零一期（廿四年十月十七日）

中國方音研究小史 羅常培 東方雜誌三十一卷七號

方言聲類考叙例 王步洲 河南大學學報一卷二期

厦語音韻聲調之構造與性質及其於中國音韻學上某項問題之關係（英文） 周辨明 厦門大學學報二卷二期

潮州八聲誤讀表說 黃際雲 文史叢刊一期

(4)方言

文字學上中國古代方言勾沈 丁與濱 學風五卷三，四期

說文裏所見的方言 何格恩 嶺南學報三卷二期

新方言雜記 王綸 制言半月刊三，四期 國學論衡五期上

論方言 毛秋白 青年界二卷五期 內容：(一)方言？(二)國語與方言

審查方言報告書 朱希祖 曾運乾 國立中山大學文史學研究所月刊一卷四期

諺語的搜集和整理 王國棟 師大月刊廿二期

甬諺名謂籀記　陳訓正　文瀾學報一集

楚語拾遺續　劉頤　武漢大學文哲季刊四卷一號

關西方言今釋　馮國瑞　國風半月刊六卷七，八，九，十號，七卷一號

蜀語　王煜　文藝叢刊一卷一期

蜀音論略　馮履　國立武漢大學四川同學會會刊一卷二期

吳語　汪東　制言半月刊六期

閩語證詁　許篤仁　之江學報四期

福州方言小拾　郭毓麟　福建文化一卷六期

川沙方言述　黃炎培　人文五卷四號

瀋陽土話彙集注釋　杜書田　師大月刊廿二期

潯陽方言小記　徐復　待旦創刊號

新疆之語言文字　王日蔚　新亞細亞月刊十卷三期

爨文叢刻自序　丁文江　地理學報二卷四期

關於蒙藏卅個習見名詞之解釋 冷亮 東方雜誌卅二卷十四號

蒙古字的起源 蒙人 人言一卷二十四期

蒙古字母之源流 伊桂承 新蒙古三卷二期

藏語與漢語 高本漢著 唐虞譯 中法大學月刊四卷三期

論字喃(Chu Nom)之組織及其與漢字之關係 聞宥 燕京學報十四期

讀日本羽田博士契丹文字之新資料書後 厲鼎 國風半月刊五卷五號

高昌譯譜 羅福成 國立北平圖書館館刊八卷五期

關於西夏國名 聶利山著 唐叔康豫譯 國立北平圖書館館刊九卷二號

(5)專著

(a)爾雅廣雅

爾雅學 魏紫銘 北强月刊二卷一期

內容：(一)源流考釋，(二)內容研究，(三)校勘小記

與唐立庵論爾雅郭注佚存補訂書 夏清貽 國立北平圖書館館刊八卷一號

讀爾雅釋地以下四篇 顧頡剛 史學年報二卷一期

讀廣雅音札記　章東巖　民大中國文學系叢刊一卷一期

讀王氏廣雅疏證手稿書後　周祖謨　天津益世報館讀書週刊十一期（廿四年八月十五日）

(b)玉篇

玉篇研究　鄭師許　學術世界一卷四期
內容：(一)玉篇著者顧野王之歷略，(二)玉篇成書之年代，(三)玉篇之內容，(四)玉篇之版本

(c)說文

說文解字講記　馮振心　學藝十三卷一期至六期，又八，九，十期

說文師說　劉盼遂　北强月刊二卷二期
此篇是乙丑丙寅之際，王靜先生在清華研究院宣講許書，盼遂記錄成篇並附其心得

蘄春黃先生講授說文記錄　徐復　制言半月刊七期

說文答問疏證校異　潘承弼　國立北平圖書館館刊八卷五號

說文疑義舉例　徐復　金聲一卷一期

說文數名古文考　舒連景　勵學三期

說文中之古文考 商承祚 金陵學報四卷二期

說文解字六書分類表 女師學院期刊二卷二期

說文音均部表 里文灝 女師學院期刊二卷二期

說文中譯音字之研究 鄭師許 學藝十四卷六號

說四十一聲旁轉數目總表 姜忠奎 文史叢刊一期

說文段注以聲爲義舉例敘言 李啓修 磐石雜誌一卷一期

段注說文武斷說舉例 劉世昌 師大月刊廿二期

說文解字段注考正補序 趙長興 國立四川大學季刊一期

說文解字序 章太炎 國風月刊七卷四號

說文古籀三補序 馬叙倫 圖書館學季刊八卷三期

說文古籀補跋 黄紹箕遺稿 李笠校錄 之江學報一卷二期

(d)韻書

切韻考訂正 吳鼎南 國立四川大學季刊一期

切韻指掌圖撰述年代考　趙蔭棠　輔仁學誌四卷二期

敦煌本王仁煦刋謬補缺切韵跋　蔣經邦　國學季刊四卷三期

敦煌唐寫本王仁煦刋謬補闕切韻考　厲鼎煃　金陵學報四卷二期

書王仁煦切韻兩本後　方竑　文藝叢刊一卷一期

讀故宮本王仁煦刋繆補闕切韵書後　厲鼎煃　國學季刊四卷三期

唐鈔本韻書與印本切韻的斷片　武內義雄著　王俊瑜譯　天津益世報讀書週刊廿六期(廿四年十一月廿八日)

唐武玄之韻詮鱗爪　趙蔭棠　北平晨報藝圃(廿四年四月十九，廿日)

廣韻本變音考　周慶雲等　女師學院期刊創刊號

論廣韻分部　楊亮功　中國文學季刊創刊號

新校廣韻敘例　趙少咸　國立四川大學季刊一期

類音研究　王力　清華學報十卷三期

內容：(一)本篇的旨趣，(二)類音的作者及其著書的目的，(三)五十字母，(四)四呼，(五)全分音，(六)廿四類，(七)反切，(八)結論

筆鄉齋叢稿　徐復　待旦創刊號

內容：(一)倉頡篇，(二)新方言，(三)吳下方言考，(四)斷韻，

（五）音略，（六）釋名

（6）訓詁與釋字

訓詁述略 黃季剛講 潘重規記 制言半月刊七期

文字訓詁學論文十篇 楊樹達 清華學報十卷四期

語源學論文七篇 楊樹達 師大月刊十四期

內容：（一）臣牽解，（二）釋胡，（三）釋湖，（四）釋神祇，（五）釋禱，（六）釋祀，（七）釋旁

語源學論文十二篇 楊樹達 清華學報九卷四期

此十二篇關於名物者六篇，訓詁者六篇，皆討論語源者。其所解釋的字：（一）旎，（二）嫁，（三）放，（四）晚，（五）經，（六）旆，（七）暍，（八）滓，（九）餒，（十）胥，（十一）謹，（十二）鶡天龠釋名

近代國語文學之訓詁研究示例 黎錦熙 文學季刊創刊號

五代北宋之詞，金元之曲，明清之白話小說，均係運用當時當地之活語言而創制新作品，本篇各就專書，分別歸納，隨事旁証，得其確詁

經文通段舉例 高誼 甌風雜誌七期

曲局篇 姜亮夫 國學商兌一卷一，二，三期

詩騷聯綿字考之一

今雅 孫傳瑗 學風五卷五，六期

（一）釋詞，（二）釋言，（三）釋親，（四）釋屬，（五）釋容貌，（六）釋形

體，(七)釋天地，(八)釋宮室，(九)釋器皿，(十)釋水火，(十一)釋飲食，(十二)釋衣服，(十三)釋動物，(十四)釋植物

釋運目　邵次公　河南圖書館館刊第四冊
說文鳩毒鳥也一名運目

論侈弇　趙世忠　文藝叢刊一卷一期

諷籀偶識　錢玄　國學論衡二期
釋稼，望朢，汞

字說　胡吉宣　青鶴二卷九期
塱字之解析

仁義釋　蔣石渠　國專月刊二卷一期

說叒　胡言宣　國立中山大學文史學研究所月刊二卷三，四期合刊

釋癸[illegible]廾三字　陳兆年　學術世界一卷六期
附論萬字音

釋白　蔣大沂　學術世界一卷五期

釋天　美國顧立雅撰　燕京學報十八期

釋女　李星可　中法大學月刊四卷三期

釋南　昺衡　齊大季刊四期

釋[illegible]　吳承仕　制言半月刊三期

釋物 張人駿 國專月刊一卷五期

釋鎎 楊樹達 考古社刊二期

釋能篇 楊協賡 女師學院期刊二卷一期

釋帝 張震澤 勵學一卷二期

「帝」字說 楊向奎 史學論叢一期

釋百姓 許同莘 史學年報二卷二期

釋夷羊 邵次公 河南圖書館館刊第四册

釋妹辰 朱英 考古社刊三期

釋靡麋麋 戴增元 國學論衡三期

釋豖詰錢君 任銘善 國學論衡三期

釋詞補箋 朱駿聲撰 朱師轍補箋 華西學報三期

亦子解 劉盼遂 文哲月刊一卷二期

牝牡說 蔚 山東八中校刊一期

哭謳同源考　邵子風　考古社刊三期

朮糊麻得名考　戴靜山　國立北平大學學報一卷四期（文理專刊）

踟躕馳驅轉語考　姜亮夫　河南大學學報一卷一期

「示」爲古之祭器說　闞玉潤　磐石雜誌三卷一期

巴苴蘘荷辨　黎錦熙　師大月刊十期
文選子虛賦有「且苴」，史記作「猼且」，漢書作「巴且」；注家或釋爲「芭蕉」或釋爲「蘘荷」，或謂「蘘荷」卽「芭蕉」此篇詳爲之辨釋

「卽」「則」「衹」「只」「且」「就」古訓今義通轉考　吳世昌　燕京學報十四期

語詞徵故　王煜　東方雜誌卅二卷十二號
這，那，渠，什，甚，怎，好，可，麼，祗，不，哩等字考其正字，迹其孳轉見今世之語，仍是皇古之言

（7）國語

光語運史宣略　黎錦熙　國語週刊一三〇期
內容：（一）王照官話字母的制定和推行，（二）王照官話字母的更名和奮鬬

民二讀音統一大會始末記　黎錦熙　國語週刊一三三，一三四期

二

國音字母以前的音標運動 羅常培 國語週刊一一一期

漢字改革運動概述 郭榮陞 南大半月刊一卷二期

關於國音的幾個問題 羅辛田 國語週刊一七二期

教育部國語統一籌備委員會最近六年紀略 黎錦熙 國語週刊一三八，一三九，一四一，一四三，一四四，一四八，一四九，一五二期

民國十七年至廿三年

紹述官話字母的書報輯要 黎錦熙 國語週刊一三三期

甚麽是「新國音」 白滌洲 國語週刊廿八，廿九，卅期

官話字母與合聲簡字 恬心 國語週刊卅九，四十期

國音聲符略說 錢玄同 國語週刊卅七期

國語捲舌韵分化的問題 王玉川 國語週刊四十九期

捲舌韵的研究 齋迪沈 國語週刊五十一期

評穆著國語發音及文法 伯濬 國語週刊四十二，四十三期

穆修著，北平文化學社出版

國音常用字彙的說明 國語週刊廿期

中國新文字問題月譜　杜子勁　國語週刊一三五期
收集民國廿二年一月至十二月各書報所刊登關於中國文字問題的論著和消息的記載

(8)文法與修辭

中國文章之字句句法　兒島獻吉郎著　柳道元譯　國民文學一卷二期

中國文法複詞中偏義例續舉　劉盼遂　燕京學報十二期

馬氏文通答問　繆子才　厦大週刊十三卷三,四期

國文之主詞及目的詞研究　兒島獻次郎著　柳道元譯　國民文學一卷三期
內容:概說—單主詞—雙主詞—無主詞—無目的詞—提起目的詞—修飾的主詞—修飾目的詞—變則

國文諸品詞之性質及用法　柳道元譯　國民文學一卷四,五期

國文典大全　劉銓元　學藝雜誌十四卷四,七號

章士釗先生之中等國文典　劉銓元致章士釗先生函　學藝十二卷五號

文學釋詞　陳朝爵　安徽大學月刊二卷六,八期
內容:(一)語助詞,(二)象聲詞,(三)指別詞

略論「字」和「詞」　張文正　太白半月刊一卷六期

唐人助詞遵用古義說 沈昌直 國學論衡四期下

王伯申新定助詞辯 太炎 制言半月刊三期

略談量詞 何容 國語週刊九十五期 英文叫做Classfier

論特有名詞加數詞 何容 國語週刊一二〇期

疑問句和疑問助詞 豈可 國語週刊一七九期

歇後語的研究 汪錫鵬 文藝月刊七卷二期

我也來談談歇后語 樊縯 太白半月刊二卷十期

倒置語 許蕙芳 北平晨報藝圃(二十二年五月廿二日)

連語叢說 陳兆年 河南圖書館館刊第三册

也矣二字的研究 朱君哲 中國文化建設協會山西分會月刊一卷一期

「了」字用法舉例 先六 國語週刊一八七期

國語中「的」字之研究 陳定民 中法大學月刊四卷五期

論語之「之」 沈春暉 師大月刊十四期 —本義亦總綱；(一)代名詞，(二)動詞，(三)介詞，(四)助詞—

「之」字之詞性　劉銓元　學藝十三卷十號

關于後置介詞「之」「的」　周璋，默之　中學生卅六號

關於「的」的討論　先六　國語週刊九九期

巴謾解　黎錦熙　文學季刊三期
近代國語文學之訓詁研究示例補遺

廣「巴」　黎錦熙　國語週刊八八期

說「把」　黎錦熙　國語週刊廿七期

關於「把」　蘇惠鏗　勷大師範學院月刊十五期

廣「把」　黎錦熙　國語週刊九六，一〇九期

釋來去　劉復　國語週刊廿四期

釋「兀的」　孫楷第　國語週刊廿一，廿二，廿三期

論「將」　黎錦熙　國語週刊卅五，卅六期

怎樣洗煉白話入文　語堂　人間世十三期

論作文　語堂　人言週刊一卷十八期

說作文 朱湘 文學一卷五號

談談作文的方法 森千 讀書月刊一卷三,四期

論文字的繁簡 吳文祺 文學二卷六號

修辭學之矛盾問題 宮廷璋 師大月刊十三期

修辭標準之選擇,及方式之採用,往往成爲問題,如奇正也,繁簡也,文質也,整齊也,變化也,用典也,誇張也,倒裝也,歇後也,在在可開矛盾之論而終莫能定其是非

修辭學上之繁簡問題及其例徵 劉錫五 河南大學學報一卷三期

修辭百話 陳思 芒種半月刊創刊號,二號

修辭中數字的用法 李文瀛 北强一卷二期

關於修辭 陳望道 中學生五十六號

關於修學方面的三封信 森千 讀書月刊一卷六期

劉知幾史通之修辭學 宮廷璋 師大月刊十期

達辭篇 經鉞 國風半月刊五卷六,七合期

關於用字 臻郊 中學生四十一號

解釋那些字寫法只小不同而意義有別,例如「游,遊」「誤,悞」「

曚濛」，「炫眩」等字

論雙聲疊韻與文學 曾星笠　文學雜誌一期

句讀和段落 丐尊　中學生五十七號
—文章偶話—

論標點 章克標　人言週刊一卷四七期

劉復的中國文法講話 趙景深　青年界六卷三期

比較文法序 黎錦熙　師大月刊六期
比較文法係黎先生所著由北平著者書店出版

訂正新著國語文法序 黎錦熙　師大月刊六期

四 考古學

(一)通論

中國考古學之過去與將來 李濟 東方雜誌卅一卷七號

中國考古學概述 張永康 湖南大學季刊創刊號

考古學研究法 孟德魯斯著 鄭師許·胡肇椿譯 學術世界一卷二期至六期 連期刊登

中國古物之範圍與種類 羅香林 新社會科學半月刊一卷四期

十萬年前住居東北的古代人 德永重康著 魏建猷譯 文化批判二卷五期

論治史方法及中國之用鐵時代 —答馬乘風先生— 王宜昌 中國經濟三卷七期

用鐵時代問題之研究 非斯 食貨半月刊二卷七期 有三時代(一)裝飾用,(二)生產用,(三)武器用

古代中國鐵器之研究 松本文三郎著 汪馥泉譯 青年界二卷五號

十年來之中國考古學 鄭師許 大夏一卷五期(十週紀念特刊)

一年來之中國考古學 —廿二年— 鄭師許 中華月報二卷一期

由考古上所見到的新疆在文化上之地位 黃文弼 禹貢半月刊四卷六期

通俗考古學叢書編輯計畫　鄭師許　考古社刊一期

(2)甲骨

甲骨文之發見及其價值　陳村牧講　蕭呈祥·林文境記　厦大週刊十三卷一期

卅五年來的甲骨學　陳競明　攷古社刊三期

卜辭所見殷先公先王三續考　吳其昌　燕京學報十四期

讀王靜安先生古史新證書後　孫海波　考古社刊二期

大龜四版考釋商榷　瞿潤緡　燕京學報十四期

內容：(一)略論龜策傳之讀法，(二)論卜辭之性質與所謂一事兩決，(三)龜卜先後之次序的一種推測，(四)論所謂貞人，(五)結論。

鐵雲藏龜釋文補正　許敬參　考古社刊三期

貞人質疑　陳晉憲　國立中山大學文史學研究所月刊二卷一期

殷虛書契解詁　吳其昌　武大文哲季刊三卷二，三，四號；四卷二，四號，五卷一號

殷契書目錄　陳準　甌風雜誌一，六，七期

契齋藏記　戴蕃豫　考古社刊一期

介紹天下第一奇書——徐協貞先生新著殷契通釋 虞廷 文史一卷二號

殷虛書契前後編集釋序 葉玉森 自序 嶺南學報三卷二期

(3)金石

(a)通論

中國金石之厄運 劉盼遂 清華學報九卷三期

金石紀聞(續) 進宧 藝觀六期

金石瑣錄 蘇瑩輝 國專月刊一卷二期，二卷一期

金石見聞錄 林瓊 北平晨報藝圃(廿四年十一月九，十一日)

金石偶志 瓊 北平晨報藝圃(廿四年十二月十八，廿日)

金石文字談 李大翀 北平晨報藝圃(廿四年十一月廿三日)

金文辨僞 婁闇 青鶴一卷十七、十八、十九、廿一、廿二、廿三、廿四期

古代彝器僞字研究 商承祚 金陵學報三卷二期
內容：(一)字體受宋人書本的影響，(二)拼揍字句，(三)删截文字，(四)臨寫銘語，(五)摹刻文字

古器物學研究議　羅振玉　湖社月刊四十一冊

理想中之商周古器物著錄表　唐蘭　考古社刊一期

記明成化景宋鈔本金石錄　姜鏊盦　河南圖書館館刊第四冊

毛鳳枝金石萃編補遺槁本　王重民　大公報圖書副刊八十六期(廿四年七月四日)

鬱華閣金文跋　顧廷龍　燕京學報十四期

周金文存序　王謇　國學商兌一卷一期

續殷文存序　孫海波　大公報圖書副刊一百零五期(廿四年十一月十四日)

中國金石學緒言　劉節　圖書季刊一卷二期
內容：(一)宋代金石學及明人石刻研究，(二)清初考訂金石之風及乾嘉以後之彝器款識學，(三)古器物學鱗爪，(四)泉幣學發達概況，(五)璽印封泥，(六)陶器之研究，(七)近世考古學上兩大發現，(八)石刻及碑誌。

金石學著述考敘　愚公　藝觀六期

宋代著錄金文彙編序　弓英德　勵學四期

鄴齋金石圖錄　金祖同　讀書雜誌三卷六期

擘古廬金石題跋 曹銓 國專月刊一卷二期

滇金石跋錄 李根源 國學商兌一卷一，二，三期

簠室題跋(續) 王襄 河北第一博物院畫報五十期至五十九期，八十一期至九十五期連期刊登

抄本平津館金石萃編跋 陳準 圖書館學季刊七卷四期

蒙古金石志 鏊公 新蒙古三卷三期

曲陽金石簡明目錄 高子珍 國立北平圖書館館刊八卷六期

中州金石叢刊發刊辭 蔣恢吾 考古社刊三期

擬輯松窗草堂藏碑考緣起 杜鎮球 考古社刊一期

擬輯松窗草堂藏帖考緣起 杜鎮球 考古社刊一期

擬編蒿里遺文著錄表例 羅福頤 考古社刊二期

流沙墜簡校正 賀昌羣 國立北平圖書館館刊八卷五期

「金石錄後序」作年考 王瑤 學風五卷二期

「金石錄後序」是作於趙明誠「金石金錄」成書以後十多年，李清照重翻她丈夫的遺作有感，因寫這篇後序，中述她們夫婦的遺際本未，故可作研究女詩人的史料。

讀「金石後序作年考」以後　汝舟　學風五卷四期

（b）金　附鏡鑑泉幣印鉩

殷商銅器之探討　高去尋　史學論叢一期

殷代銅器足徵說並論鄴中片羽　徐中舒　考古社刊二期

福氏所藏中國古銅器　中舒　大公報藝術週刊四十期（廿四年七月六日）

參加倫敦中國藝術國際展覽會銅器說明　唐蘭　史學論叢二冊

論所謂秦式銅器　鄭師許　嶺南學報四卷二期

壽縣所出銅器攷略　唐蘭　國學季刊四卷一期

壽州出土楚銅器補述　徐中舒　大公報圖書副刊卅一期（二十三年六月十六日）

壽春新出楚王鼎銘考釋（又一器）　胡光煒　國風半月刊四卷六期

安徽省立圖書館新得壽春出土楚王鉈鼎銘釋　胡光煒　國風半月刊五卷八，九合期

齊楚古金表　胡光煒　國風半月刊四卷十一期

湯盤孔鼎之重權　溫廷敬　國立中山大學文史學研究所月刊三卷二期

正考父鼎銘辨僞 郭鼎堂 東方雜誌卅二卷五號

令矢彝 馬叙倫 國學季刊四卷一期

作册令尊及作册令彝銘考釋 唐蘭 國學季刊四卷一期

者瀘鐘釋 温廷敬 國立中山大學文史學研究所月刊三卷二期

驫羌鐘銘釋 温廷敬 國立中山大學研究院史學專刊一卷一期

晉公𥂴考釋 唐蘭 國學季刊四卷一期

沇子它敦蓋新釋 鄭師許 國立中山大學文史學研究所月刊一卷五期

沇子𥂴銘訂釋 温廷敬 國立中山大學文史學研究所月刊三卷三期

散氏盤銘補釋 黄紹箕遺稿 李笠校理 文瀾學報一集

齊弓鎛考釋 孫海波 師大月刊廿二期
宋代金文校釋之一

周銅鼓考 福開森 大公報藝術週刊四十一期(廿四年七月十三日)

唐大中銅磬流傳考 容庚 燕京學報十八期

大中磬刻文時代管見 許地山 (燕京學報十八期)

泉布珍品　玫　北平晨報藝圃（廿四年十一月二，四日）

中國金幣考　李國瓌　國學論衡四期下

鏡考　欒嘉藻　河北第一博物院畫報五十七期至七十六期間期刊登

小檀欒室鏡景　鄭師許　圖書評論一卷七期
徐乃昌藏器並撰集自印本

古竟景序　容庚　燕京大學圖報七十九期

漢三國六朝紀年鏡集錄序記　梅原末治著　鼎譯　大公報圖書副刊七十六期（廿四年四月廿五日）

摹印談屑　覲生　女師學院期刊創刊號
內容：源流－論篆－論刻－印制－刻刀－餘事

夜雨雷齋印話　沙邨　國風月刊七卷四期

古銅印譜簡明目錄　羅福頤　湖社月刊十二，十四，十五，十七冊

冷雪厂知見印譜錄目讀校記　陸沭文　燕京大學圖報七十三期

漢官印選　非厂　北平晨報藝圃（廿四年四月三，五，八，九，十二，十九，廿四，廿九日；五月三，六，八，十一，十三，廿，廿五日；六月廿四，廿五日）

左官印三　河北博物院畫刊一百期

廣州部曲將印 黃仲琴 嶺南學報三卷四期
銅質白文六字之印民國廿一年在廣州出土

清乾隆印璽誌 編者 故宮週刊三一二，三一三，三一六，三一七，三一九，三二〇，三二一，三二二，三二三，三二四，三二九，三三〇，三三一，三三二，三四二，三四五，三四七，三四八期

六如居士小景印章 芻厂 北平晨報藝圃(廿三年八月十七日)

石廬印存自序 石廬 藝觀六期

(c)石刻 附佛像，玉器

畿輔碑目 樊彬 河北第一博物院畫報六一，六二，六三，六四，六五，六八，六九，七一，七四，七六，七七，八〇，八二，八四，八六，八八，九〇，九二，九三，九六，九九，一〇一，一〇四期

館藏李唐墓誌目 范騰端 國立北平圖書館館刊九卷三號
！武德迄龍朔！

鴛鴦七誌齋藏石珍目 逸 北平晨報藝圃(廿四年十一月廿七，廿九日)

岣嶁禹碑譯文合書經禹貢解 黃鞏 船山學報六期

石鼓時代研究 楊壽祺 考古社刊三期

石鼓文及其社會的背景 古鐵 中原文化二期

石鼓釋文序　馬叙倫　圖書館學季刊八卷二期

前茅本北宋最早搨汧陽刻石跋　唐蘭　天津益世報讀書週刊九期（廿四年八月一日）

此拓頃由中華書局影印，此石通稱石鼓，今依馬衡氏所考定，改稱爲汧陽刻石

秦刻十碣時代考　羅君惕　考古社刊三期

獵碣考釋　張政烺　史學論叢一期

記瑯琊臺秦刻石東面釋文　石廬　藝觀六期

秦六石說　陸和九　民大中國文學系叢刊一卷一期

秦始皇刻石考　容庚　燕京學報十七期

漢池陽令張君殘碑跋　余嘉錫　輔仁學誌四卷二期

禹陵窆石辨　周蒿堯　浙江圖書館館刊四卷六期

漢武梁祠畫像考　容庚　大公報藝術週刊五十五，五十六期（廿四年十月廿六日，十一月二日）

魏毋邱儉丸都紀功石刻殘石　河北第一博物院畫報五十六期

唐蕃會盟碑跋　姚薇元　燕京學報十五期

和林三唐碑紀略(續) 樂嘉藻 河北第一博物院畫報五十期至六十期連期刊登

唐大明興慶兩宮圖殘石跋文 張鵬一 國風半月刊六卷五，六期合刊

秦州杜詩石刻記 馮國瑞 國風半月刊六卷五，六期合刊

杜工部書嚴公九日南山詩拓本 河北第一博物院畫報五十七期

唐崔忻記驗井刻石 河北第一博物院畫報五十四期

宋神霄玉淸萬壽宮詔石考釋 蔡守 國學論衡五期下

宋井欄「顧衙」「復泉」題記跋 顧元昌 國立中山大學文史學研究所月刊一卷四期

宋許州長史孫君墓誌銘跋尾 孟森 國學季刊四卷二期

宋張景道埋銘跋 黃仲琴 國立中山大學文史學研究所月刊二卷一期

記遼陵石刻及其他關于討論遼陵之文字 謝國楨 大公報圖書副刊六十六期(廿四年二月十四日)

遼陵契丹文碑刻 怡生 北平晨報藝圃(廿四年十一月六日)

金源國書碑跋 毛汶 國學論衡三期 碑現藏河南省立圖

居庸關元刻咒頌音補附考 奉寬 史學年報二卷一期

焦山道德經殘幢考　葉遇春 附跋　制言半月刊一期

天台民族英雄紀念碑　陳鐘祺，浙江圖書館館刊四卷六期

新羅眞興王巡狩管境碑考　今西龍著　楊維新譯　國立北平圖書館館刊九卷二號

威遠營刻石考　李苑文　禹貢半月刊二卷九期　乃萬曆十二年征西游擊將軍劉綎征緬甸渡金沙江時，築壇誓師詞，刻之于石

威遠營刻石考補正　李苑文　禹貢半月刊三卷六期

讀容希白君「古石刻零拾」　楊樹達 附覆書　考古社刊二期

山左訪碑記　蟄人　國聞週報十二卷五期　紀在濟南開元寺之碑碣

歙縣訪碑記　葉爲銘　浙江圖書館刊四卷五期

徐宋見聞記　王廣慶　國學論衡四期下　商邱顏眞卿八關齋會報德記石刻

入秦訪駿記　張玉風　國聞週報十二卷卌三，卌四期　陝西醴泉唐太宗昭陵有石馬六，此篇紀入陝遊覽所見聞者

大同雲崗石窟　方山　南大半月刊一卷十期

大同石窟寺　謝國楨　國風半月刊五卷六，七合期

山西石佛考查記 周鑑 周一良 燕京學報十八期

中國佛教美術之光 談玄譯述 海潮音十六卷八號 —山西天龍山石窟造像攷—

曹溪南華寺宋刻五百羅漢記 鄧爾雅 國立中山大學文史學研究所月刊一卷三期

北宋木刻造像記釋文考跋題詠最錄 蔡守 國學論衡三期

古玉之研究 鄭師許 教授與作家一卷一期 —原爲中國「金石學概論」中篇第六章第四節—

玉策時代考 萬伯先 光華大學半月刊四卷五期

玉作器皿 劉振卿 北平晨報藝圃(二十三年四月九，十，十一，十四，十六，廿，廿三，廿四，廿五，廿七日；五月一日)

(4)雜考

中國古代車馬狩獵圖紋考 羅需霖譯 文史匯刊一卷二期 —原文載市村博士古稀紀念東洋史論叢，駒井愛和著—

與鐸爾孟先生討論「地臼」一書 江紹原 中法大學月刊六卷一期 內容：(一)古字學的討論，(二)古器物的討論

得周尺記 福開森 大公報藝術週刊四十期(廿四年七月六日)

曲阜出土桓表 河北第一博物院畫報五十三期

福建平和縣城磚考釋　温丹銘　國立中山大學文史學研究所月刊二卷三，四期合刊

漢西海郡安定瓦當考　馮國瑞　國風半月刊六卷五，六期合刊

廣州出土墓磚羅馬數字考　容肇祖　輔仁廣東同學會半年刊二卷一期

廣州龜岡漢冢之研究　曾傳軺　國立中山大學文史學研究所月刊一卷五期

說蠶　談溶　國學論衡三期　從廣州北郊石人蹬所發掘

「平陵墜导立事歲」陶攷證　張政烺　史學論叢二册　附「攷證」補記，及郭沫若張履賢兩先生通信並識語

漢銅雀瓦硯　故宮週刊三百三十九期

宋澄泥仿建安瓦鐘硯　故宮週刊三百五十期

宋宣和八卦十二辰硯　故宮週刊三百十五期

宋文天祥玉帶生硯　故宮週刊三百四十四期

明蒼雪菴鳳池硯　故宮週刊三百四十八期

舊端石鵝硯　故宮週刊三百四十期

端溪硯坑記略　枕冬　湖社月刊十七册

雙琥簃墨董　李大翀　北平晨報藝圃(廿四年二月廿五，廿六，廿七日；三月一，四，五，六，八，九，十一日，三月十一，十三，十五，廿五，廿六日；四月十，廿四日；五月十一，十三，十八，廿，廿一，廿二日；六月三，八，十日；七月九，十，十三，十六，廿三，廿四，卅日)

鐙齋藏墨記　湖社月刊六十册至六十三册

談北宋李惟一墨　翊雲　正風半月刊一卷廿四期

清墨說略　凌宴池著　大公報文藝副刊廿期(二十二年十一月二十九日)

箋攷　李大翀　北平晨報藝圃(廿四年二月二，六，八日)

牋談　秋　北平晨報藝圃(廿四年十二月九日)

論中國之筆與文字　樂嘉藻　河北第一博物院畫刊九三，九六，九八，九九，一〇一期

負暄續錄　于非厂　湖社月刊五十一期至五十六期
賡陳氏負暄野錄談及筆紙絲墨諸事

中國歷代陶器圖案概觀　陳之佛　中山文化教育館季刊二卷三號

瓷史　糟粕　北平晨報藝圃(廿四年九月廿四，廿五，廿七，卅日；十一月一，二，四，五日)

壺雅　談溶　國學論衡三，四，五期

匋雅　寂園叟　湖社月刊六十期至九十七期連期刊登

寂園志　徐厂鈔　北平晨報藝圃（廿三年四月七，九，十四，廿四日；五月二，四，十二，十四，十八日）

記宋明以來名瓷之款制　劉節　大公報藝術週刊卅九期（廿四年六月廿九日）

清瓷攷略　負父　北平晨報藝圃（廿四年三月十五，十六，十八日）

飲流齋說瓷貢疑　楊猷谷　國學論衡二期

古月軒瓷考　楊猷谷　國學論衡三期

宜興陶器研究及其史的敘述　許冰夏　生力月刊一卷二期

清初華瓷之西洋化郎窰問題　絲倩　珞珈月刊一卷四期

菸壺答問　姚彤章　河北第一博物院畫報六三，六四，六五，六七，六九，七一，七五，七七，八〇，八二，八四，八五期

烏喇珠　劉振卿　北平晨報藝圃（廿三年五月十二，十四，十五，十八，十九，廿八，卅日；六月六，九，十一，十二，十三，十五，十六，十九，廿二，廿三，廿六，廿七，卅日）
烏喇珠譯言曰「江珠」即俗稱之東珠也

金作雜飾　劉振卿　北平晨報藝圃（廿三年二月廿八日；三月二，三，五，六日）

扇的史料　啓孫　北平晨報藝圃（廿四年九月廿五，廿七，廿八日）

摺扇考 陳子展 太白半月刊一卷二，五期

石黛考 皓齡 人間世卅四期

琉璃辨 胡鑾椿 中山文化教育館季刊二卷四期

「骨朵」「科斗」與「疙瘩」 齊東野 北平晨報藝圃（廿四年八月九，十日）

羅盤針起源考 Dr. F. Hirth 著 毓瑞譯 中原文化廿一期

華絲傳入歐洲考 朱傑勤 文史匯刊一卷二期

唐代波羅毬戲考 羅香林 國立中山大學研究院史學專刊一卷一期

明太祖像眞僞攷 金致淇 考古社刊二期

乾隆皇帝之西洋趣味 曾鐵忱 中國社會一卷二期

內容：（一）圓明園之噴水池，（二）機器裝置的戲台，（三）新地圖與銅版印刷，（四）望遠鏡與排氣機

（5）雜記 附發掘報告

文華殿福氏古物參觀記略 不凡 大公報藝術週刊四十期（廿四年七月六日）

西郊訪萬氏白雲莊遺址及白雲先生塋墓記 楊貽誠 國風半月刊四卷六期

虹廬筆乘 黃賓虹 學術世界一卷一期至六期
關于金石文字及硯印的紀略

古董錄(續) 王漢章 河北第一博物院畫刊五〇期至九四期間期刊登，又九四，九六，一〇一，一〇四期

茶花小志 方樹梅 國學論衡二，三期

輯南州異物志序 温廷敬 國立中山大學文史學研究所月刊三卷三期
萬震南州異物志一卷，見隋唐二志，至宋而亡，本文作者就唐宋類書，及諸家註所引者，輯之得數十條。

中國西北之種種發見 石田幹之助著 洪懋熙譯 地學季刊一卷三期

西北近幾年來考古學上兩大重要發現 傅振倫 天山月刊一卷三期
(一)兩漢簡牘，(二)新莽權衡

西北文物展覽會瞥記 向達 劉節 大公報圖書副刊廿九期(二十三年六月二日)
內容：(一)紀西北科學考查團的古物，(二)壽州出土楚銅器及甘肅出土莽衡。

河南攷古之最近發見 李濟博士講 曹聚仁筆錄 國聞週報十一卷廿四期

河北十四縣古跡古物調查紀略 嚴智怡 河北第一博物院畫報七九，八一，八三，八五 八七，九二，九四，九五，九八，一〇〇，一〇二，一〇三期

黑城探檢記 斯文赫定著 侯仁之譯 禹貢半月刊一卷九期
記一九三一年至三二年斯文赫定亞洲探檢隊在中國黑城

一帶的工作重要結果

壽縣出土楚器簡明表 學風五卷七期 安徽省立圖所藏

吉林金婁室墓志暨古器 林瓊 北平晨報藝圃(廿四年十一月十六日)

中國考古報告集之一——城子崖發掘報告序 李濟 東方雜誌卅二卷一號

「城子崖」序 傅斯年 天津益世報讀書週刊十期(廿四年八月八日) 考古報告集第一種

雲南昭通考古小記 張希魯 考古社刊一期

五　史學

(1)通論

原史　陳鼎忠　文史匯刊一卷一期

史部彙攷　陳鼎忠　文史匯刊一卷一期
內容：史職—史官—史目

史之淵源考　葛定華　南河大學學報一卷三期

史學源流及其體製　李鳳鼎　女師學院期刊一卷二期
內容：(一)史學源流，(二)正史與雜史，(三)正史的內容，(四)結論。

史部流別論　張永康　湖南大學期刊九期
中國正史之體製有七：(一)本紀，(二)年表，(三)書志，(四)世家，(五)列傳，(六)論贊，(七)叙例。

讀史評論　紀廷藻　江渼思潮二卷一期至六期連期刊登

中國史學概述　張永康　湖南大學期刊六期

中國史學之階段的發展　朱謙之　現代史學二卷一，二期

中國歷史階段的批判　白英　新中國一卷三期

中國史學論　劉石臣　文化批判一卷二期

中國史的年代　衛聚賢　中山文化教育館季刊二卷二期

談談中國古代史的研究法　作勵　珞珈月刊一卷二期

古史的研究　程憬　社會科學叢刊二卷一期

中國史上之南北強弱觀　錢穆　禹貢半月刊三卷四期

讀「中國史上之南北強弱觀」　蒙文通　禹貢半月刊四卷一期

怎樣研究本國史　楊東蓴　青年界六卷二期

怎樣研究中國史　奚爲　中國文化建設協會山西分會月刊一卷二，三期

現代中國古史研究鳥瞰　鄭慕雍　勵學四期

關於中國古代史的新史料問題　李濟之博士講　絲倩記　珞珈月刊創刊號

談談中國歷史研究　潘傑民　山東八中校刊四期

先秦諸子之歷史理論及其論戰　李麥麥　新中華三卷十八期

魏收之史學　周一良　燕京學報十八期

劉知幾史學舉誤 李亞崑 國專月刊一卷五期

鄭漁仲之史學 傅振倫 中法大學月刊五卷五期

龔定盦之史地學 朱傑勤 現代史學二卷四期

梁任公先生在我國近代史學上的貢獻 克凡 大夏一卷九號

章太炎論今日切要之學 王聯曾記 中法大學月刊五卷五期

章先生於一九三二年三月廿四日，在燕京大學所講，以歷史學爲今日切要之學。

日本內藤湖南先生在中國史學上之貢獻 周一良 史學年報二卷一期

附內藤湖南先生著述目錄

從中國歷史診斷中國革命的前途 郭壽華 汗血月刊三卷一號

論中國現代史的整理工作 楊人楩 大陸雜誌一卷十一期

擬編中國通史計劃書 羅香林 國立中山大學文史學研究所月刊一卷三期

論讀史傳文 林思進 華西學報三期

八代年表 金元憲 國學論衡二，三期

十六國年表 金元憲 幷序 國學論衡四期上

中學國史教學目標論　繆鳳林　國風月刊七卷四期

與范筆山論史學書　萬斯同遺著　浙江圖書館館刊四卷五期

(2)專著

(A)正史

正史源流急就篇　李審言遺著　文學雜誌六，七期

廿四史修撰之始末及得失　劉文華　中國文化建設協會山西分會月刊一卷一期

廿五史文化史料搜集法　陳嘯江　食貨半月刊一卷五期

廿五史補編題辭　陳訓慈　浙江圖書館館刊四卷二期

諸史外夷傳失實舉正　錢復　國學論衡四期上

大秦傳中所見之漢人思想　日本白鳥庫吉著　仇在廬譯　禹貢半月刊三卷三，五期

史漢論略　姚尹忠　民鐘季刊創刊號

馬班異同論　陳柱尊　學藝十三卷七號

史記之分析與綜合　錢子泉講　光華大學半月刊四卷三號

史記發疑 齊燕銘 中法大學月刊四卷五期

史記六國表訂誤 杜呈祥 天津益世報讀書週刊十二期（廿四年八月廿二日）

漢太初以來諸侯年表 李子魁 禹貢半月刊二卷十一期

史記三家註所引地理書考 徐文珊 禹貢半月刊四卷七期

史記三家注所引書目 程金造 師大月刊十八期

史記三家注引用書目考略敘例 錢永之 國專月刊一卷五期

史記老子世系攷 高亨 國立北平圖書館館刊九卷三號

史記老子傳箋証 高亨 北强一卷一，二期

考正史記孔子世家 陳朝爵 安徽大學月刊二卷二期 學風四卷八期 國學論衡五期上

重訂考正孔子世家 陳朝爵 制言半月刊二期

史記孔子世家補證 朱桂曜遺稿 之江學報一卷一期

封禪書著作問題 李鏡池 國立中山大學文史學研究所月刊一卷五期

史通論史記語抄撮 管雄 浙江圖書館館刊四卷三期

題記明嘉靖丁酉廣東崇正書院刻本「兩漢書」　莫伯驥　嶺南學報三卷四期

漢書略說　駱鴻凱　湖南大學期刊二卷五期

漢書佚注敘例　彭仲鐸　文史叢刊一期

漢書西域傳奄蔡校釋　岑仲勉　輔仁學誌四卷二期

讀三國誌札記　李子瀛　文學雜誌一期

三國志人名年表敘例　韓連琪　勵學三期

陳范異同　陳述　師大月刊十期

宋書考論　孫彪　國立北平圖書館館刊九卷一，二，三號

補南齊書藝文志序　陳述　師大月刊十八期

一千五百年前之中國科學家　陳登原　人文月刊五卷七號
原文題名爲「甲戌文錄—書南史祖冲之傳後」

讀北史雜記　胡適　中國文學季刊創刊

兩唐書綜論　傅振倫　國立北平大學學報一卷四期（文理專刊）

唐書源流考　羅香林　國立中山大學文史學研究所月刊二卷五期
內容：（一）修撰考，（二）史臣考，（三）資料考，（四）板本考，（

唐書神秀傳疏證 羅香林 國立中山大學文史學研究所月刊二卷五期

讀新舊唐劄記 關善普 輔仁廣東同學會半年刊二期

新唐書曆志校勘記 錢寶琮 浙江圖書館館刊四卷六期

五代史記注引書檢目 班書閣 女師學院期刊二卷二期

五代史記纂誤釋例 班書閣 女師學院期刊創刊號

內容：（一）自相岐異例，（二）與體例不合例（三）以有謂無以無謂有例，（四）叙事誤時例，（五）宜書而削宜削而書例，（六）事實謬誤，（七）計數失實例，（八）雜例。

讀五代史筆記 兌之 新民月刊一卷四，五期

道志居筆記之一

讀五代史札記 金風 北平晨報藝圃（廿四年一月十一，十四，十五，十六，廿二日。）

讀五代史晉本紀後 雪風 中原文化廿二期

宋史陳亮傳考證及陳亮年譜 何格恩 民族三卷十一期

元槧宋史校記（續） 葉渭清 國立北平圖書館館刊九卷三號

遼史與金史新舊五代史互證舉例 馮家昇 史學年報二卷一期

金史平議　毛汶　國學論衡二期

金史氏族表例言　陳述　師大月刊十四期　國立中山大學文史學研究所月刊二卷三，四期合刊

金史國語名物篇四譯表　毛汶　國學商兌一卷一，二期

書金史文藝傳「收圖籍」「得宋士」事　毛汶　學風五卷八期

巴而朮阿而的惕斤傳譯證　唐長孺　國學論衡五期上

明史小評　吳晗　圖書評論一卷九期

修正明史商榷　吳雨蒼　國專月刊一卷一期

明史佛郎機傳考證　梁嘉彬　國立中山大學文史學研究所月刊二卷三，四期合刊

明史呂宋傳註釋　張維華　齊大季刊四期

清史稿禮制喪服章書後　吳承仕　國學論衡三期

清史稿四地理家傳校記　夏定域　禹貢半月刊四卷七期

（B）雜史

穆傳之版本及關于穆傳之著述　張公量　禹貢半月刊二卷六期

記「舊鈔本穆天子傳」 張公量 禹貢半月刊二卷五期

顧實著穆天子傳西征講疏評論 張公量 禹貢半月刊三卷四期

國語眞僞考 孫海波 燕京學報十六期

戰國策新論 李菊田 培德月刊八，九，十期

戰國策校補摘例 普暄 女師學院期刊一卷二期

元刊續資治通鑑殘本跋 温丹銘 國立中山大學文史學研究所月刊二卷二期

世本居篇合輯 孫海波 禹貢半月刊四卷六期

世本重編序 趙曾儔 文藝叢刊一卷一，二期

讀吳越春秋劄記 張餘鴻 學風五卷二期

古代蜀國史略述 傅述堯 禹貢半月刊一卷六期
內容：(一)正史上所見之蜀史，(二)蜀國傳國之故事，(三)蜀國與安南之關係。

論天祿閣外史 嚴挺 人文月刊六卷一期
天祿閣外史舊本題汝南黃憲著，實爲明王逢年所僞託

史通引書考初稿緒論 王紹曾 國風半月刊六卷一，二合期

史通點煩篇臆補　洪業　史學年報二卷二期

史通校記　羅煌　天津益世報讀書週刊十七期(廿四年九月廿六日)

續史通內篇　宋慈抱　國學論衡五期上

續史通內外篇　宋慈抱　甌風雜誌一期至十九，廿期合刊

文史通義注自序　葉長葉　國專月刊一卷四期

胡輯甘露事類草稿跋尾　羅香林　國立中山大學文史學研究所月刊三卷一期

南唐書箋注引書表　班書閣　女師學院期刊三卷二期

南唐書校文　趙彥偁校　鴻謙錄　金陵學報二卷二期

讀宋校本王氏宋史記　張遂青　國風半月刊五卷十，十一號合期

宋略存於建康實錄考　蒙文通　國立北平圖書館館刊八卷五期
附宋略總論校記

僞楚錄輯補自序　朱希祖　文藝叢刊二卷一期

僞齊錄校證自序　朱希祖　文藝叢刊二卷一期

跋周昭禮清波二志　吳晗　文學季刊二期
清波志十二卷，別志三卷，宋周煇撰，煇字昭禮泰州人，

書中所記多屬兩宋雜事，朝章典故，遺聞秘話，足補史乘之缺。

南遷錄糾謬 毛汶 國學論衡五期上

元秘史譯音用字攷 馮承鈞 大公報圖書副刊卅六期（廿三年七月廿一日）

方國珍寇温始末序 劉紹寬 甌風雜誌五期

方國珍寇温始末 葉嘉掄原著 甌風雜誌一期至四期連期刊登

蒙兀兒史記序 孟森 浙江圖書館館刊三卷六期 文藝捃華一卷五冊

成吉斯汗實錄之序論 張鴻 國學論衡三期 譯那珂通世作

成吉斯汗實錄 張鴻 國學論衡四期上，五期上

讀馬可孛羅遊記證誤 毛汶 學風五卷九期

元代的西方客人——讀「元代客卿馬哥波羅遊記」—— 學敏 文化建設一卷九期

柏朗嘉賓遊記 向達譯 史學一期

柏朗嘉賓意大利人，一二四五年奉教皇命，出使蒙古，謀開教東土，柏氏到時留居數月，以開教無望後西歸，曾著遊記，其中記載，頗有足以補苴元史

海桑東遊錄 俄Brets chuter原譯註 唐長儒重譯 國學論衡五期上

海桑旅行記係海桑王之隨員基拉哥所寫，記隨亞美尼亞王

海桑至拔都與蒙古汗等處之旅行

流落在日本的一部中國書　王貽謀　人間世卅三期
書名「千百年眼」，著者張燧明萬曆時避世至日本，此書大抵乃在日本出版者。

萬曆三大征考　新明　大公報圖書副刊卅九期（二十三年八月十一日）
茅瑞徵著　燕京大學圖書館印行

關于萬歷三大征考　大公報圖書副刊四十期（二十三年八月十八日）
—鄧之誠給圖書副刊編輯的一封信—

季明封爵表跋　劉詒徵　國風半月刊二卷十二期

四百六十鳳皇齋讀書記——讀林居漫錄　張政烺　史學一期
林居漫錄明袁萃撰，書中多載當時朝野故實。

清太祖告天七大恨之眞本研究　孟森　史學一期

清世祖實錄稿本殘卷　文獻叢編廿輯

洪承疇奏對筆記　大道半月刊十期，至十四期連期刊登
是書流行極少，於清初政治所關者極大，爲研究政治及歷史者之有價值史料

洪承疇章奏文册彙輯跋　心史　天津益世報讀書週刊卅四期（廿四年十一月十四日）

「大義覺迷錄」語堂 人間世卅期

跋水窗春囈 張蔭麟 國聞週報十二卷十期
水窗春囈中記咸同間人物故事

庚辛史籍要錄 瞿兌之 國聞週報十一卷三期

祺祥秘辛 王闓運纂 安雅月刊一卷五期
青坨老人鈔藏

讀「西征隨筆札記」 葉秋原 人間世十九期

「方家園雜詠紀事」與「德宗遺事」 徐一士 國聞週報十二卷廿一期

「宣統政紀」校後記 谷霽光 浙江圖書館館刊四卷四期

秦邊紀略之噶爾旦傳 內藤虎次郎著 文逵譯 清華週刊四十卷二期

新「華夷譯語」 W. Fuchs著 大公報圖書副刊一〇九期(廿四年十二月十二日)

漢譯異國物語校考 南越橋川時雄子雍 正風半月刊二卷一期

記二吳本高麗史 姜勢龕 河南圖書館館刊第四册

評梁著歷代名人生卒年表 閔爾昌 國聞週報十一卷十二期

歷代名人生卒年表補遺 金濤 國風月刊七卷一期

陳介石先生獨史評述　羅香林　國立中山大學史學研究所月刊一卷五期，二卷一期

史讀考異自序與例目　張棡　浙江圖書館館刊三卷三期

史讀考異序　柳詒徵　浙江圖書館館刊三卷五期

史學年表初稿敍例　萬福增　師大月刊廿二期

評夏曾佑中國古代史　公沙　大公報圖書副刊廿期（二十三年三月三十一日）

敬答海雲先生——關于海雲先生「讀評夏曾佑中國古代史」的答覆——　公沙　大公報圖書副刊二十三期（二十三年四月廿一日）

關于夏曾佑中國古代史的討論　大公報圖書副刊二十三期（二十三年四月廿一日）

評馬斯波羅中國上古史　齊思和　Paul Pelliot 法人　史學年報二卷二期

爲清代通史批評再致吳宓君書　蕭一山　國光半月刊四卷十一，十二期　大公報圖書副刊卅四期至卅七期（廿三年七月七，十四，廿一，廿八日）——並答陳恭祿君——

爲清代通史下卷再答蕭一山君　陳恭祿　大公報圖書副刊卅九期（二十三年八月十一日）

關於「清代通史」——蕭一山　北平晨報學園七四一，七四二，七四三號（廿三年十月十六，十八，十九，廿五日）——補答陳恭祿君論錯誤十例——

評傅斯年東北史綱卷首　繆鳳林　文藝叢刊一卷二期　大公報文學副刊二八四期至二八七期，又二九一，二九五，二九六，二九九期（廿三年六月十二，十九，廿日；七月三，卅一日；八月廿八日；九月四，廿五日）

評邢鵬舉中國近百年史　陳恭祿　大公報文學副刊二百八十三期（二十二年六月五日）

關於評邢鵬舉中國近百年史之討論　大公報文學副刊二百八十六期（二十二年六月二十六日）

為中國近百年史答邢鵬舉君　陳恭祿　大公報文學副刊二百九十四期（二十二年八月廿一日）

(3)歷代史料

蒿廬史札　呂思勉　光華大學半月刊二卷八，九期；三卷一期至六期連期刊登

尺木齋讀史劄記　趙大煊　華西學報三期

中國文化史資料　陳登原　人文月刊六卷一期

(一)書知不足齋叢書所收王定國聞見近錄後，(二)書施可齋閩雜記後

明清史料研究　謝國楨　金陵學報三卷二期

內容：(一)清代實錄檔冊及清修明史，清史稿等書，(二)明代野史關于明末清初之記載，(三)朝鮮人記載及最近日本研究之論文

晚清史話　棠　天津益世報史學八，十期（廿四年八月六日；九月三日）

近代中國史史料評論　陳恭祿　武漢大學文哲季刊三卷三號

談談史料　韓槃森　金大文學院季刊一卷二期

明代文字獄禍考略　顧頡剛　東方雜誌卅二卷十四號

明烈皇殉國後紀　孟森　國學季刊四卷三期
內容：(一)清世祖殺故明太子，(二)清聖祖殺故明皇四子及其子孫眷屬，(三)清世宗封延恩侯爲明後

北都覆沒(續)　王小隱　人文月刊四卷六，八，九，十期；五卷一期

滿族未入關前的俘虜與降人　陶希聖　食貨半月刊二卷十二期
—王先謙「東華錄」摘抄之一—

本館秘藏抄本吳英將軍事略平耿精忠數則　厦門圖書館聲三卷一，二，三，四期合刊

清代兩大詩禍　劉文林　人間世卅五期
(一)胡中藻之堅磨生詩抄，(二)徐述夔之柱樓詩集

彭家屏收藏明季野史案　孟森先生　史學論叢一期

記清末兩大文字獄　高良佐　建國月刊十卷二期
—蘇報案與沈藎案—

庚子從軍日記　孫星樞　天津益世報史學十五，十六期(廿四年十一月十二，廿六日)

華胥漫錄　王小隱　人文月刊四卷五，六，七期；五卷一期

甲戌談往——六十年之回顧——清同治帝逝世光緒帝立——奕譞——對日國恥第一幕,——會試殿試——留美幼童第三批唐紹儀等放洋　一士　國聞週報十一卷一期

乙亥談往——六十年之回顧——　徐一士　國聞週報十二卷一期

徐錫麟革命史料　文獻叢編廿輯

秋瑾革命案(續)　文獻叢編十七輯

安徽革命紀略　孫傳瑗　學風四卷六期

辛亥革命重要文件之展視　白蕉　人文月刊五卷二期

清末革命史料之新發現——劉師培與端方書——　大公報史地週刊七期(廿三年十一月二日)

讀劉師培與端方書——革命的前一幕——　宋吉人　清華週刊四十二卷六期

論劉師培與端方書　高良佐　附劉師培其與端方書　建國月刊十二卷四期

辛亥革命之起因　曹彌　大公報史地週刊五十八期(廿四年十一月一日)

辛亥革命史的意義　曹立夫　中華月報一卷八期

宗社黨　白蕉　人文月刊六卷七,九期

袁世凱與中華民國　白蕉　人文月刊五卷六期至九期，六卷一期至五期連期刊登

袁世凱的壓迫言論自由　白蕉　人文月刊六卷五期

護國軍紀實　鄧之誠　史學年報二卷二期

宣統復辟　白蕉　人文月刊六卷七期

民國初年有關大局之三件暗殺案　白蕉　人文月刊五卷十期　吳祿貞，良弼與宋敎仁三人之被暗殺案

民國十三年間北京政府國務總理更迭與政潮起伏之因果　補齊　人文月刊五卷九號

十五年觀潮記　王芸王　國聞週報十一卷一期　從民國十三年至廿三年

民國二次革命史　郭斌佳　武大文哲季刊四卷三期

淞滬血戰回憶錄　翁照垣　申報月刊一卷三號至六號連期刊登

國民黨五全代會記　記者　國聞週報十二卷四十五，四十六，四十七期

五中全會各重要提案　中央時事週報三卷五十期

五中全會大事紀要　中央時事週報三卷五十期

一年來贛閩剿匪軍事之回顧　智百　人文月刊六卷二期

八年來赤匪肆擾與國軍清剿之經過　禹有眞　時事月報十二卷二期

川東剿赤印象記　循實　國聞週報二卷九，十，十三，十四，十五，十七，十八，十九期

共黨禍湘十日記　辛祖文　國風半月刊二卷五號

赤匪突破嘉陵之前後　東明　國聞週報十二卷十八期

現代史料——「赤都」瑞金收復記——　鐵漢　東方雜誌卅二卷二號

(4)中外關係　附中日關係

徐福與海流　王輯五　師大月刊十一期　關于秦始皇時徐福入海求仙事的考核

中緬歷代關係史略　曾問吾　邊事研究二卷一期　內容：(一)漢唐宋三朝緬甸之入貢，(二)元代三征緬甸，(三)明清代與緬甸之交涉

唐代公主和親考　鄺平樟　史學年報二卷二期

唐代和親吐蕃之公主　鄺平樟　大公報史地週刊五十期(廿四年八月卅日)

唐代文成金城兩公主下嫁吐蕃史略　伍非百　新亞細亞月刊六卷六期

中國與阿拉伯人關係之研究　朱傑勤　國立中山大學研究院史學專刊一卷一期

—中國回教史的資料—

歐洲使節來華考　朱傑勤　國立中山大學研究院史學專刊一卷一期

唐宋時中國境內之外僑　江應樑　南詔季刊創刊號

金開國前三世與高麗和戰年表　朱希祖　燕京學報十五期

蒙古斡哥歹汗南征時之完顏綽華善　陳守寔　勷勤大學季刊創刊號

東察合台汗國史略　吳其玉　大公報史地週刊五十三期（廿四年九月廿日）

關於東北史上一位怪傑的新史料　—李朝實錄中之李滿住—　吳晗　燕京學報十七期

朝鮮大院君李昰應致萬文敏公青藜書　河北第一博物院畫報五十五期

琉球向德宏上李文忠公稟　河北第一博物院畫報七十，七十一，七十二期

戴燿和葡萄牙人的關係　謝扶雅　嶺南學報四卷二期

對於伯希和評葡萄牙第一次來華使臣事蹟考要說的幾句話　張維華　大公報圖書副刊五十二，五十五期（廿三年十一月十日；十二月一日）

婁東劉家港天妃宮石刻通番事蹟記　鄭和遺著　國風月刊七卷四期

鄭和西征考 山本達郎著 王古魯譯 文哲季刊四卷二，四期 譯自東洋學報廿一卷三，四期

鄭和七使西洋往返年月及其所經諸國 夏璧 禹貢半月刊二卷八期

伯希和撰鄭和下西洋考序 馮承鈞 禹貢半月刊二卷一期

尼布楚條約以前俄國交通中國記 葛啓揚 國立中山大學文史學研究所月刊二卷五期

從蒙古沿革上鳥瞰中俄蒙的關係 草人譯 新蒙古三卷一期

清季收回伊犂交涉始末 吳其玉 國聞週報十一卷十九期

中俄交涉史略 袁天籟 中國新論一卷四號

庚子年中俄在東三省之衝突及其結束 楊紹震 清華學報九卷一期

十八世紀中英文明之接觸 李兆强 南風四卷一期

百年前的一幕中英衝突 —拿皮耳爭對等權的失敗— 夏鼐 國聞週報十一卷十六期

中英關係之回顧 蔡可成 中國新論一卷二號

基督教案何以多在道光後產生 曼特 珞珈月刊一卷六期

中國國際地位低落之開始 李忻膺 師大月刊二十二期

上海公共租界的發端　蒯世勛　上海市通志館期刊第一年一期

關於上海租界開始年期之史料　黃炎培　人文月刊六卷一期

一個歷史事實的新看法—鴉片戰爭史新論—　干家駒　中山文化教育館季刊二卷三號

鴉片戰爭前後中國的吏治和軍備　羅爾綱　大公報史地週刊廿五期（廿四年三月八日）

鴉片戰爭新史料（續）　宋默藏　國聞週報社選　國聞週報十一卷一，三，五，八，十一，十三期

關於鴉片戰役之中英交涉事件　軍機處檔　文獻叢編廿七輯

讀「琦善與鴉片戰爭」　陶元珍　大公報圖書副刊七七期（廿四年五月二日）

咸豐朝中國外交概觀　郭斌佳　武大社會科學季刊五卷一號

英法聯軍戰役之中英交涉事件　軍機處檔　文獻叢編廿三，廿六輯

中法馬江戰役之回憶　採樵山人　福建文化一卷二期

中法越南商約問題　王基朝　東方雜誌卅二卷七期

締結中法越南商約的回顧　趙康節　民族三卷九期

這商約的締結最初起源於光緒十一年四月的中法天津條約

甲午戰爭中之俄國外交　蔣廷黻先生選　張祿譯　國聞週報十一卷廿九，卅一，卅三，卅五，卅七，卅九期

甲午戰爭與遠東國際關係之變化　張忠紱　武大社會科學季刊二卷三號

甲午中國海軍戰蹟考　張蔭麟　清華學報十卷一期
內容：(一)豐島之戰，(二)黃海之戰，(三)威海衛之守禦。

乙未威海衛戰事外記　李鼎芳譯　大公報史地週刊卅三期(廿四年五月三日)
此文譯自肯寧咸之「水陸華軍戰陣記」

庚子賠欵的由來及其變遷　新中華三卷八，九期

晚清越南末次之歲貢及追溯安南改名越南之波折　玉年　北平晨報藝圃(廿三年十月十七，十九，廿，廿六，廿七，廿九，卅，卅一日，十一月二，三，五，六日

民國初期之中英西藏交涉　張忠紱　東方雜誌卅二卷七號
中華民國外交史之一節

民國初期善後借欵之交涉　張忠紱　武大社會科學季刊五卷二號

民三山東問題之交涉　張忠紱　社會科學季刊五卷三期
—中華民國外交史之一頁—

中日關係

中倭之古代交通路　王輯五　師大月刊十九期

中倭交通路線考　王輯五　禹貢半月刊三卷十期

華史徵倭略　馬培棠　禹貢半月刊三卷四期

中日關係之史的回溯　李季谷　新亞細亞月刊六卷四期

中日歷代征戰史略　歃者　汗血月刊一卷二號

中日關係的歷史的敘述　徐伯康　讀書顧問創刊號

明代吾國與倭寇之貿易關係　鄭宗棨　經濟學季刊五卷二期

明代倭寇大事記　張魯山輯　新亞細亞月刊六卷四期

明代平倭諸將紀念碑　劉紹寬　甌風雜誌三期

明代江蘇省倭寇事略　柳詒徵　國風半月刊二卷八期

明代吳江倭寇述略　庚年　北平晨報藝圃（廿四年三月四，五，六日）

浙江明代倭寇紀略　李應珏　建國月刊十卷五期

明宣德年間之中日外交　爽庵譯述　清華政治學報一卷一期

關於臺灣事件之考察 日本田保橋潔撰 王仲廉譯 人文月刊五卷一期

甲午以前的中日邦交 陳烈甫 新亞細亞月刊七卷三，四期

甲午戰爭及其所予今日東北事件之教訓 登瀛 新亞細亞月刊六卷四期

中日事件之史的觀察 林良桐 —從九一八至上海協定— 清華週刊四十一卷二期，十一，十二期合刊

日本侵略滿蒙之史的研究 江昌緒 邊事研究一卷三期

(5)近代檔案

北平文化機關明清檔案考察記 高良佐等 建國月刊十二卷二，三期

清檔之價值及其整理 劉官諤 中法大學月刊四卷三期

中央研究院歷史語言研究所所藏檔案的分析 徐仲舒 中國近代經濟史研究集刊二卷二期

故宮博物院文獻館所藏檔案的分析 單士元 中國近代經濟史研究集刊二卷二期

清華大學所藏檔案的分析 吳晗 中國近代經濟史研究集刊二卷二期

北京大學所藏檔案的分析 趙泉澄 中國近代經濟史研究集刊二卷二期

會典與檔案 劉振卿 北平晨報藝圃(廿四年四月廿四日)

漢譯滿洲檔拾零　故宮週刊三〇〇期至四五八期連期刊登

滿洲老檔譯件論證之一　孟森　天津益世報讀書週刊廿三期（廿四年十一月七日）

大明順天國南粵興漢大將軍檄文和告示　軍機處檔　文獻叢編廿七輯

明兵部關於「奴」「夷」事件　內閣大庫檔　文獻叢編廿二輯

洪承疇劄付緬甸軍民宣慰使司稿　照片　文獻叢編廿四輯

順治四年奏議稿本　內閣大庫檔　文獻叢編廿四，廿五，廿六輯

順治御屏京官職名冊　內閣大庫檔　文獻叢編廿七輯

軍檔處雜檔中之尺牘五通　文獻叢編十八輯

本數總冊　批本處檔　著錄康雍乾嘉四朝本章件數　文獻叢編廿六輯

密記檔　軍機處檔　所記皆各大員自行議罪認交銀兩事件　文獻叢編廿五，廿六輯

內務府抖晾實錄檔　內務府檔　文獻叢編廿七輯

清季兩和尚巨案　逸　在康熙乾隆間　北平晨報藝圃（廿四年五月十三，十四，十五日）

內務府議覆考核陵寢官員事摺　內務府檔　乾隆卅六年五月廿六日　文獻叢編廿六輯

內務府掌儀司轉禮部等所奏經筵儀注知會 內務府檔 文獻叢編廿二輯，廿六輯
附禮部等部奏經筵儀注摺（乾隆五十五年二月，四月）

嘉慶和珅檔案 錢鱸香手抄本 白鳥補輯 人文月刊六卷四，七，八，十期

秦承恩獲罪事件 軍機處檔 文獻叢編廿四輯
秦承恩在嘉慶四年因放縱職

清仁宗五旬萬壽時修理官房工程事件 軍機處檔 文獻叢編廿五輯

前清軍機處檔案中之徐眞福及唐伯猴等 陳祥春 磐石雜誌二卷一期
清嘉慶朝之教士案

俄羅斯檔 軍機處檔 文獻叢編廿七輯
道光朝的檔案

內務府爲莊頭等一年差務成數題本 內務府檔 文獻叢編廿輯
道光廿一年十二月十八日

總管內務府爲酌議陵寢內務府考試筆帖式章程摺 內務府檔 文獻叢編廿三輯
道光廿五年

總管內務府堂派主事扎昆珠等妥爲照料暹羅貢使事堂諭 內務府檔 文獻叢編
廿四輯

總管內務府爲應選女子禁止時俗服飾諭 內務府檔 文獻叢編廿四輯
咸豐三年正月廿四日

苗沛霖事件 軍機處檔 文獻叢編廿二輯
在清咸同間

賡音布佐領下監生繼耀爲兄陣亡請䘏呈 內務府檔 文獻叢編廿四輯
同治三年七月十七日

蘇州織造查明庫使舒成等下落呈內務府文　內務府檔　同治三年八月十九日　文獻叢編廿四輯

清同治朝太監安得海案　文獻叢編十九，廿輯

軍機處章京值房遺失太平天國金印案　文獻叢編十九輯

英繙譯官馬嘉理在滇被戕案　軍機處檔　光緒元年案件　文獻叢編廿二輯

紀瑪嘉理案　李根源　國學論衡五期上

光緒元年朝鮮進貢案　內務府檔　文獻叢編廿四輯

魁齡為吃肉失儀自請議處摺　內務府檔　光緒二年十月初二日　文獻叢編廿三輯

內務府奏可否照例賞給越南貢使衣帽摺　內務府檔　光緒七年六月廿九日　文獻叢編廿六輯

光緒廿年各國使臣呈遞國書禮節單　文獻叢編十七輯

江蘇教堂册　軍機處檔　文獻叢編廿三，廿五，廿六，廿七輯　光緒卅四年間之江蘇各地敎堂册，可供研究外敎流行中國之參考

江南徐州府教堂册　軍機處檔　文獻叢編廿四輯

雲南教堂册　軍總處檔　文獻叢編廿八輯

總管內務府查明太監支米章程摺 內務府檔 光緒廿年十二月 文獻叢編廿三輯

內務府奏租賃房間預備士司居住摺 內務府檔 光緒卅六年六月廿四日 文獻叢編廿六輯

大閙公堂案 席滌塵 上海市通志館期刊第一年二期 光緒卅一年十一月十二日上海公共租界工部局巡捕大閙會審公堂案

總管內務府爲憲政籌備處改設辦公處所並籌給司員等津貼摺 內務府檔 文獻叢編廿三輯 宣統二年十一月十六日

宣統三年電報檔選錄(續) 文獻叢編十七，十八，十九輯

清宣統朝四川鐵路案 軍機處檔 文獻叢編廿三輯

清季秘摺 玉年 北平晨報藝圃(廿三年八月廿七，廿八日)

修葺京師大學堂基址案 文獻叢編廿輯

修建北京大學史料 內務府檔 文獻叢編廿五輯

(6)太平天國

「太平天國起義記」小考 羅爾綱 大公報圖書副刊一百零六期(廿四年十一月廿一日)

讀「太平天國詩文鈔」　羅爾綱　圖書季刊一卷四期

讀小滄桑記　謝興堯　國聞週報十二卷卅二期
是書爲姚鐵梅先生著，乃記咸豐十年至同治二年，松江兩次被太平軍攻陷之情形

讀江南春夢庵筆記跋尾　謝興堯　國聞週報十一卷廿三期
內容：(一)洪秀全的姓氏問題，(二)洪秀全父親的名字，(三)省區的劃分，(四)太平天國狀元題名錄

關於太平天國本身文件的討論與洪秀全詩　謝興堯　人間世廿期

太平天國史事論叢序　簡又文　人間世四十期

太平天國史事論叢序　謝興堯　大公報圖書副刊八十六期(廿四年七月四日)

太平天國叢書第一集序　蕭一山　大公報圖書副刊五十五期(廿三年十二月一日)

太平天國史料跋　羅爾綱　天津益世報史學十四期(廿四年十月廿九日)

太平天國新史料并跋　蕭一山　國聞週刊十二卷十五，十六，十九，廿一，廿二，廿五期

蕭一山先生所藏太平天國史料閱後記　謝興堯　國聞週報十二卷十四期

賊情彙纂訂誤　羅爾綱　國立北平圖書館館刊八卷四期
賊情彙纂爲咸豐初張德堅奉曾國藩命編纂

讀羅爾綱「賊情彙纂訂誤」後論洪大全事蹟　俞大綱　國立北平圖書館館刊五卷四號　大公報圖書副刊四十八期（廿三年九月一日）

天地會起源考　蕭一山　中山文化教育館季刊二卷三號

一部新發現的天地會文件鈔本　羅爾綱　國立北平圖書館館刊八卷四號　大公報圖書副刊四十一期（廿三年八，廿二日）

貴縣修志局發現的天地會文件　國立北平圖書館館刊八卷四期　內容：反清復明根苗第一，碑圖第二，詩篇及拜會五答第三，附羅爾綱的跋

太平天國與天地會　毛以亨　申報月刊四卷一期

金田發難　羅爾綱　天津益世報史學二期（廿四年五月十四日）

太平天國之興起及其沒落　李奇流　汗血月刊三卷三期

太平天國革命的醞釀　羅爾綱　大公報史地週廿二期（廿四年二月十五日）

太平天國之農民革命及其思想　鐘夢齡　農村經濟一卷十期

太平天國革命的經濟背景　羅爾綱　太公報史地週刊十八期（廿四年一月十八日）

上海在前期太平天國時代　徐蔚南　上海市通志館期刊第二年二期

上海在後期太平天國時代　徐蔚南　上海市通志館期刊第二年四期

小刀會與太平天國時代的上海外交　席滌塵　上海市通志館期刊第一年一期

上海英美租界在太平天國時代　蒯世勳　上海市通志館期刊第一年二期

太平天國前紀　謝興堯　國聞週報十二卷廿四期
—道咸時之反清運動與洪秀全之清黨—

太平天國天京觀察記　簡又文譯　人間世五期至十四期連期刊登

太平天國戰後之史詩　簡又文　人間十五，十六期

太平天國史詩補　劉春和　人間世四十期

太平軍事件　軍機處檔　文獻叢編廿七，廿八輯

太平軍目覩之一角　胡叔磊　國聞週報十一卷四十九期

英傑歸眞　人文月刊六卷四，五，八，九期

虎口生還記　顧深遺著　人文月刊六卷一，九期
記陷太平軍中之經過

庚申避亂實錄　劍秋輯　北平晨報藝圃(廿四年十月廿八，廿九，卅日，十一月一，四，五，六，八，九，十一，十二，十六，十八，十九日)

嘉興乙酉兵事記 屈起 浙江圖書館館刊四卷二期 記清順治二年兵清抵嘉興情形

記粵匪兩陷黔江始末 趙大煊 華西學報二期

江巾始末秘史｜太平天國史料之一｜ 焦木 北平晨報藝圃(廿四年五月廿五日)

洪福異聞｜太平天國秘史｜ 逸焦 北平晨報藝圃(廿四年三月十五日)

江禍紀實｜太平天國秘史料之二｜ 焦木 北平晨報藝圃(廿四年七月六，八日)

由朱案談到洪門及其五子 謝興堯 國聞週報十二卷廿一期

洪秀全曾師事朱九濤辨 俞大綱 光華大學半月刊二卷九期

朱九濤與洪秀全 羅爾綱 天津益世報史學六期(廿四年七月九日)

洪秀全宗教辨疑 金革 磐石雜誌二卷十一期

跋洪秀全宗教辨疑 羅爾綱 天津益世報史學七期(廿四年七月廿三日)

張祥與洪秀全關係說考謬 羅爾綱 天津益世報史學十七期(廿四年十二月十日)

亨丁頓論客家人與太平天國事考釋 羅爾綱 天津益世報讀書週刊七期(廿四年七月十八日)

王韜上書太平天國事考 謝興堯 國學季刊四卷一期

上太平軍書的黃畹考　羅爾綱　國學季刊四卷二期

太平天國史料　文獻叢編廿輯　清庭誘捕黃畹事

石達開未降之傳說　慶萱　北平晨報藝圃(廿四年八月廿日)

介紹幾篇石達開的詩文　蘇紹文　北平晨報藝圃(廿四年一月五，七日)

太平天國石達開職憑　故宮週刊三百十七期

錢江　謝興堯　北平晨報學園六九一號(二十三年六月十八日)
—太平天國人物志之一—

太平天國忠王李秀成之死及其供詞辨疑　謝興堯　北平晨報學園六六四，六六五號(二十三年四月十六，十七日)

李秀成親供板本考　薛澄清　廈門大學學報三卷一期
—重印「李秀成親供」序—

太平天國史料偶記—李秀成供狀校錄　姚步康　光華大學半月刊四卷五期

大英國博物館所藏太平天國史料考　謝興堯　大公報圖書副刊卅一期(二十三年六月十六日)

記巴黎國家圖書館所藏太平天國文獻　王重民　大公報圖書副刊八十三期(廿四年六月十三日)

幾種鈔本的太平天國史料　吳先乙　大公報圖書副刊七十四期(廿四年四月十一日)

幾篇英譯太平天國文件　陳大經　輔仁廣東同學會半年刊二期

論近代秘密社會史料的本子 羅爾綱 大公報圖書副刊一百零三期（廿四年十月卅一日）

（7）官制與兵制 附官俸，軍餉與軍器

職官沿革考 蒙文通 史學論叢二册

文官制度與中國吏治 劉廣治 前途雜誌三卷一期

從社會學上所見中國古代的官吏 湯鶴逸 正風半月刊八期

歷代水利職官志 葉遇春 國風半月刊四卷五期

中國監察史略 徐式圭 學藝雜誌十三卷七、八，九，十號

西漢監察制度考 陳世材 東方雜誌卅二卷廿號

駁金氏五官考 太炎 制言半月刊六期

談大小九卿 徐一士 國聞週報十二卷廿三期

釋士與民爵 勞貞一 史學年報二卷一期

秦漢魏晉的少府官屬 徐式圭 學藝十四卷五號

秦漢的尚書臺 沈巨塵 文化建設二卷一期

稷下士與博士制度　浮生　行建月刊五卷四期

秦及漢初博士考　謝之勃　國專月刊二卷一期

兩漢官俸蠡測　褚道菴　食貨半月刊一卷十二期

西漢文官制度概述　趙俊欣　新社會科學季刊一卷四期

漢書地理志中掌物產之官　袁鍾如　禹貢半月刊一卷一期

隋宰輔官制考　曾了若　國立中山大學文史學研究所月刊二卷三，四期合刊

唐宋時代的轉運使及發運使　青山定男著　友莊譯　清華週刊四十二卷一期
原文載日本史學雜誌，第四十四編第九號，昭和八年九月一日發行

元白詩中俸錢問題　陳寅恪　清華學報十卷四期

宋代的職田　陶希聖　食貨半月刊二卷四期

明代女官制度　常景宗　北平晨報藝圃（廿四年七月一，三日。）

滿清時代中國地方官制　王秉文　北強月刊一卷三期

清代科道組織之沿革　湯吉禾　新社會科學季刊創刊號

清代科道官之任用　湯吉禾　社會科學叢刊一卷二期

清代科道官之公務關係　湯吉禾　新社會科學季刊一卷二期

清代官員俸米誥封考　悲云　北平晨報藝圃（廿三年十月十二，十三，十五日。）

突厥職官名號　朱延豐　女師學院期刊二卷二期

中國的兵　雷海宗　社會科學一卷一期

歷代兵制論略（續）　程石泉　建國月刊十卷二，三期

軍事屯墾問題之史的視察　東世澂　國風半月刊二卷十期

春秋晉軍制考　徐景賢　國專月刊一卷五期

秦漢民族制度攷　常景宗　北平晨報藝圃（廿四年六月廿四，廿五日）

兩晉南北朝的客，門生，故吏，義附，部曲　鞠清遠　食貨半月刊二卷十二期

部曲沿革略攷　楊中一　食貨半月刊一卷三期
在中國史籍常看到部曲二字這篇即探討其起源與沿革

「質任」解　兹全　中一　食貨半月刊一卷八期

北魏鎮戍制度考　周一良　禹貢半月刊三卷九期

北魏鎮戍制度續考　周一良　禹貢半月刊四卷五期
藩鎮制度沿革考　羅香林　社會科學叢刊一卷二期
唐五代藩鎮解說　于鶴年　大公報史地週刊廿五期(廿四年三月八日)
—附對於高中本國教科書草目之討論—
唐軍鎮建置考序　賀次君　天津益世報讀書週刊廿八期(廿四年十二月十二日)
兵農合一之唐代府兵制　羅識武　前途雜誌三卷十一期
府兵制度的起源　谷霽光　天津益世報史學二期(廿四年五月十四日)
府兵制度,起於西魏而盛於唐,中經北周到隋代
鎮戍與防府　谷霽光　禹貢半月刊三卷十二期
釋明代都司衛所制度　譚其驤　禹貢半月刊三卷十期
明代遼東歸附及衛所都司建置沿革　李晉華　禹貢半月刊二卷二期
明代遼東衛所建置考略　張維華　禹貢半月刊一卷七期
明遼東「衛」「都衛」「都司」建置年代考略　張維華　禹貢半月刊一卷四期
明代九邊軍餉　朱慶永　大公報經濟週刊一三〇期(廿四年九月八日)
明末遼餉問題　朱慶永　政治經濟學報四卷一,二期

明末的兵與虜 知堂 宇宙風二期 讀拜環堂尺牘雜記

清代蒙古之兵制 征夫 新蒙古二卷五,六期合刊

清代蒙古之軍制 闞震華 蒙藏月報四卷一期

爵位盔及兵盔 劉振卿 北平晨報藝圃(廿四年九月十日)

清代盔甲 劉振卿 北平晨報藝圃(廿四年七月一,二,三,五,六,八,九,十,十二,十五,十六,十七,十九日)

乾隆改制之盔甲 劉振卿 北平晨報藝圃(廿四年八月廿七,廿八日)

便盔 劉振卿 北平晨報藝圃(廿四年九月四日)

舊砲簡史 宗復 大公報史地週刊卅九期(廿四年六月十四日)

明清礮術西化考略 龔化龍 珞珈月刊二卷七期

(8)民族

中國民族史略 趙振中 新文化月刊三,四期合刊,五期

中國民族之研究 王桐齡 社會學界一卷,二卷

中國民族起源的及其流源 李則綱 中山文化教育館季刊一卷二期

中華民族來源之一說　王旦華譯　地學季刊一卷三期
譯自美教授威廉氏 Edward Thomas Williams 著的中國史之一節

再論中國民族起源問題　王伯平　前途雜誌二卷九號
—衛聚賢先生「堯舜禪讓與禹治水的探討」及「中國民族前途之史的攷察」商榷—

中國民族成立的過程　朱偰　社會科學季刊四卷三，四號

中國民族之名稱　梁園東　大夏一卷八號

古華民族遷徙雜考　李裕增　河北博物院畫刊一〇〇，一〇二，一〇三期

我國民族學發達史　鄭師許　北强月刊二卷三期

中國上古時代種族史　孫傳瑗　學風四卷二期
(一)漢族，(二)上古時代雜居中國之異族。

中國歷史上民族考　郎肇霄　建國月刊十一卷四，五，六期；十二卷二期

我國民族考　燕賓　民鳴週刊一卷四十六期

中華民族論　賴希如　中山文化敎育館季刊二卷四期

中國歷代民氣考略　蔣希益　社會半月刊一卷九，十期合刊

中國民族之血統狀況 張君俊 東方雜誌卅一卷十五號

中華民族精神之檢討 鄭鶴聲 中國新論一卷三期

中國民族之特性 李靄堂 中國文化建設協會山西分會月刊一卷十一、十二期合刊

中華民族特性與智力 張德培 文化與教育六十五期

中國民族文弱和平之歷史的考察 姜季辛 學藝十四卷五號

中華民族性弱點之改造論 賴希如 建國月刊十三卷五期

中華民族衰落的原因 炯瑄 中國新論創刊號

從民間歌謠中探討我國民族性 張周勛 前途雜誌三卷十期

華夏名稱及其種族考原 梁園東 大夏一卷六號

漢苗民族鬥爭及其給與的教訓 蕭文哲 新亞細亞月刊七卷二期

自禹貢至兩漢對于異民族之觀念 顧頡剛 禹貢半月刊一卷三期

國史上外族華化之探源 嚴從周 正風半月刊一卷十期

從卜辭中所見的殷民族 李夢英 史學一期

釋殷　姜寅清　國學論衡四期上

「蠻夏」考　童書業　禹貢半月刊二卷八期

黎氏族之遷徙　劉德岑　禹貢半月刊三卷八期

貉族考　呂思勉　中山文化教育館季刊創刊號

西周戎禍考　聶崇岐　禹貢半月刊二卷四，十二期

論狄　方庭　禹貢半月刊二卷六期

楚民族源於東方考　胡厚宣　史學論叢一期

北匈奴西遷考　金元憲　國學論衡五期上

大月氏人種及西竄年代攷初稿　張西曼　蒙藏月報三卷三，四期

秦始皇之民族的功業　丁布夫　汗血月刊四卷二號

秦晉開拓與陸渾東遷　劉德岑　禹貢半月刊四卷八期

漢初諸國越族攷　潘時　文史匯刊一卷一期

漢代番化攷—華夏漢化攷之一章—　傅衣淩　廈大週刊十二卷十三期

漢末三國時代中國民族之演變 李旭 師大月刊十期

晉永嘉喪亂後之民族遷徙 譚其驤 燕京學報十五期

五胡東晉時代華夷勢力之檢討 李旭 師大月刊十八期

五胡時代華夷同化的三個階段 李旭 食貨半月刊二卷十期

慕容氏建國始末 馮家昇 禹貢半月刊三卷十一期

後魏先世考略 吳志愼 新文化月刊五期

東北史中諸名稱之解釋 馮家昇 禹貢半月刊二卷七期 內容：(一)東夷，(二)東胡，(三)韃靼，(四)滿洲

述東胡之民族 馮家昇 禹貢半月刊三卷八期

東胡民族考 白鳥庫吉著 馮家昇譯 地學雜誌廿三年二期，廿四年一，二期

東胡演變中之烏桓鮮卑考 從周 正風半月刊八，九期

述肅愼系之民族 馮家昇 禹貢半月刊三卷七期

中國民族中之通古斯族系 梁園東 大夏一卷一號

女眞漢化考略 宋文炳 海天一卷二期

畏兀兒民族古代史　王日蔚　天山月刊一卷六期

畏兀兒魏書隋書作韋紇，舊唐書作迴紇，新唐書作回鶻亦作裴護，回紇，烏孫，北使記作瑰古，元世大典圖作畏兀兒，實均係Uigurs之音譯

環居渤海灣之古代民族　日本八木奘三郎著　張傳瑞譯　禹貢半月刊四卷二期

遼代「東蒙」「南滿」境內之民族雜處　譚禾子　國聞週報十一卷六期

—滿蒙民族史之一頁—

遼代契丹人及奚人之分佈　張雲波　國立四川大學季刊一期

契丹民族之社會經濟的結構　暉軒　中原文化六期

哈薩克民族史略　琪觚　大公報史地週刊十一期（廿三年十一月卅日）

金元人對於漢族待遇之比較　彭振國　河南大學學報一卷一期

明亡後漢族的自覺和秘密結社　羅爾綱　天津益世報史學一期（廿四年四月卅日）

明末三儒之民族思想　方驥　珞珈月刊一卷六期

—黃梨洲，顧炎武，王夫之—

近三百年來我國民族運動之概觀　王紀貞　眾志月刊二卷五，六期合刊

近三百年來中國民族思想之消長　陳汝衡　汗血月刊四卷二號

蒙古民族由來考　褚作民　邊事研究三卷一期

蒙古民族的檢討 華企雲 邊事研究二卷三，四期

蒙古人之特質 吳小言 新亞細亞月刊九卷四期

元朝以後蒙古民族之史的考察 薌雨譯 新蒙古三卷三期

倫呼貝爾與蒙古民族 惠民譯 新蒙古二卷五，六期

新疆之蒙族 倪志書 新亞細亞月刊八卷二期

民族學上新疆民族問題 徐益棠 新中華三卷九期

新疆之回族 倪志書 新亞細亞月刊七卷五期

南疆變亂中之纏回民族 陳志良 新中國一卷五期

纏回俗稱纏頭，散居各地，以南疆爲最多。

淸季回疆獨立始末及其外交 吳其玉 國聞週報十一卷十一期

新疆之伊蘭民族 王日蔚 禹貢半月刊三卷十一期

新疆的民族問題 傅築夫 天山月刊一卷三期

新疆之吉爾吉斯人 俄國乃達庭著 王日蔚譯 禹貢半月刊四卷六期

青海之民族概況 黎小蘇 新亞細亞月刊六卷六期；七卷一，二期

青海玉樹廿五族之過去與現在　方範九　新亞細亞月刊九卷一期

藏族與唐代關係之史略　崔中石　邊事研究二卷五期

西藏族的人種問題　沈沙戟　前途雜誌三卷九期

中國近代邊疆民族志　華企雲　新亞細亞月刊八卷五期

歷代研究西南民族之謬誤　亦琴　新亞細亞月刊九卷六期

與繆贊虞君論漢後西南民族北徙書　蒙文通　國風半月刊五卷六，七合期

中國西南民族中的羅羅族　楊成志　地學雜誌廿三年一期

西南苗夷種類之研究　鐵僧　邊事研究一卷六期

西南國防與猓夷民族　曲本藏堯講　高伯琛記　方志月刊七卷五期

我對于雲南羅羅族研究的計劃　楊成志　禹貢半月刊一卷四期

雲南的民族　丁驌　新亞細亞月刊九卷六期

滇西深山中的倮玀獶　一飛　申報月刊四卷十期

滇邊土著八種概況　鄭名　新中華三卷十期

滇邊民族有所謂野人，栗粟，玀夷，怒子，曲子，古宗，卡

瓦，猺人，苗人，阿泥，沙人，普兒老撾，僰青，祼羅等。

大涼山之猓玀民族 李旭華譯述 河北博物院畫刊一百零二期，一零三期

中國西南的苗族 程樹棠 珞珈月刊二卷六期

廣西猺民社會概況 潘寘彬 新亞細亞月刊九卷六期

窮山溪洞中苗族的生活 皮自牖 邊事研究一卷三，五期

湖南之苗猺 盛襄子 新亞細亞月刊八卷四期

湖南苗猺問題考述 盛襄子 新亞細亞月刊十卷五期

川南民族調查 魏大鳴 古振合 新亞細亞月刊九卷六期

越南民族之考察 童振藻 民族三卷七期

關於華南民族的通訊 溫丹銘 陳駐仙等 國立中山大學文史學研究所月刊一卷五期

研究福建民族的範圍和方法 吳高梓 福建文化一卷四期

福建省內幾種特殊民族的研究 沈驥 福建文化二卷十一期 (一)蜑戶，(二)畬民，(三)蠻婆

由歷史上觀察福建人的性質 陳易園 福建文化一卷六期

福建人種的由來及初期文化之發展　田劍光　福建文化半月刊一卷五期
福州蛋民調查　吳高梓　社會學界四卷
蛋民的起源　陳序經　政治經濟學報三卷三期
蛋民在地理上的分佈　陳序經　政治經濟學報四卷一期
沙南蛋民調查　嶺南學報三卷一期
沙南蛋民專號提要　許道齡　禹貢半月刊一卷九期
唐代蜑族考上篇　羅香林　國立中山大學文史學研究所月刊二卷三，四期合刊
談談廣州的蜑家　呂少泉　輔仁廣東同學會半年刊二卷一期
客族風光　黃任潮　國聞週報十二卷三十八期
客家研究　丁迪豪　民大中國文學系叢刊一卷一期
客家研究導論提要　許道齡　禹貢半月刊一卷十二期
廣東通志民族略族系篇　羅香林　國立中山大學文史學研究所月刊二卷二期
畬民見聞記　胡傳楷　禹貢半月刊一卷十二期

畬民之起源與「畬」字之商討 魏應麒 福建文化一卷六期 閩山中居住的一種畬人

浙省畬民研究導言 徐益棠 金陵學報三卷二期 畬民屬猺民之一分支

中國移民滿洲之過去及現在 讓慈 湖南大學期刊八期

華僑移殖南洋時代考 廖綱曾 國聞週報十二卷卅期

(9)傳記

(a)分傳

疑年拾遺 章炳麟 國學論衡三期

舜壽百歲攷 汪柏年 制言半月刊四期

孔子年表 吳心恒 新亞細亞月刊十卷二期

孔子事蹟及生卒年月日之考信 孔德成 新亞細亞月刊十卷二期

孔氏三世出妻辯 潘光旦 光華大學半月刊二卷八期

孔門無三代出妻攷 毛暢然 國光雜誌八期

左邱明氏族議 次公 河南大學學報一卷三期

山東先賢伏生故里遺聞考　左安法　隱謎　正風半月刊二卷一期

中國史界太祖司馬遷傳略　陳石孚　文化建設一卷二期

太史公歷年考　徐震　國學商兌一卷一，二期

太史公名位考　開惕　安雅月刊一期

西漢松茲令何丹考　王葆心　安雅月刊一卷十期

留胡節不辱的蘇子卿　劉沛霖　汗血月刊四卷二號

苦幹外交家張騫班超通西域滅匈奴以雪國恥史　周正東　汗血月刊五卷六期

曹操評　陳登原　金陵學報三卷二期

蜀漢後主劉禪評　陳登原　金陵學報二卷一期

善於運用領袖權力的諸葛亮　公靄　汗血月刊二卷一號

諸葛亮之實幹精神與實幹政治　曲興域　汗血月刊五卷六期

東晉安內之謝安　劉廣惠　汗血月刊四卷二號

論顧愷之晉代畫家　汪亞塵　國畫月刊一，二期

阿育王與梁武帝談玄　海潮音十五卷四，五號

玄奘法師年譜　曾了若　國立中山大學文史學研究所月刊三卷一期
法師名玄奘，本名禕，俗姓陳。

唐代來華學法之日本沙門空海記　叙孫　文化與教育六十二，六十三期

慧能傳質疑　何格恩　嶺南學報四卷二期

張九齡之政治生活　何格恩　嶺南學報四卷一期

曲江年譜拾遺　何格恩　嶺南學報四卷二期
唐張九齡

元次山年譜　孔望　金大文學院季刊二卷一期
元結字次山

宋槧名臣碑傳琬琰之集題記　張崟　浙江圖書館館刊四卷二期

安定先生年譜　胡鳴盛　文史叢刊一期
先生姓胡名瑗字翼之

歐陽修的辨僞精神　王明　天津益世報讀書週刊（廿四年十月十日）

王安石之執拗　洪爲法　青年界五卷五期
—中國文人故事講話之四—

宇文虛中年譜　毛汶　國學論衡二、三期

天會十三年宇文虛中始受金人官爵辯　毛汶　國學論衡三期

胡安國傳略　郭毓麟　福建文化三卷十七期
安國字康候，崇安人

徐夢莘考　陳樂素　國學季刊四卷三期

抗金護宋的民族英雄李綱　成亞光　汗血月刊四卷二號

中國軍神岳武穆　無夢　汗血月刊四卷二號

記正德本朱子實紀並說朱子年譜的本子　容肇祖　燕京學報十八期

劉後村先生年譜　張荃　之江學報一卷三期
先生名灼，字克莊，又字潛夫，號後村。

陳著行實攷　胡水波　之江期刊二期

民族英雄文天祥　軒轅元　汗血月刊四卷二號

元遺山年譜彙纂　繆鉞　國風月刊七卷三期

縱橫歐亞的成吉思汗　詹滌存　汗血月刊四卷二號

王冕誕生六百年紀念　李絜非　圖書展望一期
—紀念一位浙省力學篤行富有民族思想的文學家與藝術家—。

倪高士年譜　沈世良　湖社月刊十八册至九十三册連期刊登
譜瓚字元鎮

朱元璋別傳　金天翮　國學論衡四期上

鄭和傳　金天翮　國學論衡五期上

南屏道人年譜　高誼　甌風雜誌十七，十八期合刊，十九，廿期合刊
公諱友璣，字肅政，自號南屏道人，賜謚襄簡。

陽明先生年譜校記　毛春翔　浙江圖書館館刊四卷五期

楊夫人別傳　盧前　制言半月刊五期
明正嘉中南北曲之風大昌而閨閣之以樂府名者曰楊夫人

明儒梁夫山先生年譜　何子培　中法大學月刊五卷五期
心隱，名汝元，諱桂乾，字夫山。

明兩廣總督戴燿傳　黃仲琴　嶺南學報四卷一期
戴燿字德輝，別號鳳岐，福建長泰縣人。

胡應麟年譜　吳晗　清華學報九卷一期

平倭名將戚繼光之生活批評　稽翥青　汗血月刊四卷一號

從國難中說到戚繼光　治心　福建文化一卷一期

明賢徐文定公年譜初編　徐景賢　學風四卷五，六期
徐光啓字子先，上海人。

涇陽王徵傳　陳垣　國立北平圖書館館刊八卷六期
王徵字良甫，號葵心，陝西涇陽人。

明薊遼督師袁崇煥傳　張伯禎　正風半月刊一卷七期至十八期連期刊登

袁崇煥傳附錄　張伯禎　正風半月刊一卷十九期

袁崇煥傳補遺　張篁溪　正風半月刊二卷一期

明薊遼督師袁崇煥遺聞錄　羅桑彭錯　正風半月刊一卷十二期

史可法的精神與事業　易正倫　汗血月刊四卷二號

從國難說到鄭成功　治心　福建文化一卷三期

鄭成功事蹟考　陽樹芳　福建文化三卷十七期

明末潛渡日本之張非文　今關天彭著　羅霈霖譯　國立中山大學文史學研究所月刊三卷二期

民族詩人夏存古　山公　中央時事週報三卷四二期　夏完淳字存古，號小隱，明末華亭人

清代金石學家顧亭林先生　許敬武　河南大學文學院季刊二期

顧亭林的實踐生活　成本俊　汗血月刊三卷四期

顧亭林年譜補證　杜呈祥　天津益世報讀書週刊卅期（廿四年十二月廿六日）
—關於顧氏卒年卒地問題—

船山先生年譜　王之春　船山學報四期至九期連期刊登　先生諱夫之，字而農，別號薑齋

船山先師行述原文　王之春　船山學報四期

船山師友記　羅正鈞　船山學報二期，又四期至九期連期刊登

傳青主先生　張承珍　人間世四十期

先生山西陽曲人，初名鼎臣，字青竹，後改名山，字青主。

金正希之抗清運動　吳景賢　學風五卷一期

金正希之地方自衛　吳景賢　—金正希評傳之二—　學風五卷六期

金正希之思想研究　吳景賢　—金正希評傳之四—　學風五卷九期

清季疑史孔四貞事略　樵　北平晨報藝圃(廿四年九月四，六日)

孔四貞事略補　林瓊　北平晨報藝圃(廿四年九月十，十一日)

陳衍虞象傳　黃仲琴　嶺南學報三卷四期

陳衍虞字伯宗，廣東海陽縣人

方孝標傳　金天翮　國學論衡三期

劉繼莊先生年譜初稿　王勤堉　浙江圖書館館刊四卷四，五期　方志月刊八卷九，十期合刊，十一，十二期合刊

名獻庭字繼莊，一字君賢，別號廣陽子。

記劉繼莊　向達　方志月刊八卷十一，十二合期

李恕谷生先　筱伯　人間世卅期
河北蠡縣人，名塨，字剛生，號恕谷。

王鐵珊傳　金天融　國學論衡三期
王鐵珊原名樂洋，而字海門，伯唐其自字，清英山人

崔東璧評傳　羅博倫　厦大週刊十三卷八期

孫敬軒先生年譜　孫延釗　甌風雜誌四期至六期，又十一期至十五，六期合刊
諱希旦，字紹周，一作鏖周，號敬軒，瑞安縣人

清廣州知府李威傳　黃仲琴　嶺南學報四卷一期
李威，字畏吾，號鳳岡，福建龍溪縣人

郝蘭臯夫婦年譜（附著述考）　許維遹　清華學報十卷一期
先生名懿行，字恂九，又字尋韭，號蘭臯。

太鶴山人年譜　端木百祿原著　陳謐補輯　甌風雜誌一期至五期連期刊登
姓端木，諱國瑚，字鶴田，一字子彝，又字井伯，晚年自號太鶴山人，

林則徐　雲彬　中學生五十六號
林則徐字元撫，一字少穆，福建侯官人。

林則徐傳略及功績　郭毓麟　福建文化二卷十五期

石隱山人自訂年譜　朱駿聲遺著　安徽大學月刊二卷七期
山人姓朱氏，名駿聲

寶應劉楚楨先生年譜　劉文興　輔仁學誌四卷一期
先生名寶楠，字楚楨，別號念樓。

陳東塾先生年譜 汪宗衍 嶺南學報四卷一期
陳澧字蘭甫,讀書處曰東塾,學者稱東塾先生

陳澧傳 温丹銘 文史匯刊一卷二期

愙齋自訂年譜 吳大澂遺著 青鶴一卷廿一,廿三期;二卷一,七,九,十一,十三,十五,十七,十九,廿一,廿三期

姚海槎先生年譜 陶存煦 文瀾學報一集
先王諱振宗,字海槎,小字金生,清浙江紹興府山陰人

山陰姚海槎先生小傳 陳訓慈 文瀾學報一集

曾文正公評傳 斗南 津逮季刊三期

曾國藩治事精神及其政治生活的檢討 劉廣惠 汗血月刊二卷三號

曾國藩與幕府人物 李鼎芳 張蔭麟 大公報史地週刊卅六期(廿四年五月廿四日)

歐陽伯元談曾文正軼事 曾士莪 國聞週報十二卷卅期

湘卿曾氏遺聞 銖庵 人間世廿六期

紀左恪靖 樵 北平晨報藝圃(廿四年四月五日)

清建威將軍黃公墓表 林思進 國立四川大學季刊一期
公諱虎臣字嘯山

談曾紀澤 韓少蘇 國聞週報十二卷廿五期

談朱洪章　徐一士　國聞週報十二卷九，十一，十三，十四期

談龔定盦　周劭　人間世卅五間

翁同龢　雲彬　中學生五十四號
翁同龢字叔平，號松禪，別署瓶庵居士，江蘇常熟人。

李鴻章軼事一束　張綱章　女師學院期刊創刊號

從李鴻章說到國難　息予　中學生五十一號

書翁李相傾事　曾士莪　國聞週報十二卷廿七期
李鴻章爲翁同龢輩所傾軋事

李鴻章與戈登關於蘇州殺降之衝突　毛以亨　東方雜誌卅二卷十四號

談李經方　徐一士　國聞週報十二卷四十四期
經方爲李鴻章之子

黑旗將軍劉永福略傳　羅香林　中國新論創刊號

武訓先生在教育史上的地位　舒新城　中華教育界廿二卷一期

廣東新通志列傳稿丁日昌　溫丹銘　國立中山大學史學研究所月刊二卷五期
丁日昌，字特靜，又字雨生，清豐順人

慈禧太后軼事　張綱章　女師學院期刊一卷二期

珍妃之悲劇　白蕉　人文月刊六卷六，七期

薛時雨先生逝世五十週年紀念 李絜非 學風五卷十期

中興佛教寄禪安和尚傳 太虛述 海潮音十三卷十二期

清代詩僧八指頭陀年譜 大醒 海潮音十四卷十二號，十五卷二，三號

頭陀生在湖南湘潭縣，他原名叫讀山，族姓黃

八指頭陀自敍出家因緣 海潮音十三卷十二期

清誥授奉直歸州學正傳雨卿先生傳 熊十力 史學一期

先生諱承霖，字用汝，別字雨卿。

周太谷傳 金天翮 國學論衡二期

周榖字星垣，一字太谷，自號空同子

清翰林院庶吉士胡君墓銘 林思銘 國立四川大學季刊一期

附墓表

邱逢甲先生傳 羅香林 國立中山大學文史學研究所月刊二卷五期

邱逢甲字仙根，一字仲閼，別字蟄仙，臺灣彰化翁仔社人。

沈庚笙傳 金天翮 國學商兌一卷一期

范鴻仙傳 王氣鍾 學風五卷十期

鴻仙名光啓，別署孤鴻，清末安徽合肥人。

陳英士先生哀辭 向楚 國立四川大學季刊一期

革命先烈黃家成傳 劉强 福建文化二卷十三期

江泰殉難艦長莫耀明傳 鄭師許 人文月刊五卷五號

莫君耀明，字仲亮，又字漢魂，世居廣東莞縣麻涌鄉

烈士張君鎮夷墓表　向楚　國立四川大學季刊一期

申報總編纂「長毛狀元」王韜考證　洪深　文學二卷六號
王韜清長州人，字紫銓，號仲弢。

王韜考證　趙意城　學風六卷一期
述其生平頗詳並錄有他自撰墓誌銘

王半塘老人傳略　國立北平圖書館館刊八卷六號

史地學家楊守敬　容肇祖　禹貢半月刊三卷一期
楊守敬別字星吾，湖北宜都人。

王同春先生軼記　王喆　禹貢半月刊四卷七期

附記一　巫寶三　禹貢半月刊四卷七期

附記二　曲直生　禹貢半月刊四卷七期

富平胡太公墓誌銘　太炎　制言半月刊四期

胡景翼傳　章炳麟　國學商兌一卷一期
胡景翼字笠僧，一曰勵生，清末陝西富平人。

康長素先生年譜　趙豐田　史學年報二卷一期
先生名有爲，又名祖詒，字廣廈，號長素。

康有爲的生平及其學術概略　黃延毓　南風三卷一期

桐鄉勞玉初先生小傳　陳訓慈　文瀾學報一集
先生諱乃宣，字季瑄，號玉初。

嚴幾道 王栻 張蔭麟 大公報史地週刊四十一期（廿四年六月廿八日）

鄭叔問先生年譜 戴正誠 青鶴一卷十七，十八，十九期

劉師培評傳 王森然 國風半月刊四卷九期

劉師培，字申叔，號左庵，初名光漢，江蘇儀徵人。

大總統黎公碑 太炎 制言半月刊二期

辜鴻銘論 Geory Brandes著 林語堂譯 人間世十二期

是篇譯自丹麥文評大家勃蘭得斯所著之Miniaturen書中(Erich Reiss Verlag, Berlin)

辜鴻銘 語堂 人間世十二期

辜鴻銘訪問記 W. Somerset Maugham著 黃嘉音譯 人間世十二期

此篇譯自毛無氏所著On a Chiness Screen。此章原題即名「哲學家」

辜鴻銘先生的思想 袁振英 人間世卅四期

辜鴻銘在德國 嗣鑾 人間世十二期

記辜鴻銘翁 孟祁 陳昌華等 人間世十二期

記辜鴻銘先生 震瀛 人間世十八期

記辜鴻銘　胡適　大公報文藝副刊一六四期(廿四年八月十一日)

補記辜鴻銘先生　震瀛　人間世廿八期

與辜鴻銘書　托爾斯泰著　味荔譯　人間世十二期

林白水先生傳略　陳與齡　東方雜誌卅二卷十三號
白水名獬,又名萬里,字少泉,署白宣樊,號退室學者。

樊樊山　阿蘇　人間世四十二期

柯劭忞先生評傳　王森然　國聞週報十卷卅六期
先生字鳳蓀,山東膠縣人。

張慰西先生別傳　柳詒徵　地理學報創刊號

泗陽張沌谷居士年譜　星烺　地學雜誌廿二年二期
先生字相文,泗陽人。

談王小航　商鴻逵　人間世卅六期
王照字小航,河北省寧河縣蘆台鎮人。

談陳弢庵　徐一士　國聞週報十二卷十期

史料一身之陳太傅　徐彬　正風半月刊一卷七期

陳介石先生年譜　陳謐　甌風雜誌六期至十九,廿期合刊
諱黻宸,字介石,後改諱芾,浙江瑞安縣人。

故駐日本公使汪君墓誌銘　章炳麟　文藝叢刊二卷一期
君諱榮寶,字袞甫,江蘇元和人。

曾孟樸先生年譜　虛白　宇宙風二，三，四期

讀「曾孟樸先生年譜」　徐一士　國聞週報十二卷四十二期

陳重遠先生傳　鄔慶書　國立中山大學文史學研究所月刊三卷一期
先生諱煥章，字重遠，清高要縣硯洲鄉人。

史量才先生之生平　黃炎培　人文月刊五卷十號

史量才墓誌銘　太炎　制言半月刊三期

悼簡竹居先生　大公報文學副刊三百零四期（二十二年十月卅日）
簡先生諱朝亮，字季紀，竹居其號也，廣州人。

故清龍安府學教授廖君墓誌　章炳麟　國立四川大學季刊一期
附墓表

最近逝世之中國詩學宗師黃節先生學述　吳宓　大公報第四版（廿四年一月廿七，廿八日）
黃先生諱節字晦聞廣東順德縣人

黃晦聞墓誌銘　大炎　制言半月刊二期

悼黃季剛先生　汪辟疆　制言半月刊四期

追悼黃季剛先生　朱心佛等　制言半月刊五期

追悼黃季剛先生　孫世揚等　制言半月刊六期

黃季剛墓誌銘　太炎　制言半月刊五期

瞿秋白訪問記　李克長　國聞週報十二卷廿六期

追悼丁在君先生　翁文灝　地理學報二卷四期

費君仲深家傳　張仲仁　制言半月刊五期
君諱樹蔚，字仲深，又號奉齋

惲先生傳　孫世揚　光華大學半月刊四卷五期
先生諱樹珏，字鐵樵，江蘇武進人

陳石遺先生八十壽序　錢基博　國專月刊一卷一期

松翁自叙　羅福頤　考古社刊三期

李鳳廷傳　儉廬主人　考古社刊三期

劉容甫先生七十壽序　黃季剛　制言半月刊五期

六十自述　楊壽祺　考古社刊三期

唐蔚芝先生歷史概略　陸修祜　國專月刊一卷三期

錢基博自傳　江蘇研究一卷八期

黃賓虹先生　陳松英　學術世界一卷四期

自述 梁漱溟 山東民衆教育月刊五卷三期

馮友蘭先生 鄭朝宗 人間世卅五期

孫伏園先生 老向 人間世卅四期

悼內藤虎次郎氏 非云 大公報圖書副刊卅四期(廿三年七月七日)
內藤氏爲近代日本漢學家之耆宿

郎世寧傳 石田幹之助著 賀昌羣譯 國立北平圖書館館刊七卷三,四號

(b)合傳

廣東新通志列傳 温廷敬 張九齡,丁惠康 國立中山大學研究院史學專刊一卷一期

鄉賢傳略 江蘇研究一卷二期至五期連期刊登

涌上重建萬氏白雲莊及追祀鄉賢紀 陳訓慈 浙江圖書館館刊四卷六期

淮南耆舊小傳初編 張樹侯 學風四卷一,二,三期

安徽先賢傳記教科書初稿 陳東原等 學風五卷三,四期

安徽才媛紀略初稿 光大中 學風四卷八期;五卷一,二,三期.

明北族列女傳 張鴻翔 國學季刊四卷一期

東林點將錄攷異　朱倓　國立中山大學文史學研究所月刊二卷一期
內容：(一)點將錄之作者攷(二)點將錄人名考，附點將錄各本人名異同表

明廣東東林黨列傳　朱希祖　國立中山大學文史學研究所月刊三卷三期
區大倫，鄧雲霄，馮奕垣，曾用升，樊王家，曾陳易，李希孔，林枝橋，陳熙昌，黃公輔，陳子壯，何吾騶諸人傳略

明清蟫林輯傳(續)　汪闇　圖書館學季刊八卷四期

賢首宗諸祖略傳　談玄　海潮音十三卷十一號

尹壯圖錢灃谷際岐傳　金元憲　國學論衡三期
尹壯圖字楚珍清蒙自人；錢灃字東注，一字南園，清昆明人；谷際岐字西阿清趙州人

顏習齋與李剛主　王容　中學生五十三號

黃梅瞿氏四先賢事考　瞿荊洲　人文月刊五卷八號
(一)瞿晟，(二)九思，(三)甲，(四)罕

繆闓周贇傳　金天翮　國學論衡二期
繆闓字可齊，一字又謙，號倬韓，清蕪湖人，周贇字子美，一字山門，號蓉裳，寧國人

東甌三先生年表　陳鑑　浙江圖書館館刊四卷一期

近代中國教育人物像傳 傅任敢 中華教育界廿三卷一期至六期連期刊登
張百熙,李善蘭,張之洞,容閎,左宗棠,嚴修,劉光蕡,楊鵠年,嚴復,陳寶箴,葉成忠,楊斯盛等

原譜 許同莘 河北第一博物院畫報七八,八〇,八二,八四,八六期

家譜敘錄 羅香林 國立中山大學文史學研究所月刊一卷四期

中國姓氏源流考略自敘 蹤寯人 國專月刊一卷五期

百家姓考 尤墨君 太白半月刊二卷五期

葉天寥年譜研究 胡適 人間世二期 (劉承幹刻本)

羅壯勇公年譜研究 胡適 人間世二期 (汪氏振綺堂刻本)

績谿廟子山氏譜序目 王集成 浙江圖書館館刊四卷一期

龍游余氏家譜序例 余紹宋 文瀾學報一集 浙江圖書館館刊三卷三期

樂陵宋氏譜序 太炎 制言半月刊三期

吳氏宗譜序 黃侃 民大中國文學系叢刊一卷一期

妙山陳氏重修宗譜序 陳鍾祺 浙江圖書館館刊三卷五期

膠山黃氏宗譜選錄序　國風半月刊四卷十期

葉氏支譜敘　沈恩孚　人文月刊五卷五號

無錫華氏譜跋及譜略　許同莘　國立北平圖書館館刊八卷四期

華陽人物志並序　林思進　華西學報一期

華陽人物志世族表　林思進　華西學報二期

（10）雜考

廿餘年前古史說之鱗爪　温廷敬　國立中山大學文史學研究所月刊三卷一期

被否認的中國古代　黎東方　國立中山大學文史學研究所月刊三卷二期

從山海經的神話中所得古史觀　胡欽甫　中國文學季刊創刊號

黃帝之制器故事　齊思和　史學年報二卷一期

黃帝故事地望考　錢穆　禹貢半月刊三卷一期

「帝堯陶唐氏」名號溯源　童書業　浙江圖書館館刊四卷六期

唐虞禪讓說釋疑　錢穆　史學一期

丹朱商均的來源——恰恰齊筆記之一 童書業 浙江圖書館館刊四卷四期

丹朱與驩兜 童書業 浙江圖書館館刊四卷五期

禹治水故事之出發點及其他 勞幹 禹貢半月刊一卷六期

洪水傳說之推測 馮家昇 禹貢半月刊一卷二期

伊尹篇 張壽林 女師學院期刊二卷一期

將歷來對于伊尹的傳說作一總討論

評鄭振鐸「湯禱篇」 楊向奎 史學論叢一期

內容：（一）論治中國古代史，（二）論湯禱故事之難稽，（三）論墨子「兼愛」下「湯說」之為後人偽竄，（四）論鄭氏之附會，（五）論巫料

殷周年代質疑 高魯 申報月刊一卷五號

殷君宋君繼統制討論 江紹原 北平晨報學園九八一號（廿四年四月十二日）

由甲骨卜辭推測殷周之關係 孫海波 禹貢半月刊一卷六期

共和考 木武 清華週刊四十一卷十期

召公與周公兩位賢相共攝天子之事，這就是歷史上有名的共和時期

記周公東征 孫海波 禹貢半月刊二卷十一期

西周分封制度眞相之探究　非斯　食貨半月刊二卷六期
內容：(一)論西周分封制度之疑點，(二)列爵分土之事實，(三)五等五服說之探討，(四)結論

春秋時代的爭覇史　張蔭麟　大公報史地週刊五十二期(廿四年九月卅日)

隱桓二公時各國人物略述　譚楚白　文學雜誌三期

楚建國考　羅爾綱　天津益世報史學十八期(廿四年十二月廿四日)

戰國時田齊世系年代考　馬司帛洛撰　馮承鈞譯　國立北平圖書館館刊八卷一號

蘇代說燕辨正　張公量　禹貢半月刊三卷八期

蘇秦說秦辨僞　張公量　禹貢半月刊三卷五期

張儀說齊，說趙，說燕辨僞　張公量　禹貢半月刊三卷七期

關於「張儀說齊，說趙，說燕辨僞」　鐘鳳年　禹貢半月刊四卷一期

張儀入秦說辨僞　張公量　禹貢半月刊四卷二期

張儀入秦續辨　張公量　禹貢半月刊四卷六期
附馬培棠鐘鳳年二先生秦滅巴蜀在惠文王初元說的商討

漢王所刼五諸侯兵考　劉鐘明　政衡一卷十二期

漢南海王織考　潘蒔　文史匯刊一卷二期
漢武帝的批判　白丁　汗血月刊四卷二號
漢武帝爲什麽要統一思想　秀徵　北强月刊一卷一期
西晉以下北方宦族地望表　賀次君　禹貢半月刊三卷五期
晉室之南渡與南方之開發　桑原隲藏著　王桐齡譯　師大月刊十四期
東晉對於異族之抵抗精神　張君勱　國立中山大學研究所月刊三卷一期
　　—四月廿三日培正中學演講稿—
崔浩「國史」之獄與北朝門閥　谷霽光　天津益世報史學十一期（廿四年九月十七日）
李唐爲蕃姓三考　劉盼遂　燕京學報十五期
唐太宗之精神及其事業　成本俊　汗血月刊四卷二號
南漢劉氏之祖先　藤田豐八著　王桐齡譯　師大月刊十八期
秦檜對金主和與南宋大局的關係　成本俊　珞珈月刊一卷六期
金源姓氏考　朱希祖　國立中山大學文史學研究所月刊二卷三，四期合刊
元之建國及其貢獻　佘貽澤　新亞細亞月刊九卷二期

元代馬哥孛羅所見亞洲舊有之現代流行品　Dr. E. W. Gudger 著　朱傑勤譯　現代史學二卷三期

元代的幾個南家台　馮承鈞　輔仁學誌四卷二期

明外族賜姓續考　張鴻翔　輔仁學誌四卷二期

明成祖生母記疑辯　朱希祖　國立中山大學史學研究所月刊二卷一期

明成祖生母考　吳晗　清華學報十卷三期
內容：（一）明人的五種說法，（二）燕王周王俱庶出，（三）高皇后無子，（四）碽妃爲成祖生母

明成祖北征紀行　李素英　禹貢半月刊三卷八，九，十二期；四卷五，十期

明代兩大疑案　康君　北平晨報藝圃（廿三年十月廿，廿二，廿三日）
（一）明成祖改陷南京的建文存生問題，（二）正德巡幸宣府大同一帶與李鳳如的艷遇

胡惟庸黨案考　吳晗　燕京學報十五期
內容：（一）明史所記之胡惟庸，（二）雲奇告變，（三）如瑤藏主之貢舶，（四）胡惟庸之罪狀，（五）明初之倭寇與中日交涉，（六）胡惟庸黨案之眞相。

明海寇林阿鳳考　陳懷　東方雜誌卅一卷七號
本文以林鳳殆卽「非律賓史」所紀之Limahong

林道乾略居浡泥攷　許雲樵　東方雜誌卅二卷一號
據一般史載林道乾閩之泉州人，明嘉靖間海盜；倭寇擾

沿海一帶，道乾通之。及戚繼光敗倭於閩，林率衆西行後輾轉至浡泥，略其地以居。

記劉瑾水牢並考釋　熊夢飛　師大月刊十四期

水牢位於宛平縣辛莊之中央，距北平四十五里。

明代士大夫之矯激卑下及其誤國罪惡　木俊　汗血月刊二卷三號

明代靖難之後與國都北遷　吳晗　清華學報十卷四期

明季遺聞考補　姚家積　史學年報二卷二期

清高宗之禁燬書籍　趙錄綽　國立北平圖書館館刊七卷五號

內容：（一）緒言，（二）禁燬之動機，（三）搜集之開始，（四）搜集之方法，（五）禁燬之步驟，（六）範圍之擴大，（七）禁燬書籍之統計，（八）結論

清初進貂之情形　劉振卿　北平晨報藝圃（廿四年二月廿五日）

嘉慶後之進貂　劉振卿　北平晨報藝圃（廿四年三月十六，十八日）

貂差之交貢　劉振卿　北平晨報藝圃（廿四年三月廿二日）

錢匪紀略　劉祝封遺著　甌風雜誌八期至十四期連期刊登

始於咸豐初之錢會匪

關于李星沅死事之討論　人間世卅一期

曾國藩與海軍　陳恭祿　武大文哲季刊三卷四號

淮軍的興起　羅爾綱　天津益世報史學十期（廿四年九月三日）

談清代總管內務府　曹宗儒　北平晨報藝圃（二十三年七月卅，卅一日，八月廿二，廿五日）

內務府解馬　劉振卿　北平晨報藝圃（廿三年七月十一，十三，十六，十八，廿，廿三，廿八，卅，卅一日；八月四，六，七，八，十一，十三，十四日）

　解馬係清代有娛樂性質，而以軍事爲背景之御用技藝隊

談避諱　非繁　北平晨報藝圃（廿四年八月二，三，五日）

中國民族革命之史的檢討　錢盈科　進展月刊三卷十一，二期

同盟會前之留歐革命團體　高良佐　建國月刊十一卷三期

興中會創立地點事蹟考　志圭　建國月刊十一卷一期

興中會及同盟時代革命書報志略　高良佐　建國月刊十一卷二期

六 地學

(1)通論 附邊疆問題

中國地理的鳥瞰號 張其昀 方志月刊八卷七，八期合刊 獨立評論一六七

中華古代文化之發展及其地理背景(續) 張印堂 地學雜誌廿二年二期

古地理演化三例 賀次君 地名來歷—地名遷徙—方向轉移 禹貢半月刊三卷六期

古史中地域的擴張 顧頡剛 禹貢半月刊一卷二期

中國之地理區域研究 李長傅 地學季刊一卷三期

劃分中國地理區域的初步研究 洪思齊 地理學報一卷二期

我國歷代疆域和政治區劃的變遷 丁紹桓 地學季刊二卷一期

我國南北之地理觀點 忻啓三遺著 方志月刊八卷七，八期合刊

管子中的經濟地理的思想 楊效曾 禹貢半月刊一卷九期

隋唐之地理學者及其著述 曾了若 文史滙刊一卷二期

乾隆時學者對利瑪竇諸人之地理學所持的態度 陳觀勝 禹貢半月刊一卷八期

晚近中國地理學之研究　張崙波　集美週刊十四卷四期

近廿年中國地理學之進步　張其昀　地理學報二卷三，四期

中國上古各地物產　王鎮九　食貨半月刊二卷四期

內容：(一)緒論，(二)上古之意義與時間空間之限定，(三)九州說及其區劃與今昔對照說明，(四)上古各地物產原料之引詞檢句，(五)各地物產之分類及比較分類表

中國產業地理　高玉鐘　地學雜誌廿三年二期，廿四年一，二期

中國土壤之概述　李慶逵　地理學報一卷二期

長江下游五大米市米穀供需之研究　林熙春　孫曉村　中山文化教育館季刊二卷二期

五米市：(一)南昌，(二)九江，(三)蕪湖，(四)南京，(五)上海

中國溫泉之分佈　章鴻釗　地理學報二卷三期

此文曾於民國十五年(西一九二六)提出於東方第三次泛太平洋學議，其英文節略并圖刊入於該論集中

中華民族之地理分佈　張其昀　地理學報二卷一，二期

宋代儒者地理分佈的統計　余鉄　禹貢半月刊一卷六期

淸代安徽學者地理分佈之統計小論　李絜非　學風五卷九期

曲錄內戲劇作家地域統計表 石兆原 禹貢半月刊二卷一期

當代中國名人之調查與研究 鐘魯齊 薛克樫 民族三卷二期
所研究關于當代人物：（一）地理上分佈的研究，（二）出身的研究，（三）職業的研究，（四）著作的研究，（文內附表十九），

近代蘇州的人才 潘光旦 社會科學一卷一期

論都 徐英 安徽大學月刊二卷一期

邊疆問題

漢代之邊患 張耀庚 新亞細亞月刊八卷四期
內容：（一）漢代之對外政策，（二）匈奴，（三）西域，（四）西羌

漢代的西北邊事 尙明 新亞細亞月刊九卷五期

西漢歷代匈奴邊患考略 文 大學生言論二期

唐代之邊患 張耀庚 新亞細亞月刊十卷四期

宋代之邊患 張耀庚 新亞細亞月刊八卷六期

明代之邊患 張耀庚 新亞細亞月刊九卷四期
內容：（一）引言，（二）瓦刺與韃靼，（三）倭寇，（四）歐洲各國

楊一淸與明代中國之西北邊疆 江應樑 新亞細亞月刊十卷一期

中國近代邊疆經略史　華企雲　新亞細亞月刊八卷三期

中國近代邊疆政教史　華企雲　新亞細亞月刊八卷四期

中國近代邊疆沿革史　華企雲　新亞細亞月刊九卷四期
內容：（一）緒論，（二）東北，（三）蒙古，（四）新疆，（五）西藏，（六）雲南，（七）結論。

中國近代邊疆失地史　華企雲　新亞細亞月刊七卷六期

中國近代邊疆外侮志　華企雲　新亞細亞月刊九卷三期
內容：（一）引論，（二）俄國蠶食塞外，（三）英法侵略雲南，（四）日俄宰割東北，（五）英國入寇西藏，（六）結論。

中國近代邊疆界務志　華企雲　新亞細亞月刊九卷二期
所謂界務者乃指國家領土上所發生之界址問題

中國邊地喪失經過及遠東民族之奮起　華企雲　邊事研究二卷六期

近百年中國邊事　周馥昌　邊事研究一卷二、三、五、六期；二卷四、五、六期；三卷一期

論歷代建都與外患及國防之關係　賀昌羣　天津益世報史學十四期（廿四年十月廿九日）

新疆疆界變遷考略　劉熙　蒙藏月報三卷五期

邊疆地理補遺　白眉初　師大月刊七期

新疆問題史的分析 吳其玉 東方雜誌卅一卷七號
內容：（一）應付游牧民族問題，（二）應付和卓與融洽漢回感情問題，（三）防止英俄問題，（四）結論。

西南邊疆問題之解剖及其解決之途徑 華崇俊 中央時事週報三卷十七期

滇緬界務之史的考察及其應付方法 劉曼仙 東方雜誌卅一卷九號
內容：（一）滇省在我國地理上之重要及英人侵滇計劃，（二）英人侵緬滇邊地之史的考察，（三）最近英兵侵滇事件，（四）今後滇西邊防方策之研究。

（2）專著

山海經之版本及關於山海經之著述 賀次君 禹貢半月刊一卷十期

五藏山經試探 顧頡剛 史學論叢一期

山海經考證 陸侃如 中國文學季刊創刊號

山海經中的水名表 朱兆新 中國文學季刊創刊號

山海經古史考 鄭慕雍 勵學一卷二期

山海經圖與職貢圖 王以中 禹貢半月刊一卷三期

山海經圖與職貢圖的討論 賀次君 禹貢半月刊一卷八期

山海經的新評價　高去尋　禹貢半月刊一卷一期
山海經讀後感　吳維亞　禹貢半月刊一卷一期
穆傳山經合證　張公量　禹貢半月刊一卷五期
跋山海經釋義　張公量　禹貢半月刊一卷十期
禹貢土壤的探討　王光瑋　禹貢半月刊二卷五期
禹貢等五書所記藪澤表　楊毓鑫　禹貢半月刊一卷二期
說禹貢州數用九之故　張公量　禹貢半月刊一卷四期
梁惠王與禹貢　馬培棠　禹貢半月刊二卷五期
大梁學術　馬培棠　禹貢半月刊二卷六期
內容：史職—九州—書成
禹貢與禹都　馬培棠　禹貢半月刊二卷八期
禹貢與紀年　馬培棠　禹貢半月刊二卷十期
禹貢職方史記貨殖列傳所記物產比較表　孫媛貞　禹貢半月刊一卷三期
職方冀州境界問題　袁鍾似　禹貢半月刊一卷一期

夏本紀越王勾踐世家地理考實 楊向奎 禹貢半月刊三卷一期

「史記貨殖列傳新詮」地理正誤 賀次君 禹貢半月刊三卷四期
潘吟閣著在商務出版之國學小叢書中

漢志礦地疏證 王研農 安雅月刊一卷八，九，十期

讀前漢書西域傳札記 高去尋 禹貢半月刊三卷五期

漢書地理志中所記故國及都邑 李子魁 禹貢半月刊一卷四號

漢書地理志中所釋之職方山川澤寖 侯仁之 禹貢半月刊一卷五期

漢書地理志水道與說文水部水道比較表 王振鐸 禹貢半月刊二卷三期

漢書地理志沛郡考略 楊大鈜 安徽大學月刊一卷六期

漢書地理志丹陽郡考略 楊大鈜 安徽大學月刊二卷三期 禹貢半月刊二卷九期

華陽國志晉書地理志互勘 姚師濂 禹貢半月刊二卷四期

宋雲行紀箋註 法國沙畹着 馮承鈞譯註 禹貢半月刊一卷四，五，六期
五世初年，宋雲等經歷烏萇，乾陀羅等國行紀

水經注板本考 鄭德坤 燕京學報十五期

水經注引書類目 鄭德坤 厦大圖館報一卷二期

水經注經流支流目 賀次君 禹貢半月刊二卷八期，三卷一，二，七，十一期
河水，汾水，濟水，淸水，洹水，濁漳水，易水，滱水，巨馬河

關于水經注之通信 熊會貞 禹貢半月刊三卷六期

括地志序略新詮 岑仲勉 國立中山大學研究院史學專刊一卷一期

兩唐書地理志互勘 史念海 禹貢半月刊三卷四期

唐六典中地理紀述志疑 谷霽光 禹貢半月刊四卷一期
內容：(一)六典著作及年代，(二)六典紀事中之時代關係，(三)六典地名補正。

宋史地理志考異 聶崇岐 禹貢半月刊一卷六，八，九，十一，十二期；二卷一，二，四，五，六，七，九，十二期
內容：總叙京城，京畿路，京東路，京西路，河北路，河東路，陝西，兩浙路，淮南東西路，江南東西路，荆湖南北路，福建路，成都府路，潼川府路，利州路，夔州路

宋史地理志考異後記 聶崇岐 禹貢半月刊三卷五期

宋史地理志燕雲兩路集證 王育伊 禹貢半月刊三卷七期

石晉割賂契丹地與宋志燕雲兩路範圍不同辨 王育伊 禹貢半月刊三卷九期

遼史地理志補正 譚其驤 禹貢半月刊一卷二期

遼金史地理志互校 馮家昇 禹貢半月刊一卷四期
瀛涯勝覽校注序 馮承鈞 禹貢半月刊二卷六期
天下郡國利病書後跋 王頌文 方志月刊八卷十一，十二合期
惜抱使湘魯日記 姚鼐遺著 青鶴一卷十七期至廿二期連期刊登
清史稿地理志校正 譚其驤 禹貢半月刊一卷三，九期
清史稿地理志跋 鄒鶴聲 方志月刊八卷十一，十二合期
龍繼棟先生遺著十三經廿四史地名韻編今釋稿本述略 劉永濟 國風半月刊六卷九、十期合刊
中國歷代地名辭典四種 譚其驤 方志月刊七卷三期
六朝伽藍記叙目 劉汝霖 師大月刊十三期 卷一：名都記，卷二：名山記，卷三：州郡記
評馮承鈞譯西域南海史地考證譯叢及續編 聞宥 禹貢半月刊一卷十期
渤海國志長編要刪 金靜安 行健月刊四卷三期
評黃文弼近著高昌三種 向達 國風半月刊二卷四期
介紹中華民國疆域沿革錄 編者 禹貢半月刊三卷六期

（3）各省地理

中國各地鄉土誌略　丁紹桓等　地學季刊一卷四期

江蘇省史地概要　蔣君章　江蘇研究一卷八期

江蘇各縣面積　地學雜誌廿四年一期

江淮中間地帶的地理概觀　張隱仁　地學雜誌廿四年二，三期
專指江蘇北部的淮河下流

江寧秣陵鎮考察記　金陵大學地理學班　地學季刊二卷一期

江寧縣之耕地與人口密度　胡煥庸　地理學報一卷二期

江寧地志大綱　胡煥庸　王維屏　方志月刊七卷一期

江陰志略　王維屏　方志月刊八卷三，四期合刊

嘉定縣地理歷史考察記　婁君俠　地學季刊一卷二期

嘉定黃姚里考　滕固　國風半月刊五卷八，九號合期

宜興長興考察記　詹子政　方志月刊八卷一，二期合刊

橫沙小誌　張星煌　地學雜誌廿三年二期
橫沙隸於江蘇川沙縣，屹立于吳淞東南，位楊子江口外。

浙江省風景區之比較觀 張其昀 地理學報一卷二期

金華志略 胡傳楷 禹貢半月刊三卷八期

縉雲小志 張公量 禹貢半月刊二卷七期

安徽省之人口密度與農產區域 胡煥庸 地理學報二卷一期

合肥風土誌 李絜非 學風五卷七期

天長風土誌 鄒官城 學風五卷六期

福州經濟地理述略 林觀得 地學雜誌廿二年二期

龍溪小志 黃典誠 禹貢半月刊三卷十一期

福建沿海形勢概述 際唐 福建文化一卷五期

我所認識之川石島 劉强 福建文化一卷八期 島去福州約七十里當閩江入海之孔道

瓊崖地位的過去現在與將來 陳獻榮 東方雜誌卅一卷七號

舊鳳凰村調查報告 伍銳麟 黃恩憐 嶺南學報四卷三期

廣西幾種地形概述 楊鍾健 地理學報二卷二期

湖南澧縣誌略　周仁術　方志月刊七卷四期

宜昌小志　彭貫均　方志月刊八卷三，四期合刊

寶興視察記　周寶韓　邊事研究二卷六期，三卷一期

葫蘆王地之今昔　方國瑜　新亞細亞月刊九卷五期

葫蘆王地，位於滇緬未定界南段之北部，溯自光緒廿五年滇緬南段勘界會商停頓，以至於今日尚久懸未決。

定縣考察報告　農夫　大學生言論二期

豐潤小志　楊向奎　禹貢半月刊一卷十二期

唐山地方誌略　王成敬　地學雜誌廿四年四期

洛陽與長安（續完）　白眉初　地學雜誌廿二年二期

開封小記　蕭愚　禹貢半月刊四卷一期

臨清小記　楊效曾　禹貢半月刊四卷五期

濱縣小志　林占鰲　禹貢半月刊三卷二期

秦臺與濱縣地理　林占鰲　禹貢半月刊三卷六期

山西地理考察（續完） 許桂馨 地學雜誌廿二年二期

陝北盆地和四川盆地 謝家榮 地理學報一卷二期

洮西區域調查簡報 張其昀 地理學報二卷一期

甘肅省會以外大致可分四區，隴東隴南與河西諸名，習用已久，惟西南各縣似無專名，茲擬以洮西名之，指洮河以西也。

蘭州附近地誌研究 任美鍔 方志月刊八卷四、五期合刊

蘭州為甘肅省會扼甘，寧，青三省之樞紐。

寧夏輶軒錄 梁敬錞 東方雜誌卅一卷十號

內容：(一)赴夏之交通，(二)物產，(三)河渠，(四)財賦與金融，(五)司法，(六)教育，(七)結論。

東北考察記 馬鶴天 新亞細亞月刊六卷六期；七卷一期至六期；八卷一，三，四期

我們的江東六十四屯 吉東 大公報史地周刊十九期（廿四年一月廿五日）

熱河一瞥 褚紹唐 地學季刊一卷三期

青海概況 沈煥章 禹貢半月刊二卷十二期

青海概況 易海南 邊事研究一卷六期；二卷四期

青海省之山川人物 張其昀 國風月刊七卷一號 方志月刊八卷七，八合期

青海柴達木區風土談　董涵榮　方志月刊八卷九，十期合刊

新疆的地文與人文及其經濟狀況　易海陽　邊事研究二卷六期

新疆之概況及其危機　楊纘緒　蒙藏旬刊九十六期

新疆南路探訪記　斯坦因著　王竹書譯　天山月刊一卷一期至六期連期刊登

第二次蒙新考察記　黃文弼　禹貢半月刊四卷五期

從前史實闢「滿蒙支那領土」的謬說　陳嘯江　國立中山大學文史學研究所月刊二卷一期

歷史證明蒙古是中國領土　包瀚生　東方雜誌卅一卷五號

在歷史上蒙古與中國發生的關係：(一)開始接近時期—周以前，(二)劇戰及其一部與中國混合時期—秦漢至南北朝，(三)完全混合時期—隋唐至宋，(四)合併時—元至民國

蒙古的過去與現在　張晉生　中國文化建設協進會山西分會月刊一卷四期

蒙古的盟部與旗　美國拉丁摩著　侯仁之譯　禹貢半月刊三卷六期

蒙古概況　王開江　新蒙古二卷三期

蒙古的王公，僧侶，與平民階級　美國拉丁摩著　侯仁之譯　禹貢半月刊三卷十期

內蒙古之地形及地質構造概要　張席禔　方志月刊七卷二期

外蒙古四部落所屬各旗新舊名稱解釋 魏[illegible] 附表 蒙藏月報三卷一,二期合刊

外蒙之地理交通及物產 景夢譯 新蒙古二卷五,六期

從蒙古現社會之分析說到今後之改革 張景韓 新蒙古三卷一,二期

謎之外蒙古 魏崇陽譯 新亞細亞月刊六卷六期,七卷三期至六期
(一)成吉斯汗的黃金城的考古,(二)昔之西域今之天山南北路,(三)新疆南路之概況,(四)戈壁沙漠橫斷記,(四)成吉斯汗之研究

西藏與中國過去之關係 熊耀文 蒙藏旬刊九十四,五合期
自隋唐以至西藏與中國之關係

中藏關係之史的考察 蘇大成 新亞細亞月刊七卷三期
內容:(一)緒言,(二)漢族之興起及唐宋時代之中藏關係,(三)喇嘛敎之盛行及元明清三代之中藏關係,(四)英人侵藏後之中藏關係與危機。

片馬與江心波誌要 陳澤溥 東方雜誌卅一卷廿四號

西康建省記 傅嵩林 國聞週報十一卷二,四期

西康圖經(續) 任乃强 新亞細亞月刊六卷六期,七卷一期至四期,九卷一期至四期連期刊登

西康人文地理略述 源泉譯 清華週刊四十卷七,八期合刊
內容:漢人—漢人耕種區域—部落民族—獨立玀玀—石器時代文化—各種原始語言—社會及心理原素—西番—打箭爐

首都之地象　巴爾博著　任美鍔　李旭旦合譯　方志月刊七卷七期
|南京|

上海商埠的開闢　徐蔚南　上海市通志期刊第二年一期

中國三千三百三十八島嶼面積　李慶遠　地理學報二卷四期

(4)地理沿革

州與嶽的演變　顧頡剛　方志月刊七卷三期

淮南九州之前身後影　馬培棠　禹貢半月刊三卷五期

行省的意義與演變　鄧嗣禹　禹貢半月刊三卷十期

夏代地理小記　楊向奎　禹貢半月刊三卷十二期

同段地理考　唐蘭　西周地理考之一　禹貢半月刊三卷十二期

戰國疆域沿革考　鐘鳳年　秦，魏，周，韓　禹貢半月刊二卷八，十一期，三卷七期

巴蜀歸秦考　馬培棠　禹貢半月刊二卷二期

論秦舉巴蜀之年代　鐘鳳年　禹貢半月刊四卷三期

兩漢郡國制度　余厚欽　新社會科學季刊一卷二期

漢百三郡國建置之始考 譚其驤 地學雜誌廿二年二期

西漢侯國考 史念海 禹貢半月刊四卷二，五期

兩漢郡國縣邑增損表 史念海 禹貢半月刊一卷八，九期

關於「兩漢郡國縣邑增損表」 史念海 禹貢半月刊一卷十二期

新莽職方考 譚其驤 附莽郡縣官制 燕京學報十五期

後漢初省併郡國考 張維華 禹貢半月刊三卷一期

三國疆域今釋 廖誠泰 輔仁廣東同學會半年刊二卷一期

北魏六鎮的名稱和地域 谷霽光 禹貢半月刊一卷八期

北魏六鎮考 俞大綱 禹貢半月刊一卷十二期

六朝稱揚州爲神州考 劉盼遂 禹貢半月刊一卷九期

十六國都邑考 張樹棻 李維唐 禹貢半月刊三卷二期

河北省十六國時代郡縣考略 于鶴年 女師學院期刊創刊號

唐代西域州縣考 寇田 新亞細亞月刊十卷三期

「唐折衝府考」拾補　谷霽光　禹貢半月刊三卷四期

五代州縣表　劉石農　師大月刊十一，十五期

唐宋兩代的「道」和「路」　于鶴年　禹貢半月刊四卷五期

宋代分路考　張家駒　禹貢半月刊四卷一期
內容：(一)路之起源及其種類，(二)至道以前諸路沿革，(三)自咸平至元豐諸路之變革，(四)元豐至北宋之末葉

清代地理沿革表　趙泉澄　禹貢半月刊二卷十期；三卷三，九，十一期；四卷一，四期
順天府，直隸，山東，山西，河南，江蘇，安徽，江西諸省

清代地理沿革討論　于鶴年　錢春齋　禹貢半月刊三卷二，三期

江蘇省六十一縣之沿革　丁紹曾　地學季刊一卷三期

河南林縣沿革考　趙九成　禹貢半月刊四卷八期

陽原縣之沿革　李泰棻　禹貢半月刊四卷一期

安西四鎮之建置及其異同　大谷勝眞著　周一良譯　禹貢半月刊一卷十一期

古閩地考　葉國慶　燕京學報十五期

元福建行省建置沿革考 譚其驤 禹貢半月刊二卷一期

榕城之沿革 李聖材 福建文化一卷九期

唐代的韶州 何格恩 民族三卷七期

元陝西四川行省沿革考 譚其驤 禹貢半月刊三卷六期

周秦時代中國經營東北考略 馮家昇 禹貢半月刊二卷十一期

布特哈沿革 劉振卿 北平晨報藝圃(廿四年二月十六日)
布特哈爲黑龍江省之一城

近三百年來開發察哈爾部八旗及各牧廠沿革 楊實 大公報史地週刊四十期(廿四年六月廿一日)

明代察哈爾沿革考 楊寔 禹貢半月刊四卷四期

明末「棄套」始末 伊志 禹貢半月刊二卷七期

王同春開發河套記 顧頡剛 禹貢半月刊二卷十二期

中國歷代經營西域史 曾問吾 邊事研究一卷二期至五期連期刊登

漢代西域行政制度沿革述略 于鶴年 國立中山大學文史學研究所月刊二卷五期

清代開發新疆失敗之處及其原因 陳祖源 珞珈月刊二卷三期

青海之歷史沿革　黎小蘇　新亞細亞月刊七卷六期

趙爾豐開闢西康史略　陳尊泉　邊事研究一卷二期

全蒙盟旗沿革誌　新蒙古一卷六期

明季滿州蠶食蒙古方略紀要　楊寔　大公報史地週刊六十三期（廿四年十二月六日）

清代對蒙政策及其賓服情形　楊秉離　蒙藏旬刊九十四，五合期，九十六期

從蒙古沿革上鳥瞰中俄蒙的關係　草人譯　新蒙古三卷一期

清代經營西藏之史的探討　陳建夫　國聞週報十一卷十二期

明代定都南北兩京的經過　華繪　禹貢半月刊二卷十一期

北京外城觚建攷略　非繁　北平晨報藝圃（廿四年十一月十三，十五日）

上海縣在元明時代　蔣愼吾　上海市通志館期刊第二年一期

上海縣在清代　蔣愼吾　上海市通志館期刊第二年二期

上海縣在民國時代　蔣愼吾　上海通志館期刊第二年三期

民國十七年以來中國縣名更置表　葛啓揚　地學雜誌廿二年二期

(5)方志與輿圖

方志學發微 王葆心 安雅月刊一卷四,五,六,八期

方志之名稱與種類 朱士嘉 禹貢半月刊一卷二期

方志之性質 傅振倫 禹貢半月刊一卷十期

中國地方志考 張國淦 禹貢半月刊四卷三,四,五,七期

中國地方志綜錄序 顧頡剛 大公報圖書副刊八十期(廿四年五月廿三日)

中國地方志綜錄序 朱士嘉 禹貢半月刊二卷四期

中國地方志綜錄例目 朱士嘉 禹貢半月刊一卷五期

中國地方志綜錄質疑 黎光明 禹貢半月刊四卷八期

宋元方志考 朱士嘉 地學雜誌廿四年二,三,四期

寰宇通志與明一統志之比較 梅辛白 禹貢半刊二卷九期

跋康熙丙午刊本方輿紀要 錢穆 禹貢半月刊四卷三期

章實齋之方志學說 張樹棻 禹貢半月刊二卷九期

搜讀地方志的提議　陶希聖　食貨半月刊一卷二期

與縣志局總纂書　韓晉瞻　學術世界一卷四期

讀方志瑣記　瞿兌之　食貨半月刊一卷五期

讀李氏「方志學」　瞿兌之　禹貢半月刊三卷六期

民國廿年以來所修刻方志簡目　徐家楣　禹貢半月刊一卷三期

編輯故宮方志考略例　傅振倫　禹貢半月刊三卷十二期

縣志擬目　張其昀　方志月刊七卷七期

九峯舊廬方志目—浙江省　浙江圖書館館刊三卷六期

月浦里志序　滕固　國風半月刊五卷八、九合期

擬杭縣縣志序例　孫延釗　浙江圖書館館刊四卷二期

定海縣志序例　陳訓正　浙江圖書館館刊三卷四期

南山志序例及目錄　劉祝羣　浙江圖書館館刊四卷四期

暫定紹興縣志採訪類目及編纂大意　紹興修志委員會　浙江圖書館月刊四卷五期

瑞安縣志問題之過去及方來 孫延釗 浙江圖書館館刊三卷五期
衢縣新志序 余紹宋 浙江圖書館館刊三卷二期
釋衢志源流考 鄭永禧遺著 浙江圖書館館刊三卷四期
績谿縣志序目 王集成 浙江圖書館館刊四卷二期
上海徐家匯天主堂藏書樓所見福建方志 金雲銘 福建文化三卷十七期
福建鷺江志考略 薛澄清 禹貢半月刊四卷七期
金門志及湄州嶼志略概述 薛澄淸 禹貢半月刊四卷二期
廣東通志略例及總目 朱希祖 國立中山大學文史學研究所月刊一卷三期
廣東通志總目說明書 朱希祖擬 國立中山大學文史學研究所月刊一卷三期
廣東通志館徵訪條例 朱希祖 國立中山大學文史學研究所月刊一卷四期
廣東潮州舊志考 饒宗頤 禹貢半月刊二卷五期
民國新修大埔縣志凡例 温丹銘 國立中山大學文史學研究所月刊二卷三，四期合刊
高要縣志序例 鄔慶時 國立中山大學文史學研究所月刊二卷五期

寶安縣志例言　鄧慶時　國立中山大學文史學研究所月刊二卷二期

湖北通志義例商榷　甘鵬雲　安雅月刊一卷五，六期

重修湖北通志條議　王葆心　安雅月刊一卷一，二，三，六期

華陽志總分諸序　林思進　華西學報二期

肇州縣志略跋　趙宗復　燕京大學圖報七十六期

評「蔚縣編修縣志綱目初章」　傅振倫　禹貢半月刊三卷十二期

綏遠方志鱗爪　顧廷龍　禹貢半月刊二卷七期

新疆縣誌之研究　楊振民　新亞細亞月刊九卷五期

地志與地圖　王以中　禹貢半月刊二卷二期

中國地圖史略　褚紹唐　地學季刊一卷四期

中國輿圖製繪史年表　饒懷　清華週刊四十卷一期

中國輿圖分幅法芻議　曾世英　地理學報二卷一期

讀「中國分省新圖」後　忻啓三　方志月刊七卷二期

關於中國分省新圖說幾句話 沙學浚 方志月刊七卷六期

歷史地圖製法的討論 王育伊 禹貢半月刊二卷十二期

禹蹟圖說 桂臺 禹貢半月刊三卷一期

明代北方邊防圖籍錄 王庸 國風半月刊二卷九期

桂萼的輿地指掌圖和李默的天下輿地圖 王庸 禹貢半月刊一卷十一期

江浙閩沿海圖校記 吳志順 禹貢半月刊三卷十一期

評日本大宮權平著河南歷史地圖 劉盼遂 禹貢半月刊四卷四期

評奉天全省輿圖 吳志順 禹貢半月刊二卷二期

評綏遠省分縣圖 吳志順 禹貢半月刊一卷十期

西藏圖籍錄 吳玉年 禹貢半月刊四卷二期

(6)河流山脈與礦產

禹貢之流水 袁鐘似 禹貢半月刊一卷八期

沱潛異說彙考 黃席群 禹貢半月刊三卷二期

梁州沱潛考　陳家驥　禹貢半月刊三卷一期

黑水有三考　趙大煊　華西學報二期

牂牁江考　童振藻　嶺南學報一卷四期

江漢源流考　趙大煊　華西學報二期

揚子江名稱攷　李長傅　地學季刊一卷二期

揚子江之概要與其性質　宋希尚　方志月刊八卷十一，十二期合刊

揚子江水運之研究　童崇實　中法大學月刊六卷一期
內容：(一)概論，(二)長江航運之重要，(三)長江航運狀況，(四)長江航務狀況，(五)長江之整理，(六)外人在華航權，(七)結論。

對于揚子江之認識　李良騏　清華週刊四十卷七，八期

岷江峽谷　徐近之　地理學報創刊號

吳淞江　吳靜山　上海市通志館期刊第二年四期

閩江卅五灘　劉強　福建文化二卷十一期

江南運河今昔觀　武同舉　江蘇研究一卷二期

淮河運河等的治理 德 Prof. Dr. Ing. ehr. OFrarzius 著 宋海瑞譯 地學雜誌廿二年一期，廿三年一期

導淮考略 黃澤蒼 東方雜誌卅二卷二號
內容：（一）淮水源流及其變遷，（二）淮河下游歷來之災況，（三）導淮計劃，（四）導淮之過去與現在。

兩淮水利概論 方志月刊七卷十一，十二期合刊

河史述要 武同舉 國學論衡二，五期 生力月刊二、三期

歷代黃河在豫泛濫紀要 張了且 禹貢半月刊四卷六期

對于黃河應有之認識 劉漢 大公報史地週刊八期（廿三年十一月九日）

黃河袪患興利之新計劃 于右任報告 國聞週報十一卷九期

黃河變遷史略與根治之方法 趙沐生 正論四十一期

歷代治河方法之研究 沈怡 申報月刊四卷八期

歷朝治黃設計 廣志 王逸樵 北平晨報藝圃（廿四年九月十八，廿，廿一，廿三，廿四，廿六日）

明代黃河氾濫攷 廉君 北平晨報藝圃（廿四年九月七，九，十，十一日）

小清河攷略 吳鼎第 地學季刊一卷三期

中國水道攷異之一 —白河上游諸水— 李國燿 地學雜誌廿四年四期

民國以來之水災 名物 人文月刊六卷四期

中國的水利行政制度 程瑞霖 文化建設一卷一期

水利與水害 錢穆 禹貢半月刊四卷一，四期

廬山地質誌略 李四光 方志月刊七卷七期

安徽黃山考察記 李旭旦 方志月刊八卷六期

泰山與峨眉山之高度 竺可楨 地理學報二卷四期

嶽麓山地質誌 郭紹儀 湖南大學期刊六期

西康貢噶山之高度與位置 美布特塞爾著 李旭旦譯 方志月刊七卷三期

隋唐礦業之史的攷察 鐵丸 文化批評一卷四，五期

唐代礦物產地表 鄧嗣禹 禹貢半月刊一卷十一期

宋代礦業之史的考察 劉興唐 文化批判一卷六期

遼金礦業之史的考察 劉興唐 文化批判二卷一期

明代採礦事業的發達和流毒 龔化龍 食貨半月刊一卷十一，十二期

十六七世紀間中國的採金潮 陶希聖 食貨半月刊一卷二期

江蘇七大鑛業 地學雜誌廿四年一期

湖南的礦產 童叔 新文化月刊五期

湖南鎢鑛 地學雜誌廿四年一期

東三省之鑛業 孫麟 地學季刊一卷二，三期

東北四省金銀銅鐵煤之產地 牢二 北強月刊二卷四期

熱河的地質礦產 謝家榮 國風半月刊二卷八期

中國西北之天然富源 俄W. Karamisheff著 洪懋熙譯 地學季刊一卷一期

西北資源調查及其開發 王少明 文化建設月刊一卷六期

未開寶的西北資源 日本邊疆問題研究所調查 張覺人譯 蒙藏旬刊九十六，九十七期

內容：(一)總說，(二)鑛產，(三)農業，(四)林產，(五)牧畜，(六)工業，(七)關於西北資料的開發。

(7)交通 附郵政

中國之交通　朱家驊　文化建設一卷一期
內容：(一)電政，(二)郵政，(三)航政。

中國交通地理之研究　Buxton著　洪懋熙譯　地學季刊二卷一期

論古水道與交通　蒙文通　禹貢半月刊一卷七期，二卷三期

西北交通之史的研究　姚玄華　新亞細亞月刊六卷五期
內容：(一)上古時代我國與西域之交通，(二)西北路，(三)南北兩道。

前漢時代西南海上交通之記錄　鄒師許譯　新亞細亞月刊七卷五期

讀前漢時代海上交通考　嚴挺　人文月刊六卷一期

西域行程記　陳誠　李暹　禹貢半月刊二卷三，四期

新疆公路視察記　侯仁之譯述　禹貢半月刊三卷三期
一九三五年三月十八日斯文赫定氏在清華大學公開演講的

唐宋時代的轉運使及發運使　青山定男著　友莊譯　清華週刊四十二卷一期

中倭交通路線考　王輯五　禹貢半月刊三卷十期

宋代交通制度考略　王夔强　安雅月刊一卷四，八期

論北宋漕運法 青山定男著 朱慶永譯 清華週刊四十一卷十期

全國鐵道之最近調查 錄自津浦月刊 方志月刊七卷二期

中東路讓渡交涉之面面觀 朱鴻禧 東方雜誌卅一卷廿二號

中東路之由來和現狀 清壄 清華週刊四十一卷十一，十二期合刊

日本攫我東北路權之實況 生人 國聞週刊十卷四十，四十一期

亡路史料 新中華三卷十，十一期

中國歷代郵制概要 張樑任 東方雜誌卅二卷一號

中國近年郵政事業概觀 陳世蔭 東方雜誌卅一卷十六號

中國無線電事業概況 李昌來 湖南大學期刊七期

（8）遊記 附古蹟

南軺日記 文廷式遺著 青鶴二卷一，三，五，七，九，十一，十三，十五期

鎮江雜記 柳定生 方志月刊七卷一期

吳門遊記 錢鏞香遺著 人文月刊五卷四期

無錫紀行　錢歌川　新中華三卷十二期

宜興兩洞記遊　伍渭英　旅行雜誌九卷五號

浙遊紀勝　張其昀　地理學報創刊號

浙遊日記　王維屏　任美鍔　方志月刊七卷五期

旅行浙東紀略　莽廬　人文月刊五卷六，十期

金華蘭溪遊記　藏園老人　國聞週報十二卷廿八，廿九，卅期

贛行雜記　芸生　國聞週報十一卷卅七，卅八，卅九期

贛濱之行　陳雲從　人間世卅六期

漳州漫話　憾廬　人間世四十一期

泉州紀遊　雋民　廈大週刊十四卷廿七期

厦門島遊記　黃茂龍　廈大週刊十四卷卅期

遊歷瓊州黎峒行程日記　胡傳　禹貢半月刊二卷一期

粵桂旅游日錄　政之　國聞週報十二卷七，八期

桂遊麟爪錄 陳少白 建國月刊十三卷六期

蒼梧印象記 方殷 國聞週報十二卷四十一期

湘粵旅行見聞錄 陳增敏 孫海宴 地學雜誌廿三年二期

湘行散記 沈從文 文學一卷四號 國聞週報十一卷廿九期

衡湘四日遊記 叔華 大公報文藝副刊廿期至廿二期（二十二年十一月廿九日；十二月二，六日）

衡廬日錄 傅增湘 游湘省衡山等處日記 國聞週報十一卷四十三，四十四，四十五，四十六期

南嶽游記 藏園老人 國聞週報十一卷四十七，四十八，四十九，五十期

桃源與沅州 沈從文 —湘行散記之一— 國聞週刊十二卷十一期

閒話襄陽 撫松 人間世四十二期

襄樊見聞 彭賀均 國風半月刊二卷十，十一期

蜀道日記 吳芳吉 國風半月刊六卷三，四號

蜀遊雜記 前溪 國聞週報十二卷廿六期

蜀遊雜感 俞頌華 申報月刊四卷十二期

華西紀遊　黃炳權　新中華三卷十三期

峨嵋憶遊　欽文　東方雜誌卅二卷十三號

西寧成都間四十日記　徐近之　方志月刊七卷五期

木裏遊記　且維屏　邊事研究三卷一期
木裏爲四川鹽源縣屬九所土司之一

河車記　黃炎培　東方雜誌卅二卷十四號
內容：(一)上海至開封車中，(二)開封，(三)靈寶，(四)鄭縣，(五)淇縣，(六)再到開縣。

淶易游記　藏園老人　國聞週報十一卷三期至六期連期刊登

平綏路旅行小記　胡適　獨立評論一六二號

平綏路旅行歸來　徐文珊　禹貢半月刊三卷七期

游居庸關記　傅增湘　國聞週報十二卷四十七期　一北平晨報藝圃（廿四年十一月十二日）

榆關攬勝　張其昀　國風半月刊二卷三，四，五，七號

嵩洛遊記　許同莘　文藝捃華一卷四，五冊

魯遊追記　陶希聖　食貨半月刊二卷一期

濟遊雜憶 一士 國聞週報十一卷九期

青島游記 芸生 國聞週報十二卷卅一期

遊泰山八日記 示土 南大半月刊一卷一期

泰山曲阜紀游 凌叔華 國聞週報十一卷四十一期

勞山遊記 蘇雪林 大公報文藝副刊一〇六期(廿三年十月三日)

游山東靈巖日記 藏園老人 國聞週報十二卷十六，十七，十八期

陝西之行 葛綏成 地學季刊一卷二期

陝西聞見錄 吳心恒 新亞細亞月刊八卷一期

韓城禹門口記遊 黃文弼 禹貢半月刊四卷四期

華山遊記 張大千 北平晨報藝圃(廿三年十九，廿一，廿二，廿五日)

一週間西北旅行記 孫媛貞 禹貢半月刊三卷二期

西北巡禮 魏崇陽 新亞細亞月刊八卷五，六期；九卷二，三期

西北旅行十日談 孫伏園 藝風三卷九期

西北隨軺記　愷悌　建國月刊十三卷一期至六期連期刊登
附千佛洞調査表

西軺雜感　邵元冲　建國月刊十二卷五期

蘭州印象　吳景敖　地學季刊一卷二期

介紹最近的一箇民族戰場—熱河陵源　李守廉　國風半月刊二卷三期

鳳城一日記　張其昀　方志月刊七卷一期

滿蒙遊記　陳華譯　新蒙古一卷六期

蒙古旅行散記　張佐華　新亞細亞月刊十卷四，五期

青海兩週遊記　劉海青　新亞細亞月刊十卷二期

西藏三月見聞記　林東海　時事月報十二卷四期

西藏東部旅行記之通譯　蒙藏月報四卷二，三期

天湖小遊日記　徐近之　方志月刊八卷七，八合期

談舒白香「遊山日記」　周劭　人間世四十期
清舒白香撰，記自嘉慶九年六月一日入廬山叙起，
至同年九月十日出山止。

石頭城　林文英　國風半月刊二卷三期

燕子磯與三台洞　林文英　國風半月刊二卷四期

陽羨古跡名勝誌略　任以鋼　國專月刊一卷五號

莫干山登臨七日記　顧因明　地學季刊一卷三期

雁蕩遊楔　黃炎培　人文月刊五卷五期
雁蕩全山屬浙江樂清縣境

雁蕩山水紀要　陳適　東方雜誌卅一卷十九號
—附山志考—

黃山遊記　李書華　禹貢半月刊三卷十期

鼓山述勝　劉强　福建文化一卷九期

廣州白雲山古蹟考　謝富禮　現代史學二卷三期

浣花溪　思蜀　人間世卅四期

清人竹枝詞中之燕都古蹟　張次溪　正風半月刊一卷十二期

燕下都遺跡考（續完）　傅振倫　地學雜誌廿二年二期

燕郊釣魚臺考　張次溪　正風半月刊二卷一期

圓明園四春記　貸父　北平晨報藝圃（廿四年四月十六，十七日）

記文宗在園中置四院以居四豔妃，及園之被焚事，可爲清代之參考史料

圓明園四園詳細地名表　金勳編　國立北平圖書館館刊七卷三，四號

西書所紀圓明園中之西洋樓五篇　P. Benoist等著　歐陽采薇譯　國立北平圖書館館刊七卷三，四號

西書關於焚燬圓明園紀事八篇　H. Knollys等著　歐陽采薇譯　國立北平圖書館館刊七卷三，四號

天津芥園水西莊記　河北第一博物院畫報四十九期

水西莊爲查蓮坡先生與彼時名士宴遊唱和之地，後其弟集堂復于其地闢介園，高宗東巡，輙駐蹕于此，賜名芥園

日本鳥居龍藏氏調查熱河省境契丹文化的經過　魏建猷　燕京學報十五期

回憶中的熱河避暑山莊　李守廉　國風半月刊二卷十一期

(一)山莊之名勝，(二)八大處與十大景，(三)文津閣

宋六陵一瞥　邂庚　北平晨報藝圃（廿四年十一月廿三日）

明孝陵志（續）　王煥驪　國風半月刊二卷三號

明長陵　劉敦楨　中國營造學社彙刊四卷二期

明陵肇建考略　華繪　禹貢半月刊二卷十二期

謁昌平明十三陵記 朱偰 東方雜誌卅二卷十九期

恭謁南明紹武君臣塚記 朱希祖 國立中山大學文史學研究所月刊一卷四期
國風半月刊二卷十二期
塚在廣州大北門外流花橋

易縣清西陵 劉敦楨 中國營造學社彙刊五卷三期

(9)雜考

支那名號譯音溯源考 温雄飛 新社會科學季刊一卷二期

畿服說成變考 王樹民 史學論叢一期

說丘 顧頡剛 禹貢半月刊一卷四期

與顧頡剛先生論「九丘」書 唐蘭 禹貢半月刊一卷五期

由九丘推論古代東西二民族 勞幹 禹貢半月刊一卷六期

四岳考 童書業 禹貢半月刊二卷三期

四國解 唐蘭 禹貢半月刊一卷十期

說驩兜所放之崇山 童書業 禹貢半月刊四卷五期

丹朱故墟辨　馬培棠　禹貢半月刊一卷七期

冀州考原　馬培棠　禹貢半月刊一卷五期

辨冀州之「冀」　唐蘭　禹貢半月刊一卷六期

齊州即中國解　劉盼遂　禹貢半月刊一卷五期

夏都考　呂思勉　光華大學半月刊二卷二期

蒿京新考　唐蘭　史學論叢一期

戰國時宋都彭城攷　錢穆　禹貢半月刊三卷三期

子夏居西河考　錢穆　禹貢半月刊三卷二期

齊長城考　張維華　大公報史地週刊四十九期（廿四年八月廿三日）

萬里長城　朱維明　中學生五十四號

秦代初平南越考之商榷　呂思勉　國學論衡四期上

三國時山越分布之區域　葉國慶　禹貢半月刊二卷八期

孫吳開闢蠻越考　高亞偉　中法大學月刊八卷一期

諸葛武侯南征故道考 趙大熄 華西學報二期

宋徽宗謀復燕雲之失敗 陳樂素 輔仁學誌四卷一期

古會稽考 張公量 禹貢半月刊一卷七期

古奄域考 潘抑强 學術世界一卷三期

大野澤的變遷 李素英 禹貢半月刊一卷九期

窩集小考 羅需霖 文史匯刊一卷一期
——譯自市村博士古稀紀念東洋史論叢 池內宏著——（山中林木蓊蔚水澤沮洳之區號窩集）

東壩考 武同舉 江蘇研究一卷三期
在江蘇高淳縣

都爾鼻考 內藤虎次郎著 周一良譯 禹貢半月刊二卷三期
都爾鼻爲遼東遼西之要地

古交趾考 梁東園 新亞細亞月刊七卷一期
內容：（一）安南非交趾，（二）交趾非安南，（三）蠻人之雕題者，（四）交趾音義

安南文化考原 陸思涌 金大文學院季刊二卷一期

匈奴文化索隱 呂思勉 國學論衡五期上

大宛國貴山城考　桑原隲藏著　何健民譯　邊事研究一卷四期

于闐國之研究　劉秉鈞　磐石雜誌一卷二,三期合刊,四期
內容：于闐的國史—建國之傳說—人種與戶口—文化史—
西域記瞿薩旦那國伽藍注。

于闐國攷　日本堀謙德著　紀彬譯　禹貢半月刊四卷一,四期

隋唐時代西域歸化人考　桑原隲藏著　王桐齡譯　師大月刊廿二期

契丹與回鶻關係考　王日蔚　禹貢半月刊四卷八期

葱嶺西回鶻考　王日蔚　禹貢半月刊四卷五期

密爾敦之與中國契丹　張沅長　文藝叢刊一卷二期

金會寧考　葉秉誠　國立四川大學季刊一期

朝鮮史略　盧景純編　—中韓關係考之一—　國專月刊一卷二期

朝鮮文化考　盧景純　—中韓關係考之二—　國專月刊二卷一期

關於公孫氏帶方郡之設置與曹魏樂浪帶方兩郡　日本池內宏著　侯庸譯　禹貢半月刊四卷三期

眞番郡考　朝鮮李丙燾著　周一良譯　禹貢半月刊二卷七期

耶馬臺國方位考　王輯五　師大月刊十八期

耶馬臺國爲倭女王所都之國，惟關於其國方位的所在，學者意見紛岐，致有耶馬臺國大和說，與耶馬臺國九洲的對立說。

古師子國釋名　朱延豐　史學年報二卷一期

師子國卽今印度洋中之錫蘭島，爲英國皇家殖民地。

七 諸子

(1)通論

諸子古微 姜亮夫 民族三卷十二期 國學論衡四期上
周秦諸子略述 靳永秦 涇濤七期
周秦諸子聚訟記疏證 錢基博 光華大學半月刊四卷五期
先秦各家學說研究序 張默生 山東八中校刊二期
先秦諸子論學拾零 魏紫銘 北强月刊二卷三期
老子—孔子—墨子—莊子—孟子—荀子—韓非—呂氏春秋—禮記
諸子正名論 楊寬 學術世界一卷五期
諸子十家名原考 呂昭信 北强月刊二卷三期
儒—墨—道—名—法—陰陽—縱橫—農—雜—小說等十家
論諸子淵源 張人駿 國專月刊一卷一期
諸子系統說 太炎 華西學報一期
諸子學說之異同及其關係 陳冠一 涇濤九期
與陳柱尊教授論諸子書 吳經熊 學術世界一卷三期

關於「諸子學」—張默生先生著先秦道家學說研究序—　羅根澤　文化與教育廿期

子廿六論叙　馮振　文史匯刊一卷二期　大夏一卷九號　國專月刊一卷一號

晚周諸子反古考　羅根澤　師大月刊廿二期

從名實問題論中國古代哲學的分野　陳伯　文史一卷二，三期

莊荀淮南馬班論列諸子異同考　蕭奚煢　金大文學院季刊二卷一期

原儒墨　馮友蘭　清華學報十卷二期

原儒墨補　馮友蘭　清華學報十卷四期

儒墨思想之比觀　翁琴崖　仁愛月刊一卷一期

儒墨道法四家學術之比較　李源澄　學術世界一卷五期

墨荀異同論　萬叠康　國專月刊一卷五號

荀墨揭義　黃鞏　船山學報八期

孟莊異同論　陳柱　國學論衡四期上

管老莊墨孫申商韓學術異同論　盧景純　國專月刊一卷三，四期

墨子之兼愛與孟子之等差 牟宗三 天津益世報社會思想廿二期（二十二年四月十日）

楊朱墨翟思想與快樂論功利論之比較 吳澤炎 大夏一卷二號

管子與諸子之關係 王愼庵 國專月刊一卷五號

自老聃以至王充的言天命者 詹儒林 哲學與教育一卷一期

名法家揭義 黃鞏 船山學報八期

孔子以前之哲學 雷海宗 金陵學報二卷一期

中國古代的邏輯思想 藍以瓊 中華月刊一卷九期
內容：(一)引言，(二)詭辯家，墨子，荀子的邏輯思想

中國古代諸哲「國家起原學說」之探討 李俊 珞珈月刊二卷一號
共述四派(一)荀子，管子，商子；(二)淮南子，墨子，韓非子；(三)呂不韋；(四)觀射父。

中國知論大要 張岱 清華學報九卷二期
內容：(一)知之性質與起原，(二)知之可能與限度，(三)眞知。

周末論性共分五派茲將各派學說輯要著論 蔭喬 道德半月刊二卷一期

諸子小禮樂之原因 李濂 文哲月刊一卷二期
—儒家禮樂說前論之一—

我國哲學家所見之「止於至善」　吳家鎮　廈門大學學報三卷一期

李斯文化統制政策與先秦諸子　冀紹儒　文化批判二卷二，三期

漢初儒家和法家道家的消長　郭際唐　協大學術一期

魏晉間哲學之研究　楊予秀　行健月刊三卷六期

內容：（一）導論，（二）何晏與王弼，（三）阮籍與嵇康，（四）向秀與郭象，（五）結論。

魏晉法術之學　呂思勉　光華大學半月刊四卷一期

魏晉南北朝的空洞思想　黃澤浦　廈大週刊十四卷六期至九期連期刊登

兩晉清談之研究　松五　北强月刊二卷四期

清談家之檢討　仲侯　仁愛月刊一卷五期

六朝隋唐學術派別的探討　文箴　朔望半月刊十八期

宋代思想的起源　李家瑞　齊大季刊四期

北宋時代哲學思想的各流派　譚丕模　中山文化教育館季刊二卷四期

關於宋元明學術思想　夏雍　盍旦一卷三期

——宋元明思想[illegible]

宋元明思想的流別及其演變過程 譚丕模 清華週刊四十二卷六期 —宋元明思想的前夜—派別—進展

宋明理學與佛學異同 楊大膺 青鶴二卷廿，廿一，廿二，廿三期

宋代儒者地理分佈的統計 余鋐 禹貢半月刊一卷六期

清儒學說述要 邵祖平 浙江圖書館館刊四卷三期 約有十端：（一）明恥保天下說，（二）習氣論，（三）動靜說，（四）學教治一貫說，（五）性善說，（六）理欲辨，（七）權變說，（八）非君抑尊說，（九）解放女子說，（十）無鬼論

清代安徽學者地理分佈之統計小論 李絜非 學風五卷九期

譚嗣同的思想及其與儒佛之關係 林一新 文化建設一卷十二期

孫文學說中之信誓與行 陳德榮 中山文化教育館季刊二卷四期

五四以後中國各派思想家對於西洋文明的態度 劉錫三 社會學界第七卷

（2）專論

（A）儒家

「說儒」質疑 賀次君 史學論叢二冊

評胡適說儒 李源澄 國風半月刊六卷三，四號

中國儒教思想之體系　姚寶賢　青年與戰爭四卷六，七，九期
內容：（一）楔子，（二）易之起源與儒教，（三）易與中庸，（四）大學之性質與儒教之梗概。

儒家的哲學　中國文化建設協會山西分會月刊一卷七，八期

孔丘派哲學思想的發展—由孔丘到荀卿—　呂振羽　中山文化教育館季刊二卷三號

儒家哲學的中心思想　謝霄明　東方雜誌卅一卷十四號

儒家之宇宙觀及其教育　丘鎮侯　社會科學論叢二卷二號

儒家的人生觀　仲侯　仁愛月刊一卷二期

從儒家的仁愛觀說到釋氏的慈悲觀　楊棣棠　仁愛月刊一卷三期

儒家何以變爲消極　徐文珊　天津益世報社會思想廿六，卅一，卅二期（二十二年五月八日；六月十二，廿九日）

儒家思想中的階級問題　王霨堂　天津益世報社會思想廿三期（二十二年四月十七日）

儒教之國家觀念　鳳錦祥　學風四卷四期
內容：（一）神民及君主之三權分立，（二）文化的世界帝國，（三）人民本位之國家思想，（四）神之理由，（五）哲人重於制度。

評當代學者論儒家著作之失—從錢穆論「六經與孔子之關係」說到孔家哲學—　杜鋼白講　吉傑記　教授與作家一卷一期

之「思想史料」—

儒家的厄運和幸運 龍世雄 —正統地位之取得— 社會科學論叢二卷二號

儒家思想與現代中國 呂金錄 東方雜誌卅二卷十九期

儒教與日本精神 宇野哲人博士著 張其春譯 國風半月刊六卷一，二合期

孔子事蹟及生卒年月日之考信 孔德成 新亞細亞月刊十卷二期

孔子的思想 日本山口察常著 魏守模譯 國光雜誌六期

孔子思想之哲學基礎 姜蘊剛 國論二期（廿四年八月號）

孔子思想的分析與批評 范壽康 武大文哲季刊四卷三期

孔子及其哲學 王啓人 清華週刊四十一卷五期

內容：（一）孔子的個性和人格，（二）一以貫之—忠恕—知仁勇，（三）直禮仁，（四）藝術的三部曲—詩禮樂，（五）中庸與義利，（六）天道與性，（七）政治哲學—無爲之治正名德化。

孔子之倫理學說 陳石遺先生講 新民月刊一卷四，五期

孔子之魂 凱綺賽琳著 吳壽彭譯 中國文學二卷一期

凱綺賽琳以辛亥至中國，凡所與遊，均當代知名之士，故所得頗深，此文乃自其所著「一個哲學者之遊歷日記」中之「中國」一篇摘譯，其間去取各節標目，名之曰「孔子之魂」均譯者之意譯也

孔子之仁道　蔣維喬　光華大學半月刊三卷二期

孔子論仁　張東蓀　新民月刊創刊號

孔子大同釋義　呂思勉　文化建設一卷十期

孔子「大同」與柏氏「共和」　蔣振　中央時事週報四卷二，三，四期

孔子民族思想和孫中山先生民族主義比較觀　楊震宇　建國月刊十二卷六期

達味聖王和孔子對於人生凶禍的觀念——由古經聖詠篇聖詠第卌八首與論語之比較推測——　渠志廉　磐石雜誌三卷十期

孔子思想與現代社會政策　張洛逸　正中半月刊一卷四期

孔子人格與時代精神　邵元冲　中央時事週刊三卷卌四期　建國月刊十一卷二期

吾人對於孔子學說思想應有的認識　侯封祥　北强月刊一卷一期

孔子敍例　張國淦　新民月刊一卷二，三期

從莊子中所發現孔子的地位　陳召培　仁愛月刊一卷二期

關於孔子之所謂禮　姜蘊剛　海天創刊號

孔子日常生活與禮義廉恥詮釋 孔祥熙 大公報第十版（廿四年八月廿七，廿九，卅日）

孔子的著述問題 張默生 山東八中校刊二期

福爾特與孔子 耿淡如 光華大學半月刊三卷三期

孔門弟子學說考略 盛襄子 新亞細亞月刊十卷二期

孔門分科設教次第說 張傑 光華大學半月刊四卷一期

孔孟之孝道 張紹曾 仁愛月刊一卷四期

孟子大事攷 太炎 制言半月刊七期

闡孟 李源澄 國風半月刊六卷一，二合期
內容：論性—論政—論政體—論士大夫之出處—論士大夫之修養

孟子哲學 張默生 山東八中校刊三，四期

近人哲學史關於孟子學說之誤解 胡毓寰 東方雜誌卅二卷十九號

批評近人關於孟子之幾部專著 胡毓寰 學術世界一卷六期

偉大思想家的共同點 李長之 文哲月刊一卷一期
—「偉大思想家的孟軻」之導言—

孟子性善的檢討 邱運熹 正風半月刊一卷十四，十五期

孟荀論性之異同　劉懷儒　之江期刊二期

自孟荀至閻戴之性論　張君勱　新民月刊一卷四，五期

孟子與董仲舒人性論述評　徐瑞麟　正論卅四，卅五，卅六，卅七期

匡荀　金天翮　國學商兌一卷一期

荀子札記　鄧戛鳴　國專月刊二卷一，二期

荀卿非儒家考　李鳳鼎　女師學院期刊創刊號

荀子正名篇講記　譚戒甫　東方雜誌卅二卷七號

荀子之論理說　桑木嚴翼著　余又蓀譯　新民月刊一卷四，五期

荀子與霍布士(Thomas Hobbes)　李俊　珞珈月刊一卷四期

內容：(一)導言，(二)性惡論，(三)性惡之原因和結果，(四)解決的方法，(五)結論。

荀子餘論　李源澄　國風半月刊五卷十，十一號合期

董學研究　李兆民　協大學術三期

何休思想之鳥瞰　姚璋　光華大學半月刊二卷七，八期

荀悅思想之分析研究　姚璋　光華大學半月刊二卷九期

劉向的思想鳥瞰　姚璋　學術世界一卷二期
內容：(一)一生的事略，(二)刑法與禮樂，(三)任賢，(四)薄葬，(五)性情。

潛夫論中的哲理　姚璋　光華大學半月刊三卷六期
內容：(一)潛夫論的作者王符，(二)本體界與現象界，(三)治國者與被治者，(四)學業與道德。

楊子之研究　李勗 楊雄　甌風雜誌十三，十四，十五，十六期合刊

楊雄的哲學　姚璋　光華大學半月刊三卷一，二期

法言汪注補正　湯炳正　制言半月刊四期

法言義疏後序　黃侃　文藝叢刊一卷二期

崔實的思想述要　姚璋　光華大學半月刊二卷十期

文中子　蒙文通　天津益世報讀書週刊九期(廿四年八月一日)

韓愈的排佛思想　吳培元　哲學與教育三卷二期

李翺思想的來源　孫道昇　清華週刊四十一卷五期

李習之復性書探源　貞生　行健月刊五卷二期

與吳生論宋明道學書　章炳麟　歸納雜誌第二期

理學家之所謂理　馮伯璜　仁愛半月刊一卷四，五期

理學之系統結構之第一步　張君勱　新民月刊一卷二期

周濂溪先生　張其昀　理學蠡測之一　國學論衡四期上

周子通書今釋　劉斯楠　國專月刊一卷二，四期

二程的人生哲學　作民　—讀宋元學案札記之一—　清華週刊四十一卷一期

程明道先生　張其昀　國學論衡五期下

張載的哲學　張澤民　光華大學半月刊二卷七期

呂東萊薛艮齋葉水心先生學派論　唐文治　學術世界一卷六期

浙東學派探原　鄧廣源　衆評何炳松浙東學派溯源　天津益世報讀書週刊十三期（廿四年八月廿九日）

永嘉學派通論　林損　甌風雜誌一期

陳亮之思想　何格恩　民族三卷八期

陳同甫先生學說管窺 陳豪楚 文瀾學報一集

定川言行彙攷 張壽鏞 光華大學半月刊四卷五期

朱子論理氣 高名凱 正風半月刊一卷十一，十二期

朱子論心 高名凱 正風半月刊一卷十六，十七，十八期

朱學檢討 孫遠 國學論衡五期下

朱學鈎玄 姚廷杰 國學論衡三期

朱熹的救荒論與經界論 鄒枋 建國月刊十卷一期

福建理學系統 治心 福建文化二卷十三、十四，十五期

文文山之「不息」哲學 格平一 北平晨報思辨廿三期（廿四年十二月六日）

龍溪緒山學派論 唐文治 學術世界一卷四期

明清時代的唯名論思潮 嵇文甫 河南大學學報一卷一期

王陽明思想之淵源及其本質 翁琴崖 仁愛月刊一卷二，三期

陽明學爲今時救國之本論 唐文治 學術世界一卷三期

王學闡微　姚廷杰　國學論衡二期

王學發揮　張壽鏞　光華大學半月刊三卷六，七，八期；四卷一，二期

王陽明的事業及其良知說的矛盾　公讜　汗血月刊二卷一號

「知行合一」和「知難行易」　徐式圭　學藝雜誌十三卷六號
內容：(一)知行合一的來歷和闡釋，(二)王學略評，(三)「知行合一」與「知難行易」之比勘。

「知難行易」和我國思想史上的知行問題　王孝魚　中山文化敎育館季刊二卷三號

孔子哲學中之姚江學派　郝之御　新亞細亞月刊十卷二期

東林學派論　唐文治　國學論衡四期上

李卓吾與左派王學　嵇文甫　河南大學學報一卷二期

羅念庵學術概論　陳旭旦　國學論衡三期
羅先生爲王陽明學派中興人物

廣思辨錄序　唐文治　國專月刊一卷四期

黃梨洲學派　王孝魚　中山文化敎育館季刊二卷四期

王船山的歷史進化論　王孝魚　中山文化敎育館季刊二卷一期
文化之逐漸演進—文化演進的幾個條件—重視物

質—生理之影響心理環境之影響行爲—唯象的根據

李二曲先生學派論 唐文治 國專月刊二卷一期

張孝先先生學派論 唐文治 國專月刊二卷二期

清初學者唐鑄萬之哲學思想 王孝魚 中山文化敎育館季刊二卷二期
內容：(一)引論，(二)身世，(三)功用主義，(四)靜悅的修養方法，(五)平等思想。

述淸初樸學大師顏習齋 高良佐 建國月刊十卷六期

顏習齋先生嘉言撮要 仲侯 仁愛月刊一卷一、三期
爲學第一，立身第二

實證哲學家顏習齋 致甫 湖南大學期刊二卷四號

顏元之動的哲學—習行主義 李用中 前途雜誌二卷六號

顏元的實用主義 天客 仁愛月刊一卷一期

顏習齋先生誕生三百年紀念 李絜非 圖書展望三期
內容：(一)立言但論是非不論異同，(二)天行健君子以自強不息，(三)思不如學而學必以習，(四)天下事尙可爲。

覆李君論顏學書 邵元冲 建國月刊十卷五期

理堂家訓　焦循遺著　學術世界一卷四期

焦理堂思想的評述　沈眉英　江蘇研究一卷五期

陸稼書先生學派論　唐文治　國專月刊二卷四期

戴東原的哲學與弗洛特心理學說　李忠運　大道半月刊二，三，四期

戴東原之反宋哲學　陳其昌　國專月刊二卷三期

崔東壁的治學方法及其思想　嚴秋塵　人間世卌一期

二百年前大思想家劉獻庭之生平與其學說　尉之嘉　國立中山大學文史學研究所月刊三卷三期

陸桴亭先生遺書研究法　唐文治　學術世界一卷一期

東莞陳氏學蔀通辯書後　張其淦　國學論衡四期上

章實齋學述　王崇武　北平晨報學園六二五，六二六號(二十三年一月十五，十六日)

內容：(一)緒論，(二)章實齋持論為漢學之反響，(三)章實齋於史學上之貢獻，(四)章實齋之治學精神。

曾國藩的思想　楊大樹　新文化月刊三，四期合刊　五期

讀曾文正集筆記　瞿宣穎　新民月刊一卷二期

胡文忠公語錄通論 崔龍 國專月刊一卷三，四期

胡文忠公語粹序目 崔龍 國專月刊一卷一期

述學—朱九江先生學案 張伯楨 正風半月刊一卷廿期至廿四期連期刊登

黃節先生學述 吳宓 國風半月刊六卷三，四號

(B)道家

道家哲學 翁琴崖 仁愛月刊一卷二，三期

道家出於儒家顏回說 孫道昇 北平晨報學園六二三號(二十三年一月八日)

道家出於儒家顏回說商榷 劉厚滋 北平晨報學園六三五號(二十三年二月三日)

駁道家出於儒家顏回說 張濬 北平晨報學園六四五號(二十三年三月一日)

再論道家出於儒家顏回 孫道昇 北平晨報學園六六六，六六七、六六八號，(二十三年四月十九，廿，廿四日)

老莊人生哲學 小兀 光華大學半月刊二卷五期 內容：(一)緒論，(二)生平事略，(三)天道與人的生死，(四)三無主義。

老莊之養生法 蔣維喬 青鶴二卷十六，十七期

老莊新傳　毛起　浙江圖書館館刊四卷五期

讀老莊書後　陳雲官　厦大週刊十四卷卅期

從西洋哲學觀點看老莊　張東蓀　燕京學報十六期

老子概論　劉燃章　民鐘季刊一卷三期

老子及其哲學　李星可　中法大學月刊六卷二，三期

老子哲學之研究　孫啓模　新文化月刊創刊號，二號

老子新考　武內義雄著　試航譯　文史滙刊一卷二期

老子時代新考　唐蘭　學文一卷四期

讀老子隨筆之二　—莊子天下篇所記老子的年代—　余德建　厦門圖書館聲二卷九期

老子思想之物觀的分析　言鞠　清華週刊四十二卷五期

老子辯證法的研究　殷傳經　讀書雜誌三卷五期

老子的人生論　王正國　珞珈月刊一卷六期

老子神化攷略　劉國鈞　金陵學報四卷二期

老子化胡說考證 王維誠 國學季刊四卷二號

二老研究 譚戒甫 武大文哲季刊四卷四期
假定老萊子和老彭爲一人，老聃和太史儋爲一人

老聃，關尹，環淵 郭沫若 新文學創刊號

與陳柱尊教授論老子書 張其淦 學術世界一卷三期

老子古微 繆篆 制言半月刊一，二，四，五，七期

老子發微 陳獻宸遺著 甌風雜誌一期至十九，廿期合刊連期刊登

老子微自序 童魁 國專月刊一卷五期

老子補註 胡懷琛 學藝雜誌十三卷七號

老子正詁補正 高亨 北强月刊一卷六期

老子王弼注校記 劉國鈞 圖書館學季刊八卷一期

書老子後 楊協賡 女師學院期刊二卷二期

焦山道德經殘幢考 葉遇春 附跋 制言半月刊一期

對於道德經的分析與批評 朱進之 正中半月刊一卷七期

從方法上評老子攷　葉青　文化建設一卷六期

讀「評論近人考據老子年代的方法」答胡適之先生　馮友蘭　大公報世界思潮八十五期(廿三年十一月十五日)

列子張湛註補正　胡懷琛　大陸雜誌二卷八期

列子札記　張懷民　國專月刊一卷二,三,四期

先秦楊朱學派　孫道昇　正風半月刊一卷十三期至廿四期連期刊登,又二卷一期

楊朱考略　石固　仁愛月刊一卷三期

楊朱思想之辯護　郭士堯　國立四川大學季刊一期

楊朱教義與復興中國　楊大膺　光華大學半月刊三卷一期

楊朱派哲學思想的發展—由楊朱到鄒衍　呂振羽　中山文化教育館季刊二卷二期

內容:(一)楊朱的爲我主義,(二)申不害愼到和商鞅,(三)鄒衍。

莊子哲學概觀　翁琴崖　仁愛月刊一卷四,五期

莊子考　王學易　勵學三期

莊學小識 劉斯楠 國專月刊二卷二期

歷代莊子研究述評 張默生 山東八中校刊一期

莊周哲學之辯證觀 翦伯贊 中山文化教育館季刊二卷四期

莊子之動變說的解說 陳汝夔 學風五卷三期

闡莊上下篇 陳柱 國學論衡三期

郭子翼莊偶釋 張其淦 學術世界一卷二期

莊生「鯤化爲鵬」說旁證 李行之 涇濤七期

莊子齊物論「兩行」一名之研究 朱進之 新民月刊一卷三期

「胠篋」篇書後 柳禪 厦門週刊十三卷十四期

莊子寓言篇墨子魯問篇爲研究兩書之凡例的討論 戴景曦 厦大週刊十二卷十九期

鎌倉本莊子天下篇 孫道昇 大公報史地週刊卌七期（廿四年五月卌一日）

莊子天下篇箋證 高亨 北强月刊一卷三，四，五期

莊子天下篇校釋序 劉永濟 國風半月刊六卷三，四號

莊子天下篇作者問題　孫道昇　正風半月刊一卷十六期
莊子天下篇惠施十事解　黃方剛　國立四川大學季刊一期
讀莊偶記　鍾鍾山　之江學報一卷一，三，四期
內容：(一)內篇(二)外篇

(C)墨家

墨學通論　孫至誠　國學論衡三，四，五期
墨學論略　馬宗霍　國衡半月刊一卷二，三，四，七期
內容：(一)事蹟，(二)學說。
墨子思想之研究　古仲宣　民鐘季刊一卷三期
墨子的中心學說　譚國溶　民鐘季刊一卷二期
墨子言行錄　余迺成　金聲一卷一期
墨子通釋　蒼石山房原稿　船山學報二，四，五期
墨家論理學的新體系　虞愚　民族三卷二期
墨學分期研究　楊寬　學衡七十九期
墨經集解　李大防纂　附自序　安徽大學月刊二卷二，三，四，五期

墨子集解自敘　張純一　海潮音十四卷三號

墨經義疏通說　楊寬　制言半月刊七期

墨子經說釋例　譚戒甫　武大文哲季刊三卷三號
讀墨子經說有三要例：（一）旁行句讀，（二）牒經標題，（三）繁省字體。

爲評墨經易解答與忘先生　譚戒甫　大公報圖書副刊一一一期（廿四年十二月廿六日）

墨子中大取小取兩篇究竟是誰家的典籍　孫道昇　北平晨報學園七〇一號（二十三年七月九日）

墨子小取第四章校釋　譚戒甫　武大文哲季刊五卷一號

別墨問題的探討　張澤民　光華大學半月刊二卷五期

釋墨辯之爭彼　趙公皎　正風半月刊一卷十九期

墨子辯經講疏序言　顧實　青鶴三卷七，八期

（D）名法家

名家言釋義　楊寬　光華大學半月刊二卷八，九期

正名學派的論理思想　虞愚　民族三卷十一期

公孫龍子名實篇斠釋　張懷民　國專月刊二卷一，三，四期

公孫龍子堅白篇斠釋　張懷民　國專月刊二卷三期

論公孫龍子哲學　周金　盍旦創刊號

再讀王獻唐公孫龍子懸解　伯蔚　山東八中校刊三期

法家思想述評　篤夫　大學生言論八期

先秦法家的國家論　陳啓天　國論二期（廿四年八月號）

管子思想述要　謝峙中　仁愛月刊一卷四期

管子學商斠　蒼石山房原稿　船山學報二，四，五期

管子爲戰國時代作品考　黃漢　安徽大學月刊二卷六期

管子集註　陳準　甌風雜誌五期

管子集註序　陳謐　甌風雜誌二期

商君書探源　羅根澤　國立北平圖書館館刊九卷一號

讀商君書　呂思勉　光華大學半月刊四卷四期

鄧析子 王正己 青年文化二卷四期

韓非子研究 易藝林 湖南大學期刊八期

內容：(一)韓非子名稱，(二)韓非傳略，(三)韓非以前學派的概況。

辯韓 黃源澂 國專月刊一卷五期

韓非子書考 陳千鈞 學術世界一卷一期

韓非子札記 孫楷第 國立北平圖書館館刊九卷二號

讀韓非子肌說 李大防 安徽大學月刊一卷六期

韓非子論略 馮振 國專月刊二卷二，三期

韓非新傳 陳千鈞 學術世界一卷二期

韓非學說之研究 全世垣 光華大學半月刊二卷六期

內容：(一)法之意義及其起源，(二)申商愼韓學說概觀，(三)各家學說之比較研究，(四)結論。

韓非之時代背景及其學說淵源 陳千鈞 學術世界一卷三，四期

(E)其他

鶡冠子校記　邵次公　河南圖書館館刊第二册

孫子兵學評論　櫻鐵耶講述　劉宙塵譯　大道半月刊二，三，四期

記鈔本金湯十二籌　黃育熙　圖書館學季刊八卷二期

田駢和騶衍　謝扶雅　嶺南學報三卷二期
—戰國時齊道家底兩派—

河圖象說　黃炳元　國學論衡二期

陰陽家與古史　程憬　新社會科學季刊一卷四期
內容：(一)陰陽家與巫祝，(二)騶衍，(三)封禪。

陰陽五行與中國哲學　曉岩　清華週刊四十一卷一期

中國法律上所表現的陰陽五行說　瀧川政次郎作　可均譯　邁進月刊五期

五行說之起源　齊思和　師大月刊廿二期

王肅的五帝說及其對於鄭玄的感生說與六天說的掃除工作　顧頡剛　史學論叢二册

呂氏春秋校記　孫志楫　國立北平圖書館館刊九卷三號

呂氏春秋古樂篇昔黃節解　劉復　文學二卷六號

呂氏春秋彙校敍例　蔣維喬　楊寬等　制言半月刊一期

呂氏春秋佚文輯校 蔣維喬等 制言半月刊三期

關于呂氏春秋筆記要目 沈延國 制言半月刊四期

朱子所見呂紀異文考釋 羅庶丹 湖南大學期刊五期

讀呂臆斷 沈瓞民 制言半月刊一、二期

讀呂氏春秋雜記 江紹原 中法大學月刊五卷一、三、五期

淮南王書中的哲理 姚璋 光華大學半月刊四卷一、二、三期

讖緯說 徐臥漁 安雅月刊一卷四，五期

緯史論微自叙 姜忠奎 國風半月刊五卷十，十一號合期

玉燭寶典引緯文 劉培譽 勵學三，四期

玉燭寶典隋著作郎杜臺卿撰

王充所肯定的知識論 孫道昇 北平晨報思辨五期（廿四年六月七日）

王充所否定的知識論 孫道昇 北平晨報思辨三期（廿四年五月十七日）

論衡校箋 劉盼遂 國立北平圖書館刊八卷五、六期

顏氏家訓 豈明 大公報文藝副刊五十八期（二十三年四月十四日）

金正希之思想研究　吳景賢　學風五卷九期

金正希之學術　吳景賢　學風五卷八期
內容：(一)八股文與八股論，(二)散體古文，(三)古文文論與詩論，(四)西洋算學及其他西學，(五)著述考。

讀日知錄札記　古層冰　文學雜誌一期

校汪春園日知錄補正　丁晏遺稿　青鶴雜誌三卷一，三，五，七，九，十一期

孫詒讓札迻正誤　胡懷琛　學藝十四卷三號
「札迻」爲孫氏校訂先秦諸子之書

內閣大庫本碎金跋　余嘉錫　國立北平圖書館館刊八卷六期

白屋嘉言序　任中敏　國風月刊七卷一號

(3)雜著（依著者署名筆畫簡繁爲序）

柘唐遺文　丁晏　青鶴二卷二期至廿四期間期刊登

王徵遺文抄　國立北平圖書館刊八卷六期

乙亥見聞錄　王漁洋　河北第一博物畫報六十一期至六十五期，又六八，七十，七一，七四，七六，七七，八十，八二，八四，八六，八七，八九；九

一期

病山遺稿　王乃徵遺著　青鶴三卷二期至十八期間期刊登

湘綺樓集外文錄　王闓運著　青鶴二卷一，二，三，四，五，六，十，十四，十九期

名人異聞彙輯　王夔强　安雅月刊一卷一，二，三期

知過軒日鈔　文廷式遺著　近于讀書札記　青鶴三卷一期至廿一期間期刊登

聞塵偶記（續）　文廷式遺著　青鶴一卷十七，十九，廿一，廿三期

純常子枝語　文廷式　青垞鈔藏　安雅月刊一卷三，五期

守孔約齋雜記　方成珪遺著　甌風雜誌十五，六期合刊；十七、八期合刊

睇嚮齋隨筆　甘穃　有關于近代史料者　青鶴三卷一期至十三期間期刊登

睇嚮齋逞肊談　甘穃　青鶴一卷十八，廿，廿二期；二卷二，四，六，八，十，十五，十九期

善餘堂書札　江愼修遺著　制言半月刊七期

善餘堂隨筆劄記　江愼修　制言半月刊五期

六齋賸稿　宋衡遺著　甌風雜誌一期至八期連期刊登

讀書雜論　仲子　湖南大學期刊五期　內容：（一）讀史記，（二）讀文心，（三）言學術。

曼殊室隨筆　仲策　北平晨報藝圃(廿四年一月七,八,十一,十四,十九,廿一,廿五,廿六,廿八日)

窓齋日記　吳大澂遺著　青鶴一卷十八,廿,廿二,廿四期

兔牀日記鈔(續)　吳騫遺著　青鶴二卷一,三,七,九,十一,十三,十五,十七期

隅園消閒錄　吳柳隅　北平晨報藝圃(二十三年三月十九,廿,廿一,廿四,廿六,廿七,卅一日;四月二,三,七,九,十,十一,十三,十六,十七,廿,廿一,廿五,廿八,卅日;五月一,五,七,十一,十九,廿一,廿二日;六月十一,十二,廿日)

羅音室讀書偶記　吳世昌　天津益世報讀書週刊廿二期(廿四年十月卅一日)

全拙庵温故錄　沈曾植　青鶴二卷十九期

菌閣瑣談　沈曾植遺著　青鶴二卷一,三,五,七,九,十一,十三期

梅日樓筆記　沈曾植遺著　青鶴三卷二,四,六,九,十一,廿一期

便佳簃雜鈔　沈畸遺著　青鶴二卷一期至廿四期連期刊登,又三卷一,二,三,八,九,十一,十三,十五,十七,十九,廿,廿二期

風雨雞鳴館雜鈔　沈其昌　青鶴一卷十七期至廿一期連期刊登　談歷史上人之命

閒步庵隨筆　沈啓旡　文飯小品五期

靜觀盧隨筆　李裕增　河北第一博物院畫刊五〇期至七九期,八七期至九五期間期刊登

健行齋筆錄 李希泌 國學論衡四期上

方湖讀書記 汪辟疆 國風半月刊二卷四，八期

窈窕釋迦室隨筆（續） 映庵 青鶴一卷十七期至廿四期；二卷一，二期

讀書札記二則 宏叔 天津益世報讀書週刊廿八期（廿四年十二月十二日）

（一）西青散記，（二）香雪文鈔。

谻谷亭隨筆（續） 祁景頤 青鶴二卷廿三，廿四期；三卷四期

記前人軼事

樞廷載筆 祁寯藻遺著 青鶴一卷十八，廿，廿二，廿四期

晦堂隨筆 青坨 正中半月刊一卷一期至二卷八，九期合刊連期刊登

吳芳吉先生遺著第三輯 周光午輯 國風半月刊六卷一，二號

此輯乃從吳先生日記錄出多爲先生廿一至廿三歲閒與友好論學手札

恒心堂讀書答問 周逸 船山學報二期，又四期至七期連期刊登

斜月杏花屋瑣話 武西山 待旦創刊號

紙園筆記 易本烺 安雅月刊一卷四，六，八，十期

邇言 姚永樸 學風五卷七期 安徽大學月刊二卷一期

邇言者卽眼前事以指示人，語若淺近義實精確，此篇釋經傳所引之

誤訓等，並參以前哲箴銘訓詁，及近代俚言於後，冀爲醒世之助。

舊聞隨筆　姚永樸　北平晨報藝圃(二十三年一月八，九，十，十五，十六，廿六，廿七，廿九日)　學風五卷一期至四期連期刊登

劬堂讀書錄　柳詒徵　文瀾學報一集　杭世駿續禮記集說，姚際恒禮記通論

白醉揀話(續)　珊瑚村人　青鶴一卷廿，廿二期；二卷七，八，十四，十五，十六，十七，廿，廿一，廿二期。

讀俞曲園茶室叢鈔札記　胡懷琛　學術世界一卷二期

花隨人聖盦摭憶　秋岳　中央時事週報三卷四五期至四卷五〇期連期刊登

經𢼸室遺文　孫詒讓遺著　青鶴二卷一期至廿三期間期刊登，又三卷一，三，六，十，十九期

蘄春黃先生遺文　孫世揚錄　制言半月刊七期

朱廬筆記　孫宣　青鶴一卷十八，廿一，廿三期；二卷四，五，十三，十七，十八，廿二期；三卷二，五，七，十五期

詩史閣筆記　孫雄　北平晨報藝圃(廿四年四月廿七日；五月三，六，七，十，十五，十七，十八，廿，廿一，廿四，卅一日；六月一，四，五，七，十，十一，十二，十五，十七，十八，十九，廿一，廿二，廿四日。)

清世說新語(續)　夏敬觀　青鶴一卷十七期至廿三期，二卷二期至十八期，三卷二期至廿四期均間期刊登

懋園筆記　馬茂元　國專月刊二卷四，五期

凌霄一士隨筆（續） 一士 國聞週報十一卷二期至五十期；十二卷二期至八期，十二期，十四期至廿一期，廿二期，廿四期至廿九期，四十一期至四十五期，四十七期至五十期連期刊登

凌霄漢閣隨筆 徐彬彬 正風半月刊一卷二十期至廿四期連期刊登

凌霄漢閣筆記 徐彬彬 正風半月刊一卷三期至十九期連期刊登，又二卷一期

喜圃隨筆 思王 中央時事週報二卷二十七期至四十五期連期刊登

燕薊拾零 旁觀客 青鶴一卷廿三，廿四期；二卷一期

朝野紀聞 釣徒 安雅月刊一卷三，四，八，十期

崔東壁荍田賸筆之殘稿 洪業 史學年報二卷一期

褒碧齋雜記（續） 陳銳遺著 青鶴一卷十七，十九，廿一，廿三期

褒碧齋攷訂 陳銳遺著 青鶴二卷三，四期

南武講學錄 陳懷遺稿 甌風雜誌十四期至十七，八期合刊連期刊登

散原精舍文存 陳三立 青鶴一卷十七期至廿三期；二卷二期至廿四期，三卷二期至廿二期均間期刊登

郇盧文鈔 陳穀 青鶴二卷二，四，六，八，十，十二，廿一期

讀書偶記　陳大慈　黃鐘一卷八期至十五期，又廿五期至卅九期連期刊登

蟄廬存稿　陳虬　甌風雜誌九期至十九，廿期合刊連期刊登

靜照軒筆記　陳詩　青鶴雜誌三卷七，九，十五，十八，廿一期

藝菊瑣言　陳葆善　甌風雜誌二，三，四，六期

天人指掌　陳旭旦　國學商兌一卷一，二期

敬樂齋談苑　陳學棻　安雅月刊一卷三，四，八，十期　本書計分六卷前四卷爲論學之言後二卷則記述掌故

孤桐隨筆　章士釗　青鶴一卷十七，廿一期

菿漢親見錄　章松鶴沈詡崔龍述　國專月刊一卷三期　太炎先生在讀經會之演辭

爰居閑胜談　梁鴻志　青鶴二卷一期至廿四期；三卷一期至五期連期刊登

讀緣督廬日記鈔　張鋆　浙江圖書館館刊三卷三期　該日記爲清長洲葉鞠裳遺著，始同治九年終民國六年

然疑待徵錄　張汝舟　學風五卷九期

樵隱廬隨筆　張仲麥　正風半月刊一卷十二期至廿四期連期刊登

雙肇樓筆記　張次溪輯　正風半月刊一卷六，十一期

耕隱樓雜俎 張仲葛 正風半月刊一卷七，九，十期
（一）汪兆銘入獄出獄始末，（二）朝鮮大儒金永根之去世朝鮮訃告式，（三）蜀儒趙燕之友愛，（四）六祖道場沿革考。

陶勤肅公手札 陶模遺著 青鶴二卷六，八，十，十八，廿四期

寒碧簃瑣談 郭則澐 青鶴二卷十六期至廿四期，三卷一期至廿二期均連期刊登
奇聞瑣記及關于近人軼事

松壽軒隨筆 曹愬伯 多紀對文 湖社月刊十七，十八，十九册

君木遺文 馮幵遺著 青鶴二卷七，九，十六，十八，廿一期

蒻庵駢文稿 黃孝紓 青鶴二卷二期至廿期間期刊登

纗華室文存 黃侃 金聲一卷一期

寄勤閒室涉書記 黃侃 金大文學院刊一卷二期

鮮庵遺文 黃紹箕遺著 甌風雜誌一期至九期連期刊登

讀書疑屑 黃雲眉 國學論衡五期下

達可齋讀書記 傅守謙 安雅月刊一卷十期

海國叢談　楊無恙　青鶴三卷十二,十四,十七,十九期

長青隨筆　葉長葉　國專月刊一卷一期

世徽樓筆記初藁　楚傖　中央時事週報一卷七期至二卷十七期連期刊登

木天代醉　賓客　中央時事週報三卷十六期至廿九期連期刊登

匡廬筆記　裴毓麐　青鶴一卷十七;十九期;二卷三期

籥園筆記　劉紹寬　甌風雜誌五期至十二期連期刊登

著硯樓讀書志　潘承弼　博物典彙　制言半月刊四期

樊山諸著　樊增祥　青鶴二卷十四,十五,十六,十七,廿四期

大鶴山人遺著　鄭文焯遺著　青鶴二卷一期至廿三期間期刊登

半雨樓雜鈔　鄭文焯　青鶴三卷八,十,十二,十四,十六,十八,廿,廿二期

夷白樓隨筆　蔡潤卿　正風半月刊一卷十三期至廿三期連期刊登

禪史撫言　樂觀道人　青鶴三卷廿一期

榑廬談藪　衛仲璠　浙江圖書館館刊四卷六期　學風五卷十期

小疏筆談 冀野 中央時事週報三卷四期至十五期連期刊登

雙藤廬隨筆 龍峨精靈 北平晨報藝圃（廿三年十二月一，三，四日）

蕭閒堂札記 蕭道管遺著 經史子集之札記 國學商兑一卷一期

何蝯叟日記 譚澤闓摘錄 青鶴雜誌三卷十，十三，十六，十八，廿期

總理逸語的研究 陸達節 建國月刊十一卷五，六期

長生不老齋隨筆 佚名 青鶴二卷十二期

玄外集 看雲樓主人遺著 二，四，六，八，十期 青鶴一卷廿二期至廿四期；二卷一期；三卷

談所欲談齋隨筆 聽天由命生 三期連期刊登 青鶴一卷廿二，廿三，廿四期；二卷一期至十

石田野語跋 井偉甦 河南圖書館館刊第四册

偕隱廡漫筆序 陳準 圖書館學季刊八卷二期

八 文學

(1)通論 附歷代文學叙略

論文 王闓運 示肅幹 人間世四十二期

中國文學 陳子展 創作與批評創刊號

中國文學論略 傅佛崖 正中半月刊一卷九，十期

文學概論 貽焜 湖南大學期刊五期

中國文學之概要 曉東 涇濤六，七，八期

中國文學譚叢 林分 衆志月刊第一卷一期至四期連期刊登

中國文學通志 孫德謙 大夏一卷一，二，六，七期

中國文學常識引言 李西溟 學風月刊四卷七期

文學說例 王賓 華西學報三期

文學要略發例 林損 歸納雜誌一期

文學上時代精神之分析 王璨 湖南大學期刊二卷五期 所例舉均爲中國歷代的文學

中華民族的宇宙觀與人生觀對於文藝的影響　壽昌　建國月刊十二卷一期

中國之文章及其音調　蔣作賓作　吳奔星譯　文化與教育四十四期
本篇原文登在「外交時報」七二二期

關於文章形式的檢討　劉鎣　中法大學月刊七卷一期

中國文學裏的離情別緒　牧剛　細流創刊號
所舉例的多屬詩詞

中國文學中的酒　培五　中原文化十六，十七期合刊

中國非戰文學的研究　白杰　文藝戰線二卷卅六期

嗚謙室文譚　徐復　待旦創刊號

文氣論　歐陽革辛　國專月刊一卷五號

「古文四象」論述評　朱東潤　武大文哲季刊四卷二號
即陰陽剛柔之說

論讀各體文　林思進　華西學報三期

論文學中思想與形式之關係　任維焜　師大月刊十八期
內容：（一）小引，（二）文體的剖析！賦、古文，小品文，白話文，（三）作家的比較，（四）結論。

中國韻文概論　張偃工　國衡一卷九，十期
韻文的分類：（一）謠諺，（二）箴銘，（三）頌贊，（四）哀弔，（五）

祝祭，（六）詩歌，（七）賦騷，（八）連珠，（九）詩餘。

中國古代文學中散文韻文之變遷　侯封祥　北强月刊一卷五期

中國歷代韻文的流變　張民言　女師學院季刊一卷三，四期合刊

駢文漫話　錢基博　光華大學半月刊二卷五，六期

駢文研究法　李時　女師學院期刊三卷一期

駢體文鈔校記　聞惕　安雅月刊一卷二，三，八期

論文管見　瘦堪　青鶴一卷十八，十九期
論駢體與散文

中國文藝批評理論　錢鍾漢　光華大學半月刊四卷一期至四期連期刊登

關於中國文學批評史的分期問題　熊鵬標　安徽大學文史叢刊一卷一期

中國文學史綱　羅君實　學術季刊一卷二期

中國文學史話　王眉徵　正中校刊卅，卅一期

研究中國文學史的計劃　羅根澤　安徽大學文史叢刊一卷一期

文學史的材料與方法　既舒　天津益世報文學週刊四十期（二十二年九月六日）

中國文學史稿序　郭紹虞　文藝月報一卷五，六期合刊

中國文學的起源　紀廷藻　江漢思潮三卷二期

中國文學探源　楊子固　江漢思潮三卷六期

中國文學起源新探　羅根澤　文哲月刊一卷一期

中國文學的轉變　游壽　集美週刊十四卷十三，四期合刊

中國古代文學史論的商榷　陳君憲　矛盾月刊二卷三期

中國古代文學史上之諸問題　張長弓　文藝月刊一卷一期
—兼質掃圖本中國文學史作者—

編著中國文學史的改進問題　沛清　國聞週報十一卷十四期

周易卦爻辭中之歌謠與中國文學起源　惲震曦　北平晨報學園七六四，七六五號(廿三年十二月廿五，廿七日)

中國文學史上的古典派　解昉　山東八中校刊一期

殷商文學史論　曾璧中　廈大週刊十四卷卅期

論孟子文章的特點及其在中國文學史上之地位　李長之　勵學四期

荀卿的韻文　張長弓　嶺南學報三卷二期

前漢文學 小林甚之助著 李鳳鼎譯 河北女師國文學會特刊三號

西漢文論概述 段凌辰 河南大學學報一卷二期

論建安中曹氏兄弟論文識度之優劣 張樹德 金聲一卷一期

曹氏兄弟的文學及其文學批評 程方萬 安徽大學文史叢刊一卷一期

六朝文學與佛教影響 蔣維喬 光華大學半月刊四卷三期

南北朝文學 趙景深 文史創刊號

陶淵明文學之研究 鄧暉才 南風四卷一期

隋唐駢散文體變遷概觀 曾了若 國立中山大學研究院史學專刊一卷一期

唐代文學之鳥瞰 曦徵 文藝戰線三卷廿五期
—唐代文學概念—發達之過程—作品

唐代早期古文文論 羅根澤 學風五卷八期

唐代文學批評研究初稿 羅根澤 學風五卷二,三期
內容:(一)詩的格律與作法,(二)詩與社會及政治。

唐代文學的研究 張顯豐 北强月刊一卷六期

唐代文學 小林甚之助著 李鳳鼎譯 河北女師國文學會特刊一,二號

佛經譯論　羅根澤　學風五卷十期
｜唐代文學批評研究第六章｜

韓愈復古運動的新探索　李嘉言　文學二卷六號

古文運動之復興　陳子展　青年界四卷四期
｜論宋代古文｜

晚唐五代的文學論　羅根澤　文哲月刊一卷一，二，三期

宋代文學　小林甚之助著　李鳳卌譯　女師學院期刊二卷一期
譯自小林甚之助所編中國文學史要

歐陽修的文學批評概述　熊材炎　安徽大學文史叢刊一卷一期

遼文學　顧敦鍒　之江學報一卷三期

遼文學概述　蘇雪林　珞珈月刊創刊號

元明之際的文壇的概觀　郭源新　文學二卷六號

明文學敘目　錢基博　文藝捃華一卷一冊

明清文學辨源　徐英　安徽大學月刊二卷六期

八股文研究　朱滋萃　中法大學月刊七卷一期　文學三卷一號

談「古文與八股之關係」　陳子展　人間世卅三期

宋濂與方孝孺之文學理論 高名凱 北平晨報學園八五三，八五四號（廿四年九月十，十三日）

明代公安文壇主將袁中郎先生詩文論輯 魏紫銘 北强月刊一卷六期

袁中郎的詩文觀 劉大杰 人間世十三期

金聖歎的極微論 徐懋庸 人間世一期

王世貞底文章觀及其文章 橋本循作 汪馥泉譯 青年界四卷四期

讀綏雅堂駢體文 金濤 國風半月刊六卷三，四號

綏雅堂駢體文清王眉叔撰

顧亭林先生的文學觀 何貽焜 師大月刊十八期

黃梨洲的文學主張 王明 北平晨報學園七七三期（廿四年一月廿二日）

桐城文概 孝岳 文學雜誌六、七期

桐城派與陽湖派之異同及其淵源 陳冠一 中國出版月刊四卷一期

現在中國文學的演進與將來的趨勢 彭雙齡 新文化月刊二期，七，八期合刊

概述桐城派吳汝綸林紓等以至現代諸位作家的著述

太平天國一代文學述評 程碧冰 文化批判中國民族史研究特輯

太平天國文學之鱗爪　簡又文　人間世二期
內容：（一）太平天國公用讚神詩，（二）行軍歌，（三）千王宗教詩，（四）錢江致翼王書。

七十年來的中國社會與中國文學　余墓陶　橄欖月刊卅六，卅七期

近二十年來之中國文學　次豐　山東八中校刊一，二期

再談王靜安先生的文學見解　吳文祺　文學季刊創刊號

王國維文藝批評著作批判　李長之　文學季刊創刊號

（2）文學家評傳

（A）分傳

屈原　冀紹儒　青年文化二卷一期

屈原　郭沫若　中學生五十五號

憂國詩人屈原　吳烈　國民文學一卷四期

屈原爲巫考　彭仲鐸　學藝十四卷九號

張衡年譜　孫文青　金陵學報三卷二期
張衡字平子，東漢南陽西鄂人。

羔羊一般的曹子建　洪爲法　青年界五卷四期

陶淵明攷　聖旦　文藝月刊六卷四期

陶淵明論　孫大珂　中國語文學叢刊創刊號

陶淵明世系略考　星笠　文學雜誌四期

陶淵明年譜中之問題　朱自清　清華學報九卷三期

淵明年譜凡七本其中對于淵明生平之考証各有不同之說，共著者有六點：（一）名字，（二）年號甲子，（三）居址，（四）出處，（五）世系，（六）年歲。

田園詩人陶淵明　溶溶　湖南大學季刊一卷一，二，三期

陶淵明之思想　韓蓮琪　勵學四期

陶淵明與農民　堵述初　藝風二卷十期

謝靈運　陳友琴　青年界八卷二號

謝靈運的遊名山志　鄒嘯　青年界五卷三期

庾子山之生平及其著作　黃汝昌　南風八卷一期

庾信字子山，北周南陽新野人。

劉知幾年譜　周品瑛　東方雜誌卅一卷十九號

劉知幾字子玄。

張九齡年譜　何格恩　嶺南學報四卷一期
　張九齡字子壽，韶州曲江人。

詩人張九齡　少泉　輔仁廣東同學會半年刊二期

李白的幼年　維藩　細流四期

李太白氏族之疑問　陳寅恪　清華學報十卷一期

窮詩人杜甫　唐建祖　國專月刊一卷五號

杜少陵朋輩考　卞敬業　國專月刊一卷一，三，期

浣花草堂誌　李璋　清華週刊四十卷一期
　浣花草堂唐詩人杜甫所居，此篇述其居斯堂生活之一段。

唐代民族詩人—岑參　葉鼎彝　文化與教育五十七期

岑嘉州交遊事輯　聞一多　清華週刊卅九卷八期

顧況研究　許瀚　南風七卷一期
　顧況字逋翁，蘇州人。

孟東野年譜　李士翹　北平晨報藝圃（廿三年五月十六，廿二，廿三日）
　孟郊字東野，湖州武康人。

白樂天評傳　周慶熙　河北女師國文學會特刊三號

白髮詩人白樂天　戴傳安　國專月刊二卷四期
　—甕堯隨筆之一—

劉禹錫　子葵　南風四卷一期
禹錫字夢得，彭城人。

文起八代之衰的韓愈　龔紹儒　青年文化一卷三期

韓愈的矛盾和委瑣　洪爲法　青年界六卷四期

韓氏繫年訂誤　李嘉言　文學季刊二期

談韓退之與桐城派　知堂　人間世廿一期

唐文人沈亞之生平　張全恭　文學二卷六號
沈亞之字卞賢，本貫浙江吳興人，生于長安。

介紹一个苦吟的詩人—賈島　段臣彥　磐石雜誌二卷十期
賈島字閬仙，范陽人。

李賀年譜　朱自清　清華學報十卷四期

李賀之死　洪爲法　青年界五卷二期

温庭筠評傳　朱肇洛　細流創刊號
這篇對庭筠生平只簡單的叙述，似近於傳略

温飛卿與魚玄機　鄒嘯　青年界五卷四期

温飛卿與柔卿　鄒嘯　青年界五卷四期

晚唐詩人杜牧之　林建略　中國語文學叢刊創刊號
杜牧字牧之，京兆萬年人。

杜樊川評傳　徐裕昆　光華半月刊四卷二期

韋莊評傳　何壽慈　中國文學季刊創刊號
韋莊字端己，杜陵縣人。

韋端己年譜　夏承燾　詞學季刊一卷四號
附溫飛卿年譜第一

馮正中年譜　夏承燾　詞學季刊二卷三號
馮延己字正中，一名延嗣，廣陵人。

南唐後主李煜年譜　衣虹　新文化月刊創刊號
後主名煜字重光，號蓮峰居士。

李後主評傳　唐圭璋　讀書顧問創刊號

詞人李煜　知任　青年文化一卷四期

南唐族世考略　弓英德　勵學三期
—李煜評傳第二章第一節—

晏同叔年譜　宛敏灝　安徽大學月刊一卷六期

晏同叔年譜　夏承燾　詞學季刊二卷一，二號

戀張女歐陽修受劾　譚正璧　青年界八卷三號

柳屯田評傳　陳鐘瑩　厦大週刊十四卷十二期

詞人柳永及其作品　蘇鴻瑀　厦大週刊十四卷十一期

柳永及其樂章集 許广之 南風四卷一期

論蘇軾——宋代詞人論叢稿之一—— 之盤 紅豆創刊號

諧謔成性的蘇東坡 洪爲法 青年界五卷三期

天才的文學作家蘇東坡 冀紹儒 文藝戰線三卷卅五期

秦少游的慕道與多情 洪爲法 青年界七卷四期

李清照與黃花 耶澗之 紅豆三卷五期

宋詞人朱敦儒小傳 出版週刊一一二號 朱敦儒字希眞,宋洛陽人。

續辛棄疾傳 黃寶實 中興週刊七十一號

論辛棄疾之崇拜陶潛 鄒嘯 青年界六卷一期

民族詞人張孝祥 岩孫 中央時事週報三卷十五期

民族詩人陸放翁 陳丹崖 中央時事週報三卷廿三期

愛國詩人陸放翁 萬啓煜 津逮季刊二期

愛國詩人陸放翁 孫仰周 青年文化二卷三期

表演戀愛悲劇的專家—陸放翁　洪爲法　青年界六卷一期

姜夔　章黄蓀　金大文學院季刊二卷一期
夔字堯章，自號白石道人。宋鄱陽人。

南宋詞人姜白石　易藝林　湖南大學期刊七期

南宋布衣姜白石　張土宣　津逮季刊二期
內容所述：(一)詩，(二)詞，(三)書法，(四)文。

永嘉詞人盧蒲江　趙瑞虹　中國文學二期
盧祖皋字申之，字次夔，號蒲江，是南宋姜白石派的詞人。

南宋詞俠劉龍洲　唐圭璋　建國月刊十二卷一期
龍洲名過，字改之，江西盧陵人。

民族詩人汪水雲　陳華　中央時事週報四卷十四期
汪元量字大有，號水雲，浙江錢塘人，宋亡隨王室北去，後爲道士南歸，著有水雲集。

民族詩人文天祥　田奇　建國月刊十二卷一期
文天祥本名雲孫

談馬致遠的思想　潘齊亭　厦大週刊十四卷卅期

介紹詩人丁鶴年　胡懷深　中國文學月刊二卷二期

有洗濯狂的倪雲林　洪爲法　青年界七卷一期

放浪形骸的唐伯虎　洪爲法　青年界六卷五期

陳大聲及其詞 盧冀野 青年界七卷一期

歸有光之生平及其文學 馬厚文 光華大學半月刊二卷七期

袁中郎的詩文觀 劉大杰 人間世十三期
—中郎全集序—

袁中郎的佛學思想 張汝釗 人間世廿期

袁中郎與政治 阿英 人間世七期

袁中郎與酒 曾迭 人言週刊一卷四十七期

讀王百穀傳 何芳洲 人間世廿九期

李卓吾事實辨正 黄雲眉 金陵學報二卷二期
内容：(一)辨在官削髮之誣，(二)辨講學會男女之誣，(三)辨邀四方以干權貴之誣，(四)與耿定向交惡始末，(五)結論。

明代詩人夏完淳 程曉華 江蘇研究一卷八期

屈大均傳 朱希祖 國立中山大學文史學研究所月刊一卷五期
屈大均字翁山，一字冷君，明末番禺人。

記王謔菴 沈啓旡 文飯小品二期

李笠翁年譜 許翰章 南風十卷一期

批評家的李笠翁 汪倜然 矛盾月刊二卷五期

談金聖嘆 江寄萍 天津益世報語林（廿四年六月八日）

談金聖嘆 知堂 人間世卅一期

金聖歎的生涯及文藝批評 陸樹柟 江蘇研究一卷七期

顧亭林先生誕生三百廿年紀念 繆鉞 大公報文學副刊二百九十二期（二十二年八月七日）

民族詩人閻爾梅 李用中 教授與作家一卷一期
閻爾梅，字用卿，號古古，又號白耷山人，徐州沛縣人。

民族詩人夏存古 中央時事週報三卷四十二期

傳卞賽吳梅村懺情 譚正璧 青界八卷五期
記梅村與卞賽一段情緣

王漁洋 風痕 紅豆一卷五號
—中國象徵主義者—

孔尚任年譜 容肇祖 嶺南學報三卷二期
尚任字聘之，又字季重，別號岸塘，自稱云亭山人。

納蘭容若 陳適 人間世卅二期

納蘭容若評傳 徐裕昆 光華大學半月刊二卷十期

關於袁枚 竹君 大公報劇壇（廿四年三月六、七，八，九日）

談鄭板橋 林達祖 大公報小公園(廿四年一月廿四，廿五日)
鄭燮字克柔，號板橋，淸江蘇興化人。

怪傑鄭板橋 秋芷 大公報藝術週刊四十七期(廿四年八月廿四日)

板橋生活 唐國傑 磐石雜誌二卷一，二期
內容：(一)詩化生活，(二)遊逛生活，(三)戀愛生活，(四)飲酒生活。

什記板橋 陶鈺 論語半月刊七十四期

岐路燈作者李綠園先生 董作賓 中原文化一，二期
李觀海，字孔堂，號綠園，祖居新安，遷于寶豐之宋家寨。

蔣士銓與民族文學 琱戈 建國月刊十二卷一期

蒲松齡死年辨 履道 北平晨報藝圃(廿四年七月廿九，卅日)

蒲松齡的生年考 胡適 北平晨報藝圃(廿四年八月五，六，七，九日)

「蒲松齡死年辨」之荅辨 履道 北平晨報藝圃(廿四年八月十四，十六，十七日)

蒲松齡死年辨之論戰 胡適先生來信 北平晨報藝圃(廿四年八月廿一日)

「蒲松齡死年辨」之商榷 邵垣修 北平晨報藝圃(廿四年八月廿三日)

「硃砂痣」的作者余治　盧冀野　文學五卷一號　—一個通俗文學作者的生平事略—

黃仲則之生平及其著作　黃汝昌　南風四卷一期　仲則名景仁，一字漢鏞，江蘇武進縣人。

詩人黃仲則的戀愛　惘生　人間世四十二期

哀愁詩人黃仲則　陸樹枬　江蘇研究一卷六期

鄭子尹年譜　錢大成　國專月刊二卷一，二，三期　先生名珍，字子尹，號柴翁，貴州遵義人。

劉鉄雲先生軼事　劉大鈞敬述　人間世四期

黃遵憲傳　温廷敬　國風半月刊五卷八，九號

黃公度　任潮　人間世四十一期

黃遵憲與詩界革命　徐崧林　輔仁廣東同學會半年刊二卷一期

近代中國民族詩人黃公度　葛賢寧　新中華二卷七期

鄭叔問先生年譜　戴正誠　青鶴一卷五期至十八期連期刊登　先生名文焯，字俊臣，號小坡，又號叔問，別號大鶴山人。

王靜安先生　玉李　人間世廿七期

吳白屋先生事略　任中敏　國風月刊七卷一期　生於民國前十五年卒于民國廿一年

曾孟樸先生年譜 虛白 宇宙風二，三，四期

紀念曾孟樸先生特刊 蔡元培 胡適等 宇宙風二期

曾孟樸與賽金花 商鴻逵 宇宙風二期

病夫日記 東亞病夫 宇宙風一，二期

讀「曾孟樸先生年譜」 徐一士 國聞週報四十二卷四十期

(B)合傳 附論文人的生活

文選中慘死的作家 冉昭德 勵學二期

附文選被害作家表

點鬼薄與算博士 趙景深 青年界六卷二期

楊烱與駱賓王

田園詩人與社會詩人 星波 河北女師國文學會特刊三號

陶淵明與白居易

元稹與白居易 鄒恩雨 安徽大學文史叢刊一卷一期

福建唐代幾個詩人 郭毓麟 福建文化一卷七期

五代的詞人 梁之盤 紅豆一卷六號

這篇所提及那時代的詞人：如韋莊，顧敻，孫光憲 馮正中，李璟，李煜等

南唐二主年譜　夏承燾　詞學季刊二卷四期
—中主李璟字伯玉，後主煜字重光—

兩宋詞人小傳　顧培懋　學術世界一卷五、六期

兩宋詞人時代先後考　唐圭璋　詞學季刊二卷一、二、三號

兩宋詞人與詩人與道學家　陳子展　文學創刊號

二晏及其詞　宛敏灝　學風四卷二期至六期連期刊登

宋詩革命的兩個英雄　董啓俊　文學二卷六號
蘇舜欽與梅堯臣

南宋時陷金的幾個民族詩人　蘇雪林　文藝月刊五卷一號
篇及提及者爲宇文虛中，高士談，藤茂實，朱弁，劉著，何宏中，張斛，楊興宗等。

南宋愛國詞人　白樺　黃鐘廿三期
辛棄疾，張孝祥，岳飛，曾覿，呂本中，陸游，楊炎，袁去華，劉儗，陳經國，文及翁，王埜，李好古等。

南宋三大詞人　萬雲駿　光華大學半月刊三卷八期
辛棄疾，姜白石，吳文英。

三個功利派的文章家　易士　培德月刊八期
陳傅良，葉適，陳亮

歷代戲曲作家傳略　樂安　劇學月刊四卷七期

明代畸人唐寅與徐渭 張同光 中學生五十二號

關於袁中郎與王百穀 沈思 人間世十九期

笠翁與隨園 知堂 大公報文藝四期（廿四年九月六日）

李笠翁朋輩考傳 顧敦鍒 之江學報四期

談馮夢龍與金聖歎 知堂 人間世十九期

袁子才與鄭板橋之幽默 周劭 論語半月刊六十四期

清代駢文作家 出版週刊八，九號

清末四大詞人 劉樊 國立武漢大學四川同學會會刊一卷二期
王鵬運，鄭文焯，況周頤，朱祖謀

安平詩人考略 馬實清 紫光創刊號

清代蘇省女詩人述略 沈因 江蘇研究一卷七，八期

中國文人生活概觀 魯直 新中國一卷六期
例舉中國歷史上封建時代一般文人之干祿，登龍及至落魄的事實。

文人的賣身哲學 蔡佑民 新中國雜誌一卷四期
內容：（一）圓滑應付面面俱對，（二）寓吹於拍寓拍於吹，

(三)搖尾乞憐務達目的，(四)强取豪奪互相標榜，(五)犧牲精神宣傳政策。

賣文小史　培五　中原文化十九期

雙玉軒談文人　洪爲法　文藝畫報一卷四期

論「文人無行」　王明　國聞週報十二卷十三期

「文人無行論」研究　培五　中原文化十八期

(3)文集(先總集後別集)

文選學　周貞亮　安雅月刊三期

文選書目　普暄　女師學院期刊二卷二期

文選校箋　劉盼遂　文哲月刊一卷一，二，三期

文選類例正失　徐英　安徽大學月刊二卷五期

文選問題小論　陳君憲　矛盾月刊二卷四期

文選札記　唐冰　子虛賦　文學雜誌五期

胡克家文選考異敍例　普暄　女師學院期刊三卷二期

陸機文賦論 荷魄 中國文學二期

講陸士衡文賦自記 陳柱 學術世界一卷四期

蕭選姚纂曾鈔在文學上之分析 陳冠一 北平半月刊一，二，三期

古文辭類纂與經史百家雜鈔序目異同考 王聯曾 中法大學月刊四卷三期

許嘯天標註：經史百家雜鈔 徐慶平 羣學社發行 讀書顧問季刊二期

任昉文章緣起注 陶襟 女師學院期刊一卷二期 任昉南朝梁之博昌人：「文章緣起」一書係昉所撰。

「文筆式」甄微 羅根澤 國立中山大學文史學研究所月刊三卷三期

文心雕龍分析之研究 陳冠一 北平半月刊八，九期

校刊文體明辨序 羅根澤 民大中國文學系叢刊一卷一期

蔡中郎集版本源流考 于迺學 河南圖書館館刊第一冊

輯晉太尉劉琨集序 温廷敬 國立中山大學文史學研究所月刊三卷三期

唐宋八大家文章論序 陳起昌 國專月刊一卷五期

韓集詮訂 徐雲 文藝叢刊一卷二期

韓文箋正　古直　國學論衡四期下

韓愈志叙目　錢基博　青鶴雜誌三卷五，六期　光華大學半月刊二卷七期至十期連期刊登

歐陽永叔蘇氏文集序研究法　唐文治　學術世界一卷四期

李遐叔弔古戰塲文研究法　唐文治　學術世界一卷三期

跋四部叢刊本南雷文集　楊殿珣　圖書館學季刊八期四期

黃梨洲先生遺書書後　楊敏曾　文瀾學報一集

跋持雅堂文集　張公量　史學一期

海粟樓藏無名氏文稾跋尾　諸祖耿　制言半月刊三期

曾湘鄉文蠡測　黃光燾　國專月刊二卷一期

記原刻本定盦初集　張公量　天津益世報讀書週刊十九，廿期（廿四年十月十，十七日）

郋園全書跋　葉啓倬　圖書館學集刊八卷四期

郋園先生全書序　葉啓勳　圖書館學季刊八卷四期

王國維靜菴文集　長之　大公報文藝副刊廿七期（二十二年十二月廿三日）

彊邨遺書序 張爾田 國風半月刊五卷八，九合期

拜魁紀公齋叢書序 顧頡剛 浙江圖書館館刊四卷一期

唐茹經先生全書總序 陳衍 國專月刊一卷一期

陳石遺先生全書總序 唐文治 國專月刊一卷一，二期

(4)辭賦

(A)楚辭

三百篇與楚辭的比較論 張靜華 雲嶺二卷二期

詞賦類文學之研究 何格恩 南風三卷一期

讀楚辭 李騁括 中華季刊二卷二期

楚辭考 兒島獻吉著 李春坪譯 民族三卷三期

楚辭札記 徐英 安雅月刊一卷二，三，五，六期

楚辭識疑 許篤仁 浙江圖書館館刊四卷四期

第一個文學專家 王眉徵 —楚辭 正中校刊卅三期

箋屈六論　劉永濟　武大文哲季刊四卷二號

內容：(一)正名定義，(二)篇章疑信，(三)屈子學風，(四)屈子時事，(五)屈賦論文，(六)屈賦讀法。

楚辭斠補　聞一多　武大文哲季刊五卷一號

楚辭地名考　錢穆　清華學報九卷三期

內容：(一)引言，(二)略論楚辭疆域源流　(三)屈原年歷(四)屈原放居漢北考，(五)楚辭洞庭在江北說，(六)楚辭湘澧沅諸水均在江北說，(七)宋玉賦巫山高唐在南陽說，(八)再論湘澧沅諸水　(九)釋九江，鄂渚，汨羅，(十)屈原卒在懷王入秦以前說。

楚辭連語釋例　駱紹賓　湖南大學期刊八期

附楚辭雙聲疊韵字譜

屈原研究　周而復　光華大學半月刊三卷八期

屈原廿五篇第一身代名詞釋例　張兆鳳　勵學二期

吾，余，朕，我，予用法之變化

屈原作品之眞僞及其時代的一個窺測　李長之　文學評論一卷一期

釋離騷　彭仲鐸　學藝雜誌十四字卷八號

離騷辨名　楊覲震　中華季刊一卷四期

離騷章義　衛仲璠　學風五卷五期

離騷講話 錢基博 光華大學半月刊三卷一、二期 青鶴三卷二，三期

離騷本義 徐英 安徽大學月刊二卷四期

讀騷雜誌 聞一多 天津益世報文學副刊五期（廿四年四月三日）

離騷「后辛菹醢」解 游國恩 文史叢刊一期

女須傳說誌疑 徐維善 心力雜誌十，十一，十二期

讀騷我見 藹其 文學雜誌六、七期

屈子作騷時代考 王遽常 大夏一卷一號

楚辭九歌底舞曲的結構 青木正兒原著 胡浩川譯 青年界四卷四期

九歌的作者和時代 楊觀震 中華季刊一卷一期

九歌的演變 楊觀震 中華季刊一卷二期
內容：（一）神話的「九歌」，（二）民歌的「九歌」。

九歌的探討 王瑤 安徽大學月刊一卷六期

九歌通箋 劉永濟 武大文哲季刊四卷一號

天問釋天 聞一多 清華學報九卷四期

天問通箋　劉永濟　武大文哲季刊三卷二，三，四號

九章通箋　劉永濟　武大文哲季刊五卷一號

九辯通箋　劉永濟　武大文哲季刊四卷四期

橘頌的商榷　鍾少祥　中國文學季刊創刊號

高唐神女傳說之分析　聞一多　清華學報十卷四期

(B)賦

論賦　解昉　山東八中·校刊三期

漢書藝文志詩賦略首三種分類遺意考　程會昌　金大文學院季刊二卷一期
內容：(一)解題，(二)原賦，(三)考異，(四)平章。

漢志詩賦略廣疏　段淩辰　河南大學學報一卷一期

漢賦研究　朱傑勤　國立中山大學史學研究所月刊三卷一期
—漢代文學史之一篇—

漢賦篇　王氣鐘　學風五卷八期
內容：(一)漢賦之解剖，(二)漢賦之背景，(三)作家。

漢賦韻箋　層冰　文學雜誌三期

論漢代的辭賦—辭賦產生之社會根原的分析與說明— [illegible]

選賦釋音 陳方 女師學院期刊二卷二期
按選取班孟堅兩都賦二首

枚叔梁王菟園賦箋 古直 國學論衡三期

漢賦與六朝辭賦的形成及其特色 王璠 學風四卷二期

曹子建痛賦感甄文 譚正璧 青年界八卷二號
關于洛神賦背景的探討，謂係曹植因夢甄后作感甄賦，後明帝見之改爲洛神賦。

洛神賦本事辨 譚慶傳 勵學三期

文賦注 唐大圓 德言一期

哀江南賦箋 高步瀛 師大月刊十四，十八期

（5）詩

（A）通論 附歷代詩敘略

詩詞叢談 千因 北平晨報藝圃（廿三年十二月五，七，十，十一日）

論詩管見 瘦堪 青鶴二卷十八，十九期

對詩的管見　魏建功　河南大學文學院季刊二期

論詩　王闓運示蕭幹　人間世四十二期

中國詩歌源流考略　龔化龍　珈珞月刊二卷四期

中國詩歌在歷史上之變遷　章璠筆記　國風半月刊二卷七期

中國文學史上一個謎　林庚　—中國爲什麼沒有史詩—　國聞週刊十二卷十五期

詩體論　萬遵誠　中華季刊一卷四期

論樂府　朱謙之　國立中山大學文史學研究所月刊一卷三期

何謂樂府及樂府的起源　羅根澤　安徽大學月刊二卷一期

樂府源流　黃穆如　津逮季刊二，三期

樂府古辭考　吳彗星　中國文學二期

樂府淸商三調討論　黃節　朱自清　淸華週刊卅九卷八期

論漢代樂府　趙景深　新文學創刊號

漢代樂府的解釋　劉雲樵　南風三卷四期

漢代樂府校釋 王越 國立中山大學研究所月刊一卷四，五期

漢代樂府釋音 王越 國立中山大學研究所月刊二卷一，二期

南北朝的新樂府 黃澤浦 厦大週刊十三卷十期至十三期連期刊登

六朝樂府中的雙關語 兵瓊奎 青年界六卷四期

擬古詩的源流及其藝術 馮杞靖 中報月刊四卷一期

中國詩言數的鳥瞰 少游 文藝戰線二卷卅七，八期合刊

述一言至九言及雜言詩的起源

五言詩的起源 王眉徵 正中校刊卅二期

四言詩與七言詩 林庚 大公報文藝副刊一五八期（廿四年六月卅日）

七言詩發生時期考 王盈川 學藝雜誌十三卷五號

內容：（一）緒言，（二）招魂大招大風瓠子爲騷體，（三）燕歌行爲七言詩成立後的作品，（四）結論。

七言詩的興起說 張長弓 文藝月報一卷五，六期合刊

絕句的研究 向樂 中華月報一卷三期；二卷一期

絕詩淺釋 陳友琴 青年界八卷三號

竹枝詞研究　馬稺青　津逮季刊二、三期
內容：(一)序引，(二)竹枝詞之起源，(三)竹枝歌之命名，(四)竹枝歌之體製，(五)歌者與作者，(六)竹枝詞之文學價值，(七)竹枝與風土，(八)橘枝詞與楊柳枝，(九)山歌及櫂歌，(一〇)餘論。

中國詩歌中之雙聲疊韵　郭紹虞　文學二卷六號

通信　鷺譚　北平晨報詩與批評廿八期(二十三年七月二日)
—論詩歌中的疊句—

我國詩歌音樂之因緣　吳懷孟　金大文學院季刊二卷一期

中國的國歌　張若谷　文化建設二卷一期

中國詩歌中所見的禮教與愛情　雲奇　中原文化十，十一期合刊

從詩詞方面研究中國的人生典型　牟宗三　行健月刊五卷二、三期

詩中的用詞　錢畊莘　藝風二卷二期
—浙江省立民衆教育館民衆學會第一次會員茶話會話稿—

詩句對語　佛航　北平晨報藝圃(廿四年六月八日)
例取古詩讀錯一字，另引一句以解之。

詩多義舉例　朱佩弦　中學生五十六號
所選舉四首：(一)古詩十九首之一，(二)陶淵明飲酒，(三)杜甫「秋興」，(四)黃魯直「登快閣」。

俗語入詩的先例　陳友琴　青年界四卷四期

介紹兩首描寫民間疾苦詩 江寄萍 國聞週報十一卷廿六期

論作詩法 王闓運答蕭玉衡 人間世四十二期

論讀詩 林思進 華西學報三期

從幾首古詩裏面看到的中國女性 心月 磐石雜誌一卷一期

類書與詩 聞一多 大公報文藝副刊五十二期(二十三年三月廿四日)

國文教學研究用前代詩詞作教材的我見 鍾敬文 新學生一卷二期

歷代詩敘略

詩經以前的中國詩歌 陳廷憲 矛盾月刊三卷一期

漢志詩賦略廣疏 段凌辰 河南大學學報一卷一期

論建安期的詩 沛清 國聞週報十二卷十八期

鐘嶸之漢魏以來詩派觀 沙少海 珞珈月刊一卷四期

中國文學批評史上永明聲病說 郭紹虞 天津益世報文學副刊二期(廿四年三月十三，廿日)

宋詩與唐詩 孫望 青年界六卷一期

唐宋詩派　王禮培　船山學報五期

論唐宋已下詩派　王禮培　船山學報七期

唐詩分期問題　李嘉言　文哲月刊一卷一，二，三期

唐人詩歌中所表現的民族精神　白華　建國月刊十二卷六期

唐詩影響現代詩之個人詩派與民族詩派　楊啓高　新文化月刊一，二，三期合刊

天寶以前的唐人邊塞詩　陳玒　黃鐘四卷六期

論唐代的邊塞詩　賀昌羣　文學二卷六號

「七五五年」在唐詩上之意義　黃澤浦　廈大週刊十三卷一期至五期連期刊登

內容：(一)七五五年前後的唐詩時代背景，(二)內容與風格之比較。

論宋代詩派　王禮培　船山學報九期

江西詩派與永嘉四靈　趙瑞虹　中國文學二期

江西宗派之人物及其詩體　史乃康　國學論衡二期

自黃庭堅山谷以下凡卌六人，陳師道，陳去非與山谷並稱爲江西派三宗。

西崑詩派述評　程千帆　文藝月刊七卷六期

論西崑體與梅歐以下詩體　張樹德　金聲一卷一期

浙派詩論　錢蕚孫　學術世界一卷四期

浙派詩創自清初，而淵源則自南北朝沈約謝靈運等。

讀詩瑣記　陳光漢　國專月刊一卷四期

談清代詩

光宣詩壇點將錄　汪國垣　青鶴三卷二期至七期連期刊登

同光詩體　楊熊士遺著　光華大學半月刊二卷八，九，十期

同光體者如閩鄭孝胥等爲同光以來詩人，不墨守盛唐，出入南北宋，標學梅王黃陳以爲宗尚，爲道光以來一大宗。

清季宋詩運動　陳桂芳　中國文學二期

晚清的詩界革命　蒲風　文藝半月刊二卷一期

近體詩溯源　謝善繼　前途雜誌二卷九，十二號

近代詩派與地域　汪辟疆　文藝叢刊二卷一期

（B）專論

古詩十九首解　陳柱　學術世界一卷一期

古詩十九首的探討　史奇生　文藝戰線三卷卅二期

古詩十九首講話　錢基博　青鶴三卷四期

古詩十九首講話　錢基博　光華大學半月刊三卷四期

此篇以古詩十九首所抒寫可分爲三類：(一)懷春，(二)傷離，(三)悲窮。

古詩十九首新箋　王緇塵　學術世界一卷三期

古詩十九首志疑　胡懷深　學術世界一卷四期

月午樓古詩十九首詳解(轉載)　饒學斌　光華大學半月刊三卷四期

此篇以古詩十九首作者殆漢末黨錮諸君子之逃竄于邊北者，十九首乃出一人一時之筆，其總旨係遣讒被棄，憐同志，而遙深關戀之辭也

葺芷繚衡室古詩札記　平伯　中學生五十六號

古詩十九首之解析

柏梁詩考僞及其擬託時代之推測　王榮曾　大夏一卷九號

書昭君怨曠思維歌後　丁諦　人間世卅期

孔雀東南飛年代考下篇　王越　國立中山大學文史學研究所月刊一卷三期

孔雀東南飛韻譜　陳士華　國學論衡四期下

守玄閣讀詩平 陳柱尊 大夏一卷一期 論曹子建詩

阮嗣宗詠懷詩箋序 星笠 文學雜誌五期

陶淵明集 錢基博講 黎祥桀記 光華大學半月刊三卷三期

讀陶淵明集箋注後略談 李雲峯 心聲月刊三期

讀陶雲汀陶靖節詩集注札記 層冰 文學雜誌四期

論陶白詩 李沐若 國民文學一卷三期

陶淵明詩：其特色其泉源及其本質 沛清 國聞週報十一卷十九期

謝靈運詩研究 許文雨 國風半月刊二卷十一期

邊塞詩人岑參 孫仰周 青年文化二卷二期
所論多關岑參的邊塞詩

歷代東野詩評 李士翹 北平晨報藝圃（二十三年四月廿七日；五月二，四，五日）

杜詩漫譚 吳烈 國民文學一卷二期
此篇僅就杜詩中與唐代內亂有關係者介紹數例

杜甫六絕句淺釋 陳友琴 青年界八卷五期

杜詩約選序 李大防 安徽大學文史叢刊一卷一期

杜甫詩中的唐代社會　耕南　珞珈月刊一卷六期

李天生論杜詩律　陳友琴　青年界四卷四期

杜詩船字之意義　陳友琴　青年界四卷四期　四川人說衣紐叫船

元微之遣悲懷詩之原題及其次序　陳寅恪　清華學報十卷三期

大衆文化的白居易詩　馬子華　光華大學半月刊二卷七期

白樂天的婦女文學　李蘊華　青年文化一卷五，六期合刊

白居易詩中的佛學思想　張汝釗　海潮音十五卷三號

白香山詩中關於非戰思想及婦女問題之探討　秦桂祥　國專月刊一卷五號

白居易詩與唐代宮市　陳友琴　青年界四卷四期　白之賣炭翁卽爲當時宮市制度而作

韓詩札記　層冰　文學雜誌六期

司空圖詩論綜述　朱東潤　武大文哲季刊三卷二號

唐英歌詩校勘記　葉啓勳　中華圖書館協會會報十卷六期

秦婦吟補注　黃仲琴　國立中山大學文史學研究所月刊一卷五期

讀溫飛卿詩集書後　溫廷敬　國立中山大學文史學研究所月刊三卷一期

邵堯夫先生的詩論　彭喬　北平晨報學園八八五號（廿四年十二月十三日）

蘇詩臆說　趙宗湘　國專月刊二卷四期

山谷詩測　曹致堯　女師學院期刊三卷二期

宋滕忠節公遺詩跋　陳衍　國風半月刊五卷八　九合期

錢唐汪水雲的詩詞　郁達夫　人間世十五期

沈德潛明清詩別裁書後　徐英　安徽大學月刊二卷五期

鄭板橋與陸放翁的詩　唐國樑　磐石雜誌二卷三期

讀檀園集　施蟄存　人間世十五期　檀園集係明人李流芳著

王覺斯題丁野鶴陸舫齋詩卷子跋　余嘉錫　國立北平圖書館館刊八卷六期

明遺民汪梅湖及其詩　洪文年　學風五卷十期

明刻本童癡二弄山歌跋　錢南揚　浙江圖書館館刊三卷六期

顧亭林詩校記　孫詒讓遺著　甌風雜誌一、二、三期

敬業堂詩校記　方成珪遺著　甌風雜誌四期至十期連期刊登

吳梅村與吳三桂——關于圓圓曲的批評　黃魯珍　國聞週報十二卷十九期

王士禛詩論述略　朱東潤　武大文哲季刊三卷三號

王漁洋——中國象徵主義考——　風痕　紅豆一卷五號

論漁洋絕句　黃金波　津逮季刊一期

漁洋山人秋柳詩箋注析解　鄭鴻　學術世界一卷六期

張船山詩　陸公大　人間世卌四期

鄭子尹詩論略　錢大成　國專月刊一卷二期

姜西溟先生手寫選詩類鈔跋　章炳麟・蔡元培等　文瀾學報一集

龔自珍漢朝儒生行本事考　張蔭麟　燕京學報十三期

與陳寅恪論儒生行書　張蔭麟　燕京學報十五期

張蔭麟「龔自珍漢朝儒生行本事考」辨正　溫廷敬　國立中山大學文史學研究所月刊二卷五期

讀龔定菴詩書後　溫廷敬　國立中山大學文史學研究所月刊二卷五期
龔定菴漢朝儒生行本事考

黃遵憲先生的詩 重之 粵風一卷四期

黃遵憲與詩界革命 徐松林 輔仁廣東同學會半月刊二卷一期

人境廬詩草箋注序例 錢萼孫 國專月刊二卷一號

詩的隱與顯 光潛 人間世一期 關於王靜安的「人間詞話」的幾點意見

吳芳吉新體詩評 宮廷璋 師大月刊十八期

吳芳吉白屋詩稿述評 蘇燦瑤 國風半月刊六卷九，十期合刊

讀變風變雅樓待焚詩稿二集 錢萼孫 學藝十二卷八號 陳柱尊先生的詩集

論黃季剛先生的詩 微生 國聞週報十二卷卅期 近代詩分六大派：(一)胡湘派，(二)閩贛派，(三)河北派，(四)江左派，(五)嶺南派，(六)西蜀派。(季剛先生是湖北蘄春人應入湖湘派)

(C)詩話 附聯話

詩話學發凡 徐英 安徽大學文史叢刊一卷一期

詩話叢話 郭紹虞 文學一卷二號

說「曲終人不見江上數峯青」 朱光潛 中學生六十號

今傳是樓詩話（續）逸塘　國聞週報十卷卅三，卅五，卅七期；十一卷十一期；十二卷卅八，四十，四十四，四十六期

杏山草堂詩話　曾嘯宇　國聞週報十一卷一，二，三，七，九，十，十三，十四，十五，十九，廿一，廿五，卅，卅一，卅六，卅八，卅九，四十二，四十五，四十七，五十期；十二卷十八，廿期

石遺室詩話　陳衍　國學論衡二，三期

石遺室詩話續編　陳衍撰　青鶴二卷一期至廿三期間期刊登

合肥詩話續集　楊運知　學風五卷六，七期

頤園詩話　陳融撰　青鶴三卷十，十二，十三，十五，十七，十九，廿，廿一，廿二，廿三期

尊瓠室詩話　陳詩　青鶴三卷六，十一，十三，十四，十七，廿期

夢苕盦詩話　錢萼孫　國專月刊二卷二期至五期連期刊登　中央時事週報三卷一期至五十期連期刊登

棕槐室詩話　彭天龍　國專月刊二卷四五期

養晦齋詩話　一葉　多評近人之詩　行健月刊三卷四，五，六期；六卷四期

潛齋詩話　史幼安　待旦創刊號

自然室詩詞雜話　焉振　學術世界一卷一期

今人詩話 高疆 人間世八期

關于近代文人俞平伯，郁達夫，林語堂等所作舊詩的記載。

詠壇新語 翟永坤 文藝月刊七卷六期

臺陽詩話鈔 臺灣王松著 建國月刊十二卷一期

王松臺灣之遺民，生當甲午之役，清廷割臺灣與日本，亂離之苦與異族之殘虐，皆於詩話中述之。

俺的詩話 余健秋 文化月刊一卷二期

幽默的詩話 胡徇遒 論語半月刊廿五，卅，卅三，四十八期

詩境 夷白 芒種半月刊四期

古人詩句之鈔襲 丁易 北平晨報藝圃(廿四年七月卅一日)

補「古人詩句之抄襲」 丁易 北平晨報藝圃(廿四年十二月十三日)

天和閣聯話 愼 北平晨報藝圃(廿三年三月卅日；四月六，九，十一，十七，廿一，廿五，卅日；五月二，十一，十四，廿六日；六月十九日；七月廿，廿三，廿四，廿五日；十月五，六，八，十，廿二日；十一月十，十三，十九，廿一，廿三，卅日；十二月四，十四日；廿四年三月八，九，十五，十六日；五月廿七，廿九日；八月十五，十九日；九月九，十七，廿四，廿五，卅日；十月一，九，十八，廿三日；十一月四，九，十二，十九，廿二，廿五日；十二月六，十，十七，廿日)

幽默聯話 胡徇道　論語半月刊十七，十八，廿一，廿三，廿四，廿八期

幽默的聯話補 趙聲聞　論語半月刊卅，卅四，卅五期

紫光閣楹聯榜額彙鈔 河北第一博物院畫刊五七期至六四期連期刊登，又六六，六七，六九，七二，七五，七八，七九期

閣在北平中海，清乾隆廿四平定伊犂回部，高宗嘉褒臣之功，葺新紫光閣賜宴其中，閣上圖功臣像，大學士一等忠勇傅恒等十五人，並御製像贊等，三海開放後此遂爲庋藏什物之所。

壘字聯 甲亘　北平晨報藝圃(廿四年八月十九日)

(6)詞

(a)通論 附歷代詞叙略

詞學講義 壽鑈石工父　湖社月刊五十三册至七十四册連期刊登

詞學引論 華鐘彥　女師學院期刊一卷二期

談詞 憾盧　人間世十二，十四，十六期

秋天談詞 白杰　文藝戰線二卷卅三期

上陳柱尊導師論詩詞書 蕭莫寒 附覆書　大夏一卷七號

大鶴山人論詞遺札　龍沐勛　詞學季刊二卷四期

復潘生元憲論詞爲詩餘書　徐英　安徽大學月刊一卷六期

令詞引論　盧前　詞學季刊二卷一號

詞通(續)　失名　詞學季刊一卷二,三,四號

內容:論韻,論律。

研究詞學之商榷　龍沐勛　詞學季刊一卷四號

詞律研究序　劉復　國語週刊六七期

詞律箋榷　徐戟遺著　詞學季刊二卷二,三,四號

詞之矩律　林大椿　出版週刊一一二號

與邵伯絅論詞用四聲書　姚華茫父遺著　詞學季刊二卷一號

詞的研究法　劉麟生　出版週刊一一二號

怎樣讀詞　憾廬　人間世卅期

詞之作法　吳梅　出版週刊一一二號

「詞的解放」之我見　張資平　新時代月刊四卷三期

「詞的解放」之我見　劉樹棠　民鐘季刊創刊號

論「詞的解放運動」　李詞傭　新時代月刊五卷一期

論詞亦有泛聲　鄒嘯　青年界六卷一期

詞中疊字　丁易　北平晨報藝圃（廿四年七月廿六日）

論詞中「愁」的描寫　李田意　南大半月刊十八期
—味貧齋讀書筆記之五—

詞學的起源時間考　華連圃　北強月刊二卷一期
這篇考定詞是起於梁朝的

詞調的來歷與佛教經唱　霍世林　清華週刊四十一卷三，四期合刊

詞調來源與佛教舞曲　田子貞　人間世廿三期

詞的發展　李素　民族三卷九，十期

詞調變名考　李維　清華週刊四十一卷三，四期合刊
內容：（一）犯，（二）轉聲，（三）轉調，（四）攤破，添字，（五）減字，
捉拍，偷聲，（六）摘編。

菩薩蠻調考正　華鐘彥　女師學院期刊二卷一期

詞在中國文學史上的地位　張振珮　學風四卷八期

論詞宗派 王闓運 人間世四十二期

唐五代詞略述 葉鼎彝 師大月刊廿二期

宋詞史話 周嘉琪 刁斗一卷三期

兩宋詞風轉變論 龍沐勛 詞學季刊二卷二期

宋詞互見考 唐圭璋 詞學季刊二卷四期

北宋詞體的轉變及其派別 李炳墀 安徽大學文史叢刊一卷一期

詞至宋而大盛其故安在試申論之 呂紹漢 正中校刊二十九期

劉子庚先生的「詞學」 查猛濟 詞學季刊一卷三期

詞籍考辨 夏承燾 之江學報一卷一期

(B)專論

温飛卿詞的用字 鄒嘯 青年界六卷一期

浣花詞與陽春詞 吳烈 國民文學創刊號

浣花詞作者韋莊，陽春詞作者馮延巳。

浣花詞中的離情別緒 梁漢生 勷大師範學院月刊十二期

馮韋詞相似之點　鄒嘯　青年界六卷一期
論花間集確有五百首　鄒嘯　青年界六卷一期
論花間集不僅穠麗一體　鄒嘯　青年界六卷一期
李後主亡國詩詞辨證　弓英德　勵學二期
關於李後主的詞　王延杰　正中半月刊二卷一，五期
讀李後主詞書後　韓書文　津逮季刊一期
永樂大典所收宋元人詞補輯　周泳先　詞學季刊二卷四期
願堂讀書記　酈承銓　國立北平圖書館館刊八卷一號
　錄毛斧季手校六十家詞之題跋欵識
四庫全書宋人集部補詞　唐圭璋　詞學季刊一卷四號
全宋詞初編目錄　唐圭璋　詞學季刊一卷三，四號
宋十三家詞輯　周泳先　詞學季刊二卷四期
論晏殊詞之庸俗　鄒嘯　青年界六卷二期
歐陽修詞研究　杜哲全　文史匯刊一卷二期

從張三影談起 洪爲法 青年界四卷五期

東坡樂府綜論 龍沐勛 詞學季刊二卷三號

鈔本漢陽葉氏選鈔宋元七家詞宋徐經孫哨遍讀後記 顧培懋 燕京大學圖報八十三期

論秦觀詞之感傷 鄒嘯 青年界六卷一期

淮海詞之研究 楊樹棻 津逮季刊二期
淮海詞的作者秦觀，字少游，號太虛。

蘇門四學士詞 龍沐勛 文學二卷六號
—秦觀，黃庭堅，晁補之，張耒—

清眞詞叙論 龍沐勛 詞學季刊二卷四期

李清照詞研究 朱芳春 師大月刊十七，廿二期

辛稼軒的愛國詞 劉壽松 國聞週刊十一卷四十三期

愛國詞人辛棄疾作品之研究 林德占 待旦創刊號

論賀方回詞質胡適之先生 龍沐勛 中國語文學叢刊創刊號

姜白石詞的風度 鄒嘯 青年界六卷一期
姜夔字堯章，鄱陽人。

白石道人歌曲考証 夏承燾 之江學報一卷二期

白石道人歌曲斠律　夏承燾　燕京學報十六期

白石道人歌曲考　夏承燾　國學論衡四期下

重考唐蘭「白石歌曲旁譜考」—夏承燾　東方雜誌卅一卷七號

唐氏原文載東方雜誌廿八卷廿號

姜白石詞編年　鄒嘯　青年界六卷一期

姜夔詞作年考　蘇鴻瑀　厦大週刊十四卷廿八期

姜夔自度曲及其摹擬者　鄒嘯　青年界六卷二期

陳大聲詞評記輯　盧前　詞學季刊二卷四期

葉小鸞及其詞　區宗坤　厦大週刊十二卷八期

惜陰堂彙刊明詞提要(續)　趙尊嶽　詞學季刊一卷二,三號;二卷一,三號

大鶴山人詞集跋尾　鄭文焯撰　龍沐勛輯　詞學季刊一卷三號;二卷三號

讀彊邨詞　萬雲駿　光華大學半月刊三卷五期

彊邨本事詞　龍沐勛　詞學季刊一卷三號

人間詞中的人間—讀王靜安先生人間詞後偶得—　奐軍　厦大週刊十四卷四期

王國維人間詞話與胡適詞選 任訪秋 中法大學月刊七卷三期

蕙風詞史 趙尊嶽 詞學季刊一卷四號

聽潮音館詞自序 蔡寶善 詞學季刊二卷四期

花雨樓詞草序 王瑞瑤 詞學季刊二卷四期

叢書中關於詞學書目索引 陳芸德 廣州大學圖書館季刊一卷三期

（C）詞話

忍寒廬零拾 詞學季刊一卷二，三號

雨華盦詞話 錢斐仲 詞學季刊二卷四期

凝寒室詞話 徐興業 國專月刊一卷二期

聽鵑樹詞話 武西山 待旦創刊號

雜碎詞話 千因 北平晨報藝圃（廿三年十月三，五，六，八，九，十日）

詞瀋 蜀丞 細流四期

—沈括以霓裳爲道調法曲辨

櫻窗雜記 汪兆鏞 詞學季刊一卷二號

無相庵斷殘錄　施蟄存　文飯小品三期　內容：(一)關於王靜菴，(二)秋水軒詩詞。

讀詞雜記　巴壺天　學風四卷九期

讀詞偶得(續)　俞平伯　中學生四十三，四十六，五十號　人間世十，十一期

南唐後主詞五首，周邦彥詞四首

讀詞雜記　楊易霖　詞學季刊二卷四期

讀詞小紀　張龍炎　金聲一卷一期

詞品五則　高文　金聲一卷一期

(7)戲曲

(A)通論　附歷代戲曲敘略

舊劇的藝術價值　趙心華　北平晨報國劇週刊一號(廿三年十月四日)

舊劇的藝術組織　白玉　北平晨報國劇週刊五十二號(廿四年十月十日)

舊劇之產生及其反封建的色彩　馬肇延　劇學月刊三卷五期　係指皮簧劇而言

舊劇的現在和將來　晦　北平晨報國劇週刊二號(廿三年十月十八日)

舊劇的眞正缺點所在　鋼食　北平晨報國劇週刊三號（廿三年十月廿五日）

舊劇舞台上的劣點　心華　北平晨報國劇週刊六號（廿三年十一月十五日）

論舊劇的美　張鳴琦　北平晨報劇刊二三五期（廿四年七月七日）

京劇之面面觀　趙越　北平晨報國劇週刊五十二、五十三號（廿四年十月十、十七日）

讀「京劇之面面觀」後　古直　北平晨報國劇週刊五十四號（廿四年十月廿四日）

中國戲劇史方法短論　岑家梧　現代史學二卷四號

中國戲劇史的輪廓　岑家梧　現代史學二卷三期

可分爲五個時期：（一）歌謠－殷商前，（二）歌舞－商周至隋唐，（三）彈詞－宋遼金，（四）傀儡式戲劇－金至元，（五）戲劇－明清至現在。

中國戲曲源流考　谷劍塵　矛盾月刊五，六期合刊（戲劇專號）

隋唐時之百戲　夏定域　天津益世報戲劇與電影六四期（二十三年一月卅一日）

百戲亦稱散樂，凡跳鈴，擲劍，透梯，戲繩，及各種雜耍之術均是。

唐宋明清之散樂百戲　邵茗生　劇學月刊二卷十期

「唐宋大曲考」拾遺　李素英　文學二卷六號

宋元雜劇演出考　治藝離　舞台藝術創刊號

雜劇要件　王玉章　中國語文學叢刊創刊號

元曲時代先後考　趙景深　現代五卷四期

元雜劇通論　曲路　中國文學二期

元明以來雜劇總錄序　西諦　文學季刊二期

元明以來雜劇總錄　西諦　文學季刊四期

論元劇之佈局　徐裕昆　光華大學半月刊二卷五期
內容：(一)取材於歷史者，(二)敘述文人韻事者，(三)民間事實之寫實者，(四)取材于神仙者。

雜劇與傳奇　張笑俠　北平晨報國劇週刊廿七號(廿四年四月十八日)

宋元之南戲　宋志黃　安徽大學月刊二卷一期
附宋元之南戲互見於各家曲錄之名稱比較表

戲曲淺釋　姜亮夫　青年界五卷三期

南北曲之種類　王玉章　安雅月刊二，三，四期

曲文之研究　王玉章述　教授與作家一卷一期
內容：(一)隻曲之文，(二)散曲之文，(三)戲曲之文。

元人散曲　趙景深　中國文學月刊二卷一期

元人散曲俳體廣例　趙景深　青年界四卷四期

散曲的歷史觀　趙萬里　文學二卷六號

散曲書目　盧前　河南圖書館館刊第一册

南詞彈詞鼓詞沿襲傳奇說　申翁　劇學月刊四卷六期

明代傳奇　務一　南風三卷三期

明清戲曲掇拾　廉君　北平晨報藝圃(廿三年十一月五，六，八，十二，十三，十四，十六日)

晚清的戲劇　趙景深　青年界八卷三期

前清內廷演戲回憶錄　曹心泉口述　邵茗生筆記　劇學月刊二卷五期　心泉先生夙值內廷，習聞雅故，此篇邵先生就所述記之。

清代內庭之「開場團場」戲　傅惜華　大公報劇壇(廿四年六月廿日)

清宮戲劇服裝談　劉澹雲　大公報劇壇(廿四年八月廿五，廿七日)

清宮之月令承應戲　傅惜華　大公報劇壇(廿四年八月廿一，廿二，廿三日)

越縵堂日記中之清末戲劇史料　逸盦　天津益世報語林（廿二年七月廿八日至八月十五日連日刊登）

越縵堂日記清末文學家李慈銘所作，晚年罷官後，幾無日不徵歌狎飲，日記中多紀其事，載當日劇界情形者尤多。

清末內廷梨園供奉表　松堯　劇學月刊三卷十一期

「清末梨園供奉表」校補記　周志輔　劇學月刊四卷二期

道聽途說的戲談　菰香　劇學月刊二卷十二期

記談聞中所得關於前清咸豐同治間，京城各戲班名角如程長庚，余三勝，張二奎等的演唱之工。

我也談談崑曲　掇雲　北平晨報國劇週刊五十九，六十，六十一期（廿四年十一月廿八日；十二月五，十二日）

崑曲衰微的趨勢　楊天籟　北平晨報國劇週刊七號（廿三年十一月廿二日）

崑曲衰落之趨勢　方問溪　北平晨報國劇週刊卅一號（廿四年五月十六日）

今日崑曲衰微之原因　景源　北平晨報國劇週刊廿八期（廿四年四月廿五日）

灘簧　李家瑞　人間世卅九期

案頭人與塲上人　凌霄漢閣　劇學月刊三卷三期

內容：（一）崑曲之魏梁說到亂彈之皮簧，（二）唐代詩人與伶工之互相倚重，（三）詩人之詩，若唱做皮簧，則如何？（四）陳彥衡與譚鑫培，（五）末附皮簧文學研究大綱。

二黃來源考　穎陶　劇學月刊三卷八期

曹心泉談二黃今昔　雪儂　劇學月刊三卷七期

皮黃文學研究　徐凌霄　劇學月刊三卷八、九期

皮簧劇盛行之原因　馬彥祥　天津益世報戲劇與電影卅三期（二十二年六月廿八日）

內容：（一）自然之趨勢，（二）當局之提倡，（三）文人之鼓吹，（四）民衆之要求。

皮簧戲應怎樣的賞鑑　星月　北平晨報國劇週刊五十一期（廿四年十月三日）

皮簧唱工概論　溶江　北平晨報藝圃（廿四年一月卅一日）

談皮簧的唱腔　西露　北平晨報國劇週刊十一號（廿三年十二月廿日）

皮簧劇本之變遷　馬彥祥　天津益世報戲劇與電影四〇期（二十二年八月九日）

皮簧業之前路　溶江　北平晨報國劇週刊十號（廿三年十二月十三日）

皮簧劇中的婦女問題　予水　北平晨報劇刊三三二期（廿四年六月十六日）

皮黃劇本作者草目　傅惜華　大公報劇壇（廿四年四月九，十一、十四，十五，十六，十七；十八，十九，廿一，廿九日；五月一，二，六，七，九，十，十四，十七，廿三，廿七、卅日；六月二、三，四，五，六，十，十一，十八日）

近百年來皮黃劇本作家　吉水　劇學月刊三卷十期

近六十年故都梨園之變遷　張次溪　劇學月刊三卷十二期

北平梨園歲時記　麥香亭　劇學月刊四卷三，五期

卅五年前學劇班底的組織　雪儂　劇學月刊四卷五期

（B）專論

曲海總目提要
坊本傳奇彙考子目綜合索引　潁陶　劇學月刊三卷五期

曲目舉叉　郭家瑞　北平晨報藝圃（廿三年十二月十二，十四，十五，十七，十八，十九，廿一，廿二，廿四，廿五，廿六，廿八，廿九，卅一日；廿四年一月九，十五，十六，十九，廿一，廿二，廿三，廿六，廿九日）

「詞林摘豔」與「雍熙樂府」　趙景深　人間世卅九期

「拉馬耶那」與「陳巡檢梅嶺失妻記」　林培志　文學二卷六號　「拉馬耶那」是印度古代史詩之一

陳巡檢梅嶺失妻戲文　趙景深　人言週刊一卷廿六期

「沙貢特拉」和「趙貞女型」的戲劇　李滿桂　文學二卷六號　「沙貢特拉」是印度著名的梵文戲劇

吳昌齡的西遊記雜劇　趙景深　文學五卷一號

無名氏元曲時代先後考 趙景深 千秋半月刊二卷二期

元代演劇的舞臺 衛聚賢 在山西萬泉縣內 中國語文學叢刊創刊號

元雜劇裏的八仙故事與元雜劇體例 石兆原 燕京學報十八期

元代「公案」劇發生的原因及其特質 何謙 文學二卷六號

論元曲所寫商人士子妓女間的三角戀愛劇 鄭振鐸 文學季刊四期
內容：(一)史料的淵藪，(二)敘寫商人，士子和妓女間的「三角戀」的諸劇，(三)商人們的被斥責，(四)商人們的初奏凱歌，(五)士子們的「團圓夢」，(六)元代士子的社會地位的墮落，(七)元代商業的繁與與商人地位的增高，(八)茶客及其他。

「楚昭公疎者下船」雜劇 豫源 北平晨報劇刊一二六期(二十二六月四日)

「裴少俊牆頭馬上」雜劇 豫源 北平晨報劇刊一二三期(二十二年七月十六日)

「單刀會」的人生觀 李安宅 天津益世報社會思想五六期(二十二年十二月四日)

「魔合羅」 適之 天津益世報讀書週刊一期(廿四年六月二日)
元曲選辛集下有「魔合羅」一劇，用泥塑的魔合羅像爲全案線索

元朱士凱「醉走黃鶴樓」雜劇殘本箋證 陳墨香 劇學月刊四卷四期

讀曲札記 陳豫源 舞臺藝術二期
(一)破幽夢孤雁漢宮秋雜劇，(二)包待制陳州糶雜劇，(三)李

太白匹配金錢記雜劇。

讀曲札記　豫源　北平晨報劇刊二三四期（廿四年六月卅日）

內容：（一）玉清菴錯送鴛鴦被雜劇，（二）隋何賺風魔蒯通雜劇，（三）温太眞玉鏡臺雜劇，（四）楊氏女殺狗勸夫。

讀曲札記　豫源　北平晨報劇刊二五四期（廿四年十一月十七日）

關漢卿作的雜劇

三國志—三國演義—三國戲　徐凌霄　劇學月刊二卷五期

明周憲王之雜劇　那廉君　劇學月刊三卷十一期

讀誠齋樂府隨筆　趙景深　青年界六卷四期

「誠齋樂府」明初周憲王朱有燉作的雜劇

記乾隆鈔本「太平祥瑞」雜劇　傅惜華　大公報劇壇（廿四年七月七日）

瞿園雜劇述評　徐凌霄　劇學月刊四卷六期

代表庚子以後一個時期，一般的騷人逸客，傷時憂國，憤世嫉俗的作風。

九宮正始骷髏格中所引用的南戲　休休　劇學月刊四卷三期

南曲中唐僧出世傳說　趙景深　藝風二卷十二期

「六十種曲」撰人考　焦木　北平晨報藝圃（廿四年六月十七，十八，十九日）

「六十種曲」版本考 傅惜華 大公報劇壇(廿四年八月四、五、六日)

談「綴白裘」 顧陶 劇學月刊三卷七期
綴白裘一書曾選錄了五十餘齣花部諸腔的劇本

西廂記第五本關續說辯妄 馬玉銘 文學二卷六號

西廂記之社會意義 馬玉銘 國聞週報十一卷廿五期

跋「重刻元本題評音釋西廂記」 鄭振鐸 大公報文藝副刊七期(二十二年十月十四日)

明俗曲琵琶詞 顧頡剛 文學創刊號
此琴琶詞係錄自明刻本，怡春錦曲第六琵琶記中所附之琵琶詞，用趙五娘自述口氣，頗類鼓子詞。

琵琶記脚色之扮像 傅惜華 大公報劇壇(廿四年六月廿六、廿七、廿九日)

牡丹亭贊 平伯 東方雜誌卅一卷七號 武大文哲季刊四卷三期

讀牡丹亭 江寄萍 論語半月刊卅九期

牡丹亭與天仙聖母源流泰山寶卷 顧陶 劇學月刊四卷四期

遊園驚夢之花神 傅惜華 大公報·壇劇(廿四年一月五、六日)

說金瓶梅傳奇零折旦劇 陳墨香 劇學月刊三卷九，十一期

長生殿本事發微　覺盦　津逮季刊一期

長生殿傳奇斠律　吳梅述　文藝叢刊一卷二期

校桃花扇傳奇　商鴻逵　中法大學月刊五卷五期

讀桃花扇後　田意（一味貧齋讀書雜記之三）　天津益世報文學週刊十八期（二十三年七月四日）

桃花扇裏的民族魂　絮因　民族文藝一卷五期

由桃花扇論到明代沒落的原因　薩孟武　中央時事週報二卷廿九期

由桃花扇觀察明季的政治現象　薩孟武　中央時事週報二卷廿五，廿七期

四聲猿　胡叔磊　人間世卅期

李笠翁十種曲　江寄萍　天津益世報戲劇與電影卅九期（二十二年八月二日）

李漁戲劇論綜述　朱東潤　武大文哲季刊三卷四號

蔣士銓的藏園九種曲　江寄萍　天津益世報戲劇與電影四一，四二期（二十二年八月十六，廿三日）

三家曲選　常芸庭編　國風半月刊三卷四，五，七期（一）霜厓曲選：作者吳梅；（二）北曲選：作者任訥，（三）飲虹曲選：作者盧前。

碧蕖館藏曲志 傅惜華 大公報劇壇（廿四年三月十九，廿一，廿七日，五月十一，十三，廿八，廿九日；六月一日）

讀曲雜錄 西諦 文學二卷六號
香山還帶記，白袍記，白蛇記，鸚鵡記，玉環記，虎符記，綰春園，明月環，上林春，金剛鳳諸傳奇。

訪曲記 澀齋 劇學月刊三卷七期
篇中所記有千秋鑑，四元記，韞山六種曲，才人福，輞川圖，十二釵，平錁記，守濬記諸曲。

岑齋讀曲記 邵茗生 劇學月刊三卷八，九，十二期；四卷三，六期
所記的：（一）玉鴛鴦傳奇，（二）福星照傳奇，三義節傳奇，（三）游龍傳，（四）六美圖，（五）祥麟鏡，（六）天星聚，（七）正昭陽，（八）萬倍利傳奇，（九）萬年觴，（十）錦衣歸，（十一）渾儀鏡，（十二）生辰綱，（十三）定風球，陰陽鐘，寶藏，（十四）情中幻，門嬋娟傳奇，黃土關，後尋親記。

記綴玉軒藏內府鈔本 傅惜華 大公報劇壇（廿四年一月廿二，廿三日）

記長澤氏所藏鈔本戲曲 傅惜華 大公報劇壇（廿四年七月廿，廿一，廿二，廿三，廿五，廿七，廿八，廿九，卅日；八月一，二日）

雷峰塔傳奇舊本之發見 傅惜華 大公報劇壇（廿四年七月四，五，九，十二，十四，十七，十八日）

烏闌誓與紫釵記 綠依 劇學月刊三卷十二期

玉燕釵的作者考 綠依 劇學月刊四卷二期

「鉢中蓮」　玉霜簃藏明萬歷本　劇學月刊二卷四期

「不夜天」　岑齋　劇學月刊四卷二期

「不夜天」二卷一册，舊抄本，共卅二齣。不著撰人姓氏，原藏懷寧曹氏，今歸涵芬樓。

「溫涼盞」　邵茗生　劇學月刊四卷一期

二卷一册舊鈔本共廿齣

「名花榜」　岑齋　劇學月刊四卷四期

名花榜二卷一册舊鈔本共廿七齣，子目缺，原藏懷寧曹氏，今歸涵芬樓。

「百花點將」　傅惜華　大公報劇壇（廿四年六月廿日）

「百花點將」一劇係全本「百花記」之一折作者無考。

「雎陽節」與「厓山烈」　盧冀野　文藝月刊七卷一期

兩部傳奇爲懷寧曹氏處德堂所藏的曲本。

「鐵冠圖」考　沃圃　太白半月刊二卷七期

以明末流冠和甲申之變爲題的戲曲。

「稱心緣」傳奇　岑齋　劇學月刊四卷五期

二卷二册嘉慶廿一年七月三槐堂王琮鈔本。

「白虎堂」傳奇　蘭溪漁隱著　陳墨香藏　劇學月刊二卷六期

憶「擊筑遺音」　秋子　北平晨報藝圃（廿三年十一月十二日）

「擊筑遺音」曲十六首，悲壯淋漓，相傳爲熊開元所作。

補鈔「擊筑餘音」　惠隱　北平晨報藝圃（廿一年十一月廿日）

鈔本「紅樓夢攤黃」 李家瑞 大公報圖書副刊九十六期(廿四年九月十二日)

報生居士編共四本四十齣

昭代簫韶之三種脚本 周志輔 劇學月刊三卷一,二期

昭代簫韶演楊繼盛父子戰遼兵故事,自遼兵寇起,至簫后降宋止凡十本。

說崑曲皮簧三殺旦脚 陳墨香 劇學月刊二卷九,十期

所謂三殺(一)宋江殺惜,(二)武松殺嫂,(三)石秀殺山。

談「烏龍院」與「坐樓殺惜」 復生 北平晨報國劇週刊五十一期(廿四年十月三日)

說別本殺嫂 曾經滄海客 劇學月刊三卷十二期

華光劇考 旁觀客 劇學月刊四卷二期

「珠簾寨」考 芷湘 北平晨報國劇週刊四十,四十一期(廿四年七月十八,廿五日)

王寶釧故事的另一種傳說 潁陶 劇學月刊三卷十一期

從「金鎖記」說起 晦 北平晨報國劇週刊五,六號(廿三年十一月八,十五日)

各派「女起解」之異同 溶江 北平晨報國劇週刊八號(廿三年十一月廿九日)

玉堂春劇本考　傅惜華　大公報劇壇(廿四年六月廿一,廿二,廿四,廿五日)

談玉堂春　馬肇延　劇學月刊三卷八期

談談「紅鸞禧」　擷雲　北平晨報國劇週刊卅五,卅六號(廿四年六月十三,廿日)

汾水灣—桑園會—武家坡—三劇之評述　銅盒　北平晨報國劇週刊十一號(廿三年十二月廿日)

桑園會,汾河灣,武家坡三劇藝術上的分析　古直　北平晨報藝圃(廿四年九月廿六日)

談紅鸞禧的涵義　南子　北平晨報國劇週刊四十九期(廿四年九月十九日)

「法門寺」在藝術上的評價　維娜　北平晨報國劇週刊卅二,卅三號(廿四年五月廿三,卅日)

「借東風」之闡義及其藝術上的檢討　南子　北平晨報國劇週刊五十三號(廿四年十月十七日)

金山寺受歡迎的原因和該劇本身的檢討　張天蘇　北平晨報國劇週刊一,二號(廿三年十月四,十八日)

刺虎的研究　劉濟雲　大公報劇壇(廿四年二月廿六,廿七,廿九日;三月一,二,三,四,五日)

紅梨記「訪素」演藝之研究　傅惜華　大公報劇壇(廿四年三月三,四,六,十,十一,十二日)

評王泊生的新歌劇　陳豫源　北平晨報劇刊一四六期(二十二年十月廿二日)
—看了「唐明皇哭貴妃遊月宮」以後—

導演「桃花人面」計劃芻議　劉濟雲　大公報劇壇(廿四年八月六,七,八,九,十,十一,十二,十三,十九,廿,廿一,廿二日)

說幾種不用樂器隨唱的戲 雪儂 劇學月刊四卷二期

京劇提要 陳墨香 劇學月刊三卷七期至十期連期刊登；四卷一，四，五期

國難的戲劇 王泊生 劇學月刊二卷五期 (一)大居宮，(二)哭祖廟，(三)昭君，(四)殺宮殉國，(五)周遇吉。

佛化的戲劇新談片 徐淩霄 劇學月刊四卷七期 內容：(一)目蓮之母應宣告無罪，(二)勸善金科可改名勸惡金科，(三)觀音的來源及其扮相，(四)白蛇與法海皆老謠。

讀「梨園集成」 石兆原 文學季刊二期 「梨園集成」題蓼城李世忠著，全書共收劇四十七種，其中秦腔三，崑腔五，餘皆皮簧。

(C)劇譚(關于化裝，角色，與音韻等)

墨香劇話(續) 陳墨香 劇學月刊二卷五，六期

郎盦鞠話 郎盦 大公報歌壇名作選錄(廿四年五月廿一，廿三，廿四，廿七，卅，卅一日；六月一，二，五，七，八，十四，十六，十八，十九，廿一，廿二，廿五，廿六，廿八，廿九日)

想到便說的戲話 邵茗生 劇學月刊二卷六期

紅霓室談劇　非非　北平半月刊九期
——淨之攷原——

顧曲新話　顯陶　劇學月刊三卷二期

觀劇生活素描　墨香　劇學月刊二卷四、五、六、十、十一期；三卷一，二期

秋葉隨筆　緣依　劇學月刊二卷九，十一，十二期；三卷一期

明熹宗之串風雲會　惜華　大公報劇壇(廿四年三月一日)
——明代戲曲史料之三——

男女合串之白兔記　華　大公報劇壇(廿四年二月十四日)
——明代劇曲史料之一——

提綱之研究　劉澹雲　大公報劇壇(廿四年三月廿四，廿六，卅，卅一日)
「提綱」係內行排演戲劇時所用之演員表，服裝表，道具表，音樂表，動作表……等等之總稱

中國戲劇的化裝　王泊生　天津益世報戲劇與電影四四期至四七期(廿二年九月六，十三，廿，廿七日)

六箱見聞錄　楚狂　劇學月刊三卷十一期
考戲中之名物制度

說「行頭」　霄　劇學月刊三卷五，六期
——蟒——箭——官衣——馬褂——玉帶——帔子——開氅——褶子——八卦衣——法衣——水袖——龔子——鎧甲——茶衣——髯口——靴鞋

說「盔頭」　霄　劇學月刊三卷四期
——此「盔頭」是按戲班習慣，屬於廣義的——

內容：（一）分類：盔，帽，冠，巾，（二）名稱：有以類定有單獨定名者，（三）官私：官爲公共式和爲私置，（四）構造，（五）手飾，（六）欵式，（七）重量。

扯四門—排場閒話— 劉澹雲 大公報劇壇（廿四年六月十二，十三日）

面具，臉譜，與面部化裝 張繼純 北平晨報劇刊二〇一期（廿三年十一月十一日）

臉譜的產生 藕紅 劇學月刊四卷五期

臉譜的地位與範圍 翁藕紅 劇學月刊四卷四期

從臉譜談到舊劇 徐訏 人間世十二期

閒話臉譜 季野 劇學月刊三卷八期

臉譜與圖案畫 劉澹雲 大公報劇壇（廿四年一月五，六，七、八，十，十一日）

作工的難能及其分析 心華 北平晨報國劇週刊三號（廿三年十月廿五日）

梨園應行角色及抱演各脚述略 陳墨香 劇學月刊四卷七期

戲劇脚色得名之研究 王芥輿 劇學月刊三卷六期

青衫花旦技藝之混淆 溶江 北平晨報國劇週刊十四期（廿四年一月十七日）

說花旦觔斗　墨香　劇學月刊二卷四期

淨與丑　谷遠　文學二卷六號
內容：(一)題前話，(二)最早的「淨」角，(三)「永樂大典戲文三種」及其他初期文裏的淨與丑，(四)草頭王—淨，(五)狗頭將軍—丑，(六)結論。

戲詞中的排偶句　齊如山　大公報劇壇(廿四年一月九日)

戲中恒言　齊如山　大公報劇壇(廿四年五月廿四，廿六，卅，卅一日，六月三，四，五，六，七，八，九，十日)

戲白　老桐　劇學月刊四卷四期

尖團字及上口字　顥陶　劇學月刊二卷四期

尖團字的來源　雪儂　劇學月刊四卷一期

論尖團音　齊如山　大公報劇壇(廿四年七月一，二，三日)

國劇音韻談　張笑俠　北平晨報國劇週刊卅八，卅九期(廿四年七月四，十一日)

論音韻　吳瑞燕　王泊生　舞台藝術二期
內容：(一)總說，(二)中國固有戲曲所採用的音韻，(三)新歌劇擬用的音韻。

論陰出陽收　顥陶　劇學月刊三卷十二期
明沈寵綏所著「法索辯訛」和度曲須知二書，均有討論歌唱發音時陰出陽收的字。

崑曲廿一韻出字收音之口法 方問溪 北平晨報國劇週刊六十期（廿四年十月五日）

音聲雜談 曹心泉口述 邵茗生筆記 劇學月刊二卷十期

說「音節」 徐凌霄 劇學月刊四卷四期

答方階聲先生論平劇入聲 緣依 劇學月刊四卷五期

皮簧字音論 湷江 北平晨報國劇週刊十二號（廿三年十二月廿七日）

論皮簧之念字 齊如山 大公報劇壇（廿四年七月七，八日）

論皮簧轍韻 齊如山 大公報劇壇（廿四年六月十九日）

論皮簧用中州韻 齊如山 大公報劇壇（廿四年六月十五，十六，十七日）

論皮簧十三道轍 齊如山 大公報劇壇（廿四年六月十一，十二，十三，十四日）

十三轍 五微 劇學月刊三卷七期
關于京戲音韻的討論

中州音韻和十三轍 羅辛田 天津益世報讀書週刊十六期（廿四年九月十九日）

嗓音的保養與運用 西露 北平晨報國劇週刊九號（廿三年十二月六日）

梨園行的祖師究竟是誰　蠡測　劇學月刊二卷四期

二郎神考　陳墨香　劇學月刊二卷十二期
伶人常供二郎神爲祖師

誰是老郎神　雪儂　劇學月刊三卷九期
在戲班後臺裏邊或伶人家裏所供奉的祖師爺的考訂

(8)小說

(A)小說史

中國上古小說之雛形　張長弓　文藝月報一卷三期
|寓言，喻詞，神話|

小說旁證　孫楷第　國立北平圖書館館刊九卷一號

漢魏六朝小說　趙景深　中國文學月刊創刊號

小說在唐代的傾向　方世琨　文藝戰線三卷一，二期

唐代俗講考　向達　燕京學報十六期
內容：(一)長安寺院與戲場，(二)僧人之唱小曲，(三)寺院中的俗講，(四)俗講的話本問題，(五)俗講的演變。(附錄變文及唱經文目錄。)

唐代傳奇文與印度故事　霍世休　文學二卷六號

唐代傳奇小說　姜亮夫　青年界四卷四期

明清之際之寶卷文學與白蓮教　向覺明　文學二卷六號

駁「跋銷釋眞空寶卷」　平伯　文學創刊號
原跋係胡適之先生所作見國立北平圖書館館刊五卷三號

歷史中的小說　吳晗　文學二卷六號

中國通俗小說書目序　黎錦熙　國語週刊七一期

（B）專論

佳人才子小說研究　郭昌鶴　文學季刊一，二期

昭君故事及關於昭君之文學　黃鴻翔　厦門大學學報一卷二期

王昭君在中國文學中的演變　郭雲奇　文哲月刊一卷二、三期

標點搜神記序　胡懷琛　新時代月刊五卷二期

遊仙窟引　高慶豐　文藝戰線三卷三期

水滸傳的研究　李靑崖　中國文學月刊一卷三，四期合刊
內容：（一）本書的性質及來歷，（二）刻本的種類，（三）內容的節目，（四）其他。

水滸西評　語堂　人言週刊一卷四期
白克夫人以半年之精力，把七十回水滸譯成英文，改名 All men are Brother。

水滸詩話　金岳　朔望半月刊八號

水滸傳新讀　高嵩　每月小品一卷一期

水滸傳所表現的社會意識　王集叢　每月小品一卷一期

水滸傳與中國社會　薩孟武　中央時事週報二卷十期至十七期，又三卷二，三，八，九，十，六十七期

讀了薩著「水滸傳與中國社會」之後　以明　現代六卷二期

水滸傳與天地會　羅爾綱　大公報史地週刊九期(廿三年十一月十六日)　太白半月刊一卷八期
內容：(一)水滸傳的三種影響，(二)水滸傳的理想，(三)水滸傳的理想的天地會，(四)清庭對付天地會的律條及查燬水滸傳。

關於水滸傳—小說史料拾零之一—　廉君　北平晨報藝圃(廿四年三月十六，十八日)

金聖嘆與七十回本水滸傳　周木齋　文學三卷六期

談水滸　韋濤　人言週刊一卷十一期

讀水滸後記　佚名　中原文化十，十一期合刊

梁山泊的沿革與形勢　謝興堯　人間世廿七期

梁山泊—讀水滸傳雜考之一—　謝興堯　國聞週報十二卷十七期

說唐傳非羅貫中作　趙景深　青年界四卷四期

從兩唐書校正薛仁貴征東　衞聚賢　前途雜誌三卷十二期

說部中四大奇書述略　宋扶風　民大中國文學系叢刊一卷一期—水滸傳，三國演義，西遊記，金瓶梅—

三國志平話與三國志傳通俗演義　孫楷弟　文史一卷二號

唐太宗入冥故事的演變　陳志良　新壘月刊五卷一期

「西遊記」的剩　芳洲　太白半月刊一卷九期

論封神榜　耳耶　太白半月刊一卷三期

金瓶梅版本考　周越然　新文學創刊號

金瓶梅本事考略　許固生　北平晨報學園七七二號(廿四年一月十八日)

金瓶梅的著作時代及其社會背景　吳晗　文學季刊創刊號

金瓶梅詞話裏的戲劇的史料　澀齋　劇學月刊三卷九期

讀「金瓶梅詞話」　郭源新　文學創刊號

內容：(一)金瓶梅所表現的社會，(二)西門慶的一生，(三)金瓶梅爲什麼成爲一部穢書，(四)「眞本金瓶梅」「金瓶梅詞話」及其他。

記清明上河圖　千因　北平晨報藝圃(廿三年十一月十七，十九日)

「燈市」——「金瓶梅詞話」風俗考之一——　阿英　新小說創刊號

從俗字的演變上證明京本通俗小說不是影元寫本　李家瑞　大公報圖書副刊八十六期(廿四年七月四日)

清明平山堂話本與雨窗欹枕集　馬廉　大公報圖書副刊廿二期(二十三年四月十四日)　國立北平圖書館館刊八卷二號

雨窗欹枕集　趙景深　大公報文藝副刊一五六期(廿四年六月十六日)

西湖二集所反映的明代社會　阿英　文學五卷五期

拍案驚奇　易琨　書報展望一期

覓燈因話　滕剛　人間世四十二期

明邵景詹著的談因果的傳奇小說

剪燈二種　趙景深　文學三卷一期

所謂剪燈二種就是明初兩種傳奇小說，(一)瞿佑的「剪燈新話」，(二)李禎的剪燈餘話。

好逑傳之最早的歐譯　陳受頤　嶺南學報一卷四期

笑林廣記的來源 趙景深 青年界五卷一期
是從馮夢龍「笑府」等書裏選輯出來

雅謔 趙景深 青年界五卷三期
係一部笑話書，收入中國圖書公司所出版的「古今說部叢書」第八集
內，題作浮白齋主人述。

今古奇觀之解剖 汪馥泉 文藝月刊六卷四期

英譯今古奇觀和聊齋 菽園 人間世四十一期

聊齋文集的稿本及其價值 羅爾綱 大公報圖書副刊七十二期（廿四年三月廿八日）

「聊齋」原稿在蘇俄 公 國聞週報十一卷五十期

成都劉氏所藏寫本聊齋志異記 林名均 人間世廿二期

關于聊齋 曦微 文藝戰線三卷八期

記聊齋志異拾遺 陳拳 人間世廿九期

聊齋志異逸編 精靈和 人間世卅三期

讀「聊齋誌異」書後 燕子 文藝戰線三卷廿一期至四十七，八期合刊連期
刊登

蒲留仙先生的全部遺著 劉階平 國聞週刊十卷廿七期
（一）聊齋詩集，（二）聊齋志異文集和詞集，（三）雜

著五種戲三齣俚曲十四種。

評醒世姻緣傳　民猶　亞東書局版　大公報文學副刊三百零九期（二十二年十二月四日）

紅樓夢的背景　王家棫　光華大學半月刊二卷六期

歷來對於紅樓夢的背景有數種說法：（一）納蘭成德說，（二）剃和珅家事說，（三）清世祖及董小宛說，（四）康熙朝之政治小說，（五）曹雪芹之自叙傳記。

紅樓夢的世界　李辰冬　北平晨報學園七七四，七七五，七七七號（廿四年一月廿四，廿五日；二月一日）

內容：（一）家，（二）社會，（三）教育，（四）政治，（五）經濟，（六）宗教。

紅樓夢在藝術上的價值　李辰冬　國聞週報十一卷四十七，四十八號

紅樓夢重要人物的分析　李辰冬　北平晨報學園八一四號（廿四年五月廿四，廿八，卅日）

紅樓夢悲劇之演成　牟宗三　文哲月刊一卷三期

紅樓夢前三回結構的研究　盧白　青鶴一卷四期

紅樓夢一百廿回均曹雪芹作　宋孔顯　青年界七卷五期

紅樓夢之謎—紀念亡友趙廣湘—　韓侍桁　文藝風景一卷二期

紅樓夢年月摘疑　蔡錦遠　中國文學季刊創刊號

跋今本紅樓夢第一回　素癡　大公報圖書副刊十七期（二十三年三月十日）

大觀園源流辨　藏雲　大公報文藝副刊一六〇期（廿四年七月十四日）

曹雪芹寫死　侍桁　文學評論一卷一期

談紅樓夢中的「早晚」　高壽菴　國語週刊八十八期

談野叟曝言　悍菅　太白半月刊一卷十二期

鏡花緣和婦女問題　陳望道　女青年月刊十三卷三期（婦女與文藝專號）

海屬鏡花緣傳說辯證　孫佳訊　青年界四卷四期

「花月痕」漫談　日本麥亭作　曦微譯　文藝戰線三卷十二，三期合刊

「花月痕」是魏子安作，全部十六卷凡五十二回。

文芸閣雲起軒詞與吳趼人小說　陳友琴　文章創刊號

文芸閣名道希，江西萍鄉人，是淸末有名的風流才子，共詞集名雲起詞鈔；吳趼人所著小說為「廿年目睹之怪現狀」，其中辭意常有相合之處。

老殘遊記考證　東臺胡滌撰　中華月報三卷十二期

老殘遊記及其二集　趙景深　新小說二卷一期

老殘遊記二集序　劉鐵雲遺稿　人間世六，七期

白蛇傳與佛教　謝興堯　北平晨報學園七九二號（廿四年三月廿一日）

「詩髮緣」　阿英　文飯小品三期　｜中國彈詞小說研究之一｜

從石玉崑的龍圖公案說到三俠五義　李家瑞　文學季刊二期

平閩十八洞研究　葉國慶　厦門大學學報三卷一期

繡像小說　畢樹棠　文學五卷一號

在光緒廿九年，商務印書館出了一種繡像小說，主編者是李伯元。

「文明小史」　麥峰　新小說一卷五期

李伯元的「文明小史」，在維新運動期間，是一部最出色的小說。

「上海遊驂錄」　阿英　人間世卅二期

吳研人所寫小說之一，最初分期發表在月月小說上，後印行單行本，從這書可略見他之政治思想。

庚子事變在小說上的反映　阿英　文學五卷二號

東游記之一斑　虞廷　文史創刊號

歧路燈與河南方言　晴天　中原文化五期

關于秋瑾的一部小說 阿英 人間世廿七期

關於秋瑾與六月霜 秋宗章 人間世卅三期

秋鑑湖秘聞 樵 北平晨報藝圃（廿四年七月廿、廿二日）
記女俠秋瑾被捕事

採用公教材料的中國小說 許作新 磐石雜誌二卷一期

浮生六記英譯自序 林語堂 人間世四十期

病中讀書記 楊人楩 青年界二卷五期
關于幾部舊小說，和近代文人散文集的讀後隨筆。

小說偶記五則 畢樹棠 清華週刊四十二卷一號

小說瑣誌 畢樹棠 文飯小品三期
內容：（一）關於老殘遊記之續集，（二）好逑傳之最古英譯本，（三）小說集考，（四）中國小說史。

小說瑣記 阿英 太白半月刊二卷五期
（一）救劫記，（二）尼姑小傳，（三）胡寶玉。

（9）小品文

小品文 振甫 天津益世報文學週刊四七期（二十二年十月廿一日）

小品文講話 馮三昧 新學生一卷二期

小品文三談 陶秋英 青年界四卷二期
明義—徵異—徵信

小品文之研究 天狼 新壘月刊二卷一期

小品文作法論 Alexander Smith著 林疑今譯 人間世二，四期
此文譯自A. S. 所著Dreamthorp書原名爲"On the Writing of Essays."

小品文作法 錢畊莘 藝風二卷四期

小品與大品 所北 藝風三卷四期
—小品文漫談之一—

談小品文 黎君亮 茅盾月刊二卷五期

論小品文 小泉八雲講 若斯節講 新壘月刊三卷一期

論小品文 徐仲年 文藝茶話二卷三期

論小品文筆調 語堂 人間世六期

論個人筆調的小品文 陳鍊青 人間世廿期

小品文之遺緒 語堂 人間世廿二期

還是講小品文之遺緒 語堂 人間世廿四期

清新的小品文字 郁達夫 現代學生三卷一期

小品文與散文 華之平 北平晨報學園八二五號（廿四年六月廿四日）

散文隨筆之產生 方非 文學二卷一號

論隨筆小品之類 章克標 矛盾月刊三卷一期

娓語體小品文釋例 陳叔華 人間世廿八，廿九期

明清小品詩文研究 魏紫銘 北强月刊二卷五期

公安竟陵小品文讀後題 劉熒 人間世十六期

公安竟陵的疙瘩 懷琛 讀書顧問季刊二期

關於公安小品文之一席話 劉熒 人間世八期

明代公安文壇主將袁中郎先生詩文論輯 紫銘 北强月刊一卷六期

重刊袁中郎集序 知堂 大公報文藝副刊一二〇期廿三年十一月十七日）

讀中郎偶識 周劭 論語五十二期 人間世五期

關於袁中郎集 周劭 人言週言一卷四期

珂雪齋外集游居柿錄 沈啓无 人間世卅一期

「游居柿錄」袁小修著，記中郎病死的光景，另一部份

則記歷游，及師友往還見聞，與家居之事。

帝京景物略　沈啓旡　人間世六期

明劉同人著書中多記事與描寫之小品文

「枕中祕」　阿英　人間世十九期

衛永叔編輯，全書收晚明文九篇。

閒步庵隨筆　沈啓旡　人間世二期

談明人文集「媚幽閣文娛」

九 科學

（1）通論

中國歷代科學概觀 蔣希益 社會半月刊一卷十八期
自古迄今可分四時代：（一）農藝制作－自燧人氏以迄唐虞，（二）工藝制作－春秋戰國以降，（三）機械的萌發－自三國以迄天算之學始盛，（四）歐洲科學輸入－在宋元之間。

中國古代科學上的發明 王治心 協大學術一期

中國實驗科學不發達的原因 竺可楨 國風月刊七卷四期

廿二年來之中國科學 太扑 中華月報二卷一期

方密之先生科學之精神及其「物理小說」 方竑 文藝叢刊一卷二期

（2）天文與曆法

中國古代社會之天文學 曾鐵忱 中國社會一卷一期

中國古代天文學略考 王石安 學風五卷十期

巴比倫與中國古代天文曆法之比較研究 陳廷璠 國立中山大學文史學研究所月刊三卷二期

堯典四仲中星圖說 金心齋 國學論衡五期上

漢八月行研究　錢寶琮　燕京學報十七期
關於竹書紀年詩書春秋左傳的幾椿公案　陳振先　國聞週報十卷十四期　(一)論書經與詩經之日食，(二)今本竹書僞造的鐵證
緯書與古天文學之關係　沈訒　國專月刊一卷一號
印度曆算與中國曆算之關係　李儼　學藝十三卷九，十期
六厤甄微　孫詒讓遺著　甌風雜誌十一期至十七，八期合刊連期刊登
卜辭曆法小記　孫海波　燕京學報十七期
古代中國的曆法　王宜昌　食貨半月刊二卷三期
讀「殷商無四時說」　鄭師許　嶺南學報三卷二期
周初歲朔日名攷　曾運乾　文史匯刊一卷一期
秦末漢初之正朔閏法及其意義　陳振光　國聞週報十一卷四，五，六，七，十，十三，十六，十八，廿，廿三，廿六期
新唐書曆志校勘記　錢寶琮　浙江圖書館館刊四卷六期
太平天國曆法考　謝興堯　史學年報二卷一期　附太平新曆與陰曆陽曆對照表

太平天國曆法質疑 薛澄清 大公報史地週刊廿六期（廿四年三月十五日）

關於太平天國的曆法 謝興堯 大公報史地週刊卅期（廿四年四月十二日）

——並答薛澄清君——

再論紀年 高夢旦 東方雜誌卅一卷三號

民俗及歷法上之一問題——十二支十二生肖 吳貫因 正風半月刊一卷十三期

（3）算學

中國的數理 李儼 文化建設一卷一期

中國古代算學 嚴忠鐸 交大半月刊二卷一期

九九傳說及九九表 孫文青 學藝雜誌十三卷七號

九九爲中國古代數學之基礎，先秦以前，統曰九九；西漢以後，始曰算術。

九章算術篇目考 孫文青 金陵學報二卷二期

中國隋唐前圓周率之研究 崔宏 北强月刊一卷五期

劉歆，張衡，陸績，劉徽，祖冲等之圓周算法。

敦煌石室算經一卷並序 李儼 國立北平圖書館館刊九卷一號

介紹「鎖套吞容」十九問 張培元 勵學二期

此篇乃讀「四元玉鑑」後，以其中有代數方程式成立之理論，與幾何之眞切意義，特書此十九問，以證明我國代數之發生，實在歐西之先。

「測圓海鏡」批校　李儼　國立北平圖書館刊八卷二號

清代數學教育制度　李儼　學藝十三卷四，五，六號

清代文集算學類論文　王重民著　李儼校　學風五卷二期

算盤發明小考　吳卯　北平晨報藝圃（廿四年八月廿四日）

廿年來國人對於珠算的研究述要　曹日昌　中華教育界廿二卷十，十一期

大小數命位分節之商榷　高夢旦　東方雜誌卅一卷三號　附數位比較表

讀大小數命位分節之商榷後　熊從霖　東方雜誌卅一卷九號

（4）氣象

中國氣候之要素　竺可楨　地理學報二卷一，二期

中國氣候區域論（英文）　賈溥萌　金陵學報二卷二期

造成中國氣候的主因　李良騏　方志月刊八卷三期

中國歷史時代之氣候變遷　竺可楨著　朱炳海譯　國風半月刊二卷四期　內容：（一）導言，（二）中國經典中之物候載記，

(三)中國歷史上之水災與旱災，(四)冬雪日期及最冬次數。

中國歷史上氣候變遷之另一研究 —象和鱷魚產地變遷的考證— 姚寶猷 國立中山大學研究院史學專刊一卷一期

古代河域氣候有如今江域說 —記蒙文通先生魏晉史課堂講演之一節— 蒙文通講 王樹民記 禹貢半月刊一卷二期

中國季候之分佈 張寶堃 地理學報創刊號

東南季風與中國之雨量 竺可楨 地理學報創刊號

長江下游之災荒與夏季雨季之預測 鄭子政 地理學報二卷三期

四川氣候述略 郭秀敏 地理月刊一卷三期

廣西之雨量 李良騏 地理學報二卷四期

廣西惡劣天氣之主成因 廖國儒 方志月刊八卷三期

蒙古東南部之氣象研究 劉洪河譯 新蒙古月刊三卷四期

(5)醫學

中國的醫學 焦易堂 文化建設一卷一期

中國的新醫學 翁之龍　余雲岫　文化建設一卷二期

醫學導徑 周禹錫　中國出版月刊二卷四，五，六期合刊

古代中西醫藥之關係 范行準　中西醫藥一卷一，二期

中國經絡學之剖視 范行準　中西醫藥一卷一期
附：由繁趨簡的診脉法

中華本草歷代變遷 曹炳章　中國出版月刊二卷四，五，六期合刊

中國歷代傷寒書沿革略史 曹炳章　中國出版月刊二卷四，五，六期合刊

歷代研究傷寒的文獻底統計 周莎　中西醫藥一卷一，二期

華佗醫術傳自外國考 夏以煌　中西醫藥一卷一期

敦煌石室古本草之考察 朱中翰　浙江圖書館館刊四卷五期

中央亞細亞出土醫書四種 黑田源次著　萬斯年譯　國立北平圖書館館刊九卷一號　大公報圖書副刊一〇一，一〇二期（廿四年十月十七，廿四日）

關於「現代本草生藥學」 趙幼祥　大公報圖書副刊七一，七二期（廿四年三月廿一日）

趙幼祥君評拙著本草生藥學之辨正 趙燏黃　徐伯鋆　大公報圖書副刊九七，九八期（廿四年九月十九，廿六日）

歷代醫學書目考—醫經類　曹炳章　中國出版月刊二卷四，五，六期合刊
中醫界必讀之書　王潤民　中國出版月刊二卷四，五，六期合刊
修習國醫學書籍要目概說　王一仁　中國出版月刊二卷四，五，六期合刊
國醫學參考書目　沈仲圭　中國出版月刊二卷四，五，六期合刊
清華醫室分類書選　釋清華述　曹志仁記　中國出版月刊二卷四、五，六期
釋清華精醫理，參禪於西子湖畔，此篇載其所珍藏醫書目，並詳記卷數及撰述刊行者姓名。
國醫圖書索引　編者　中國出版月刊二卷四，五，六期合刊
全國醫藥期刊調查記　宋大仁　沈警凡　中西醫藥一卷一期
廿二年來之中國醫學　陶熾孫　中華月報二卷一期
整理國醫學之商榷　劉仲勵講　方振革記　國光雜誌一，二，三，六期

(6)動，植學及其他

南京鳥類之研究(英文)章德麟　金陵學報二卷二期
中國魚類概觀　方炳文講　林文記　方志月刊七卷四期

河北習見之魚類　周晦鑫　河北第一博物院畫報五十九期至九十五期間隔刊登

中國大本植物環象分佈研究　李順卿　師大月刊十一期

中國木材硬度之研究　朱會芳　金陵學報五卷一期

中國木材圖　唐燿　河北第一博物院畫報六九，七〇，七二，七四，七六，七八，七九，八一，八六期

古代的土壤及其所宜的植物的記載　陶希聖　清華學報十卷一期

安徽九華山植物區之觀察（英文）　樊慶生　金陵五卷一期

廣西植物調查記要　史德蔚　周蓄源　金陵學報五卷一期

河北習見樹木（續）　周晦鑫　河北第一博物院畫報五十期至九十九期間隔刊登

海南生物科學採集團行程記　林文　方志月刊七卷四期

十年來之中國物理研究　徐仁銑　光華大學半月刊三卷九，十期

十年來之中國化學研究　曾昭掄　光華半月刊三卷九，十期

十 政治

（1）政治史 附地方政制

中國的政治 余天休 正風半月刊一卷十六期

中國政治之史的觀察 文公直 汗血月刊二卷一號

中國政治觀念之史的發展及今後轉變路向 何炳勛 汗血月刊一卷三號

中央政府制度略史 陶希聖 ——上古及古代—— 文化建設一卷五期

從政治學上觀察中國古代帝師之作用 吳貫因 正風半月刊八期

秦漢統一政略之史的研究 莫寒竹 汗血月刊五卷六期

秦漢之戶口與政治 王崇武 史學一期

秦漢的皇帝 沈巨塵 敘述秦漢皇帝的權力及職務 文化建設一卷八期

西漢皇位繼承制度 林桂圃 ——西漢政治制度研究之一—— 新社會科學季刊一卷三期

兩漢之宮闈政治 吳天植 學風五卷十期

兩漢代的行政中樞機關 于鶴年 大公報史地周刊四十三期（廿四年七月十二日）

中國極盛時代漢唐實幹政治的考察　劉廣惠　汗血月刊五卷六期
—集權政治選賢任能，司法刑律，經濟政策，救濟民生，移民墾邊，安內攘外—

中國士大夫與中國政治　成本俊　珞珈月刊創刊號至四期連期刊登
內容：（一）士大夫階級未產生前之政治過程，（二）封建政治崩潰與士大夫階級之成立，（三）士大夫階級發達與官僚政治之形成，（四）官僚政破毀與士大夫階級之末運。

宋代的政黨政治　胡餘暄　政治評論一七三號

北宋的文人政治　江應樑　前途雜誌三卷六期

慶曆改革的始末　既數　大公報史地周刊廿四期（廿四年五月十日）
宋仁宗時范仲淹之改革朝政的主張

宋室南渡前之內政　陳敏書　汗血月刊三卷三期

清季預備立憲略史　周璞　光華大學半月刊四卷四期

中國的政黨組織與活動　許性初　文化建設一卷二期

跋大清宣統政紀草本　谷霽光　大公報圖書副刊九十四期（廿四年八月廿九日）
清華圖書館藏本

中國最近卅年來的政治制度和憲政運動　薩孟武　文化建設一卷九、十期
內容：（一）清季的立憲運動，（二）

由辛亥革命至清帝遜位，(三)國會成立至天壇憲法草案完成，(四)由國會解散至袁氏稱帝，(五)由國會恢復到宣統復辟，(六)由西南護法到國會二次恢復。

十年來之中國政治 林希謙 大夏一卷五期(十週紀念特刊)

中國歷代中央與地方關係之研究 白德 南風八卷一期

中國地方政制之史評及今後改革之路線 何國祥 大夏二卷九，十號

周禮中的鄉治制度 李承祥 圖書評論二卷十期

春秋齊鄭諸國土地制度與政治區劃 徐心芹 朔望半月刊六號

魯國的「一生一及」承繼制度 高耘暉 食貨半月刊二卷十二期

兩漢地方行政史 黃綬 心力雜誌九，十期

兩漢郡國制度 余厚欽 新社會科學季刊一卷二期

唐代屬地管理法 陳大經 磐石雜誌一卷二，三期合刊，四期

明代河南諸王府之建置及其襲封統系表 郭豫才 禹貢半月刊三卷九

崇啟分治經過及其利害論 陸養浩 江蘇研究一卷一期

滿清以前中國地方政治的沿革　王秉文　北強月刊一卷二期

現階段江西政治之考察　劉海鷗　文化批評一卷四，五期

廣東省三年施政計劃說明書　正風半月刊七期至十五期連期刊登

上海市政的分治時期　蔣愼吾　上海市通志館期刊第二年四期

廣州市政府組織之研究　郭基揚　社會科學論叢二卷一期

吾國市自治制度之演進　沈覲準　法商半月刊一卷一期

從中國歷代地方自治之沿革說到今日中國之地方自治　仁民　中國文化建設協進會山西分會月刊一卷四期

近六年來之中國地方自治　陳柏心　時事月報十二卷三期

介紹一篇關于廣西自治的記述　記者　大道半月刊五期

(2)政治思想

中國政治思想史探討芻議　張馥荍　清華政治學報一卷一期

中國政治思想十講　呂思勉講　翼仁記　光華大學半月刊四卷五期

中國之政治思想與制度 孫寒冰 文化建設一卷二期

中國政治思想中之政原論 蕭公權 清華學報九卷三期

中國古代政治經濟思想述概 龔祥瑞 新中華二卷六期
內容：(一)國家的起原，(二)政府與人民的關係，(三)濟經政策，(四)理想社會。

晚周與希臘之政治思想及其社會生活之比較 鍾貴揚 大夏一卷九號

先秦時代政治思想的剖析與批判 林希謙 大夏一卷六號

先秦諸子的政治哲學 王醒吾 江漢思潮三卷一，二，三期

先秦儒家之君道論 彭俊材 清華週刊四十一卷六期

儒家的政治的哲學 楊玉清 中山文化敎育館季刊二卷一期

儒家政治思想的本質 程讜文 正論四十六期

儒家之仁政說 胡懷琛 青年與戰爭四卷八期

孔子政治思想概觀 閻伯倫 政衡月刊一卷六期

孔子政治思想闡微 鄧孝慈 社會科學論叢一卷二期

孔子的學說及其政治的主張　無病　集美週刊十四卷四期

孔子政治思想與救國　求眞　國光雜誌八期

孔子的生活態度與政治　姜和森　汗血月刊四卷一號

論語之政治觀　郝立人　國專月刊一卷五期

孟子政治概說　戴漢傑　國專月刊一卷五期

孟子政治思想概論　張紹曾　仁愛月刊一卷五期

孟子政治哲學與新生活運動　徐慧中　汗血月刊四卷一號

孟子之政治經濟思想　李俊　珞珈月刊二卷二，三，五期

內容：(一)孟子之環境，(二)孟子之基本思想—唯物論，唯心論，(三)孟子之政治思想—仁政論，民主論，人治論，法治論，(四)孟子之經濟思想—分配論，生產論，交換論，消費論。

先哲孟軻與西哲亞里士多德之政治思想比較觀　秉震　湖南大學期刊二卷四號

荀子政治思想概論　顧邁修　國專月刊一卷五期

荀卿政治思想概要　潘新藻　正中半月刊一卷十期

西漢儒家政治哲學之發達與第一次民族文化中心思想的建設　盧本俊　前途雜誌三卷一期四，五期合刊

董仲舒之政治哲學　朱顯莊　清華週刊四十一卷二期

東漢王符的救邊論　家械　行健月刊四卷三期

仲長統的政治思想　李皜　社會科學季刊四卷三、四號

宋明道學家的政術　陶希聖　社會科學季刊五卷四期

弔民伐罪與民權思想　嵇文甫　清華政治學報一卷一期

中國歷史上曾有過民權思想麽　嵇文甫　河南大學學報一卷三期

墨子的政治思想　王先進　勵學二期

墨子政治思想的研究　丁布夫　汗血月刊四卷一號

管子政治思想　趙志廉　清華政治學報廿一年

管子政治思想之探討　彭文凱　珞珈月刊二卷五、六期

管子之政治學說　顏昌嶢　船山學報四期

韓非之政治學說　陳千鈞　學術世界一卷五、六期

商君政治思想之要旨　陳其策　湖南大學期刊六期

商鞅變法之探討　倪德修　珞珈月刊創刊號

呂氏春秋所表現之政治思想　朱顯莊　清華週刊四十卷六期

李王的政治哲學　譚丕模　師大月刊十八期

李覯是北宋小地主解放運動之理論大家，王安石是北宋小地主解放運動之前衞戰士。

王安石之政治思想政治措施及其政治態度　陳敏書　汗血月刊一卷五號

嚴侯官先生的政治經濟思想　鄭學稼　文化建設一卷十二期

（3）外交

戰國時代之七國外交研究　陳敏書　汗血月刊二卷三號

述秦，齊，楚，韓，趙，魏，燕的外交

漢之對外政策　徐士浩　政衡一卷十二期

咸豐朝中國外交概觀　郭斌佳　國立武漢大學社會科學季刊五卷一號

清朝總理各國事務衙門　劉芝城　清華週刊四十一卷十一，十二期合刊

這衙門設於咸豐十年（一八六○）撤於光緒二年，掌理清廷外交事務。

清季外交史料序　胡適　圖書館學季刊八卷三期

小刀會與太平天國時代的上海外交 席滌塵 上海市通志館期刊第一年一期

上海外交在日俄戰爭時代 席滌塵 上海市通志館期刊第二年二期

十年來之中國外交 梁園東 大夏一卷五期(十週紀念特刊)

滿變的外交新史料 歷樵譯述 國聞週刊十二卷十一、十二期

(4)法律 附公文

中國法制研究 衣僊 齊大季刊四期

中國舊制下之法治 梅汝璈 武大社會科學季刊三卷一號

中國法治精神之探討 阮華國 政衡一卷十一期

中國的法律思想及其制度 郭衛 文化建設月刊一卷一期

古代文化與法律思想 劉子松 文化建設一卷六期

歷代刑律沿革之概略 王文豹 社會學界一卷

我國刑罰變遷之縱的研究 鍾達宏 民鐘季刊二期

古刑法略說 蒙文通 史學一期

我國古代刑法發明的種族及其時代　陳光虞　民鳴週刊四十五期

對于吾國古律例之探討　劉希容　社會科學論叢一卷一期

春秋戰國法律思潮之討論　趙謀　法律評論十二卷二期

唐代法制史略　瀧川政次郎　王晞辰譯　清華週刊四十二卷七期
本文源載「世界文化史大系」第七卷隋唐篇

元代法律的特色　有高巖作　鄺護華譯　法律評論十二卷卅九，四十期

中華民國憲法草案初稿　武大社會科學季刊四卷三號

中華民國憲法草案修正案全文　文化建設二卷二期　中央時事週刊三卷四二期

中華民國憲法草案彙評　湯漪　青鶴二卷十五期

對於中華民國憲法草案之我見　陸振玉　東方雜誌卅一卷八號

中國制憲問題之討論　嚴鍾瑞　江漢學報創刊號

中國民國民法總則評論　李祖蔭　北大社會科學季刊五卷三期

中華民國刑法　武大社會科學季刊五卷一號

中華民國刑法修正案初稿　武大社會科學季刊四卷二號

新舊刑律之商討 陳耀嫣 國學論衡五期下
中華民國破產法草案初稿 武大社會科學季刊五卷三號
晚近我國法制之史的演進 楊幼炯 中山文化教育館季刊二卷三號
廿二年來之中國法律 甯柏青 中華月報二卷一期
十年來之中國法律 吳經熊 大夏一卷五期(十週年紀念特刊)
中國公文書的解剖 梅思平先生講 清生記 清華週刊四十二卷五期
民國公文沿革略說 張鴻來 師大月刊十七期
公文術語考略 亦韋 北平晨報藝圃(廿四年九月二日)

(5)吏治與其他

中國吏治之史的觀察 李奇流 汗血月刊一卷三號
中國吏治改進之芻議 秉士 大學生言論五期
中國之官僚與吏治 李奇流 汗血月刊二卷二號
封建土地所有與官僚政治體系之史的觀察 盧印泉 教授與作家一卷一期

循吏與循吏之政績　張純明　政治經濟學報三卷二期

本文取材以廿四史及清史稿中之循吏傳爲主，間或參考其他有關係之書籍。

貪汚政治之形成的原因　陳敏書　汗血月刊二卷一號

徵引歷代官吏的生活和思想

漢代獄吏之酷　丁易　北平晨報藝圃（廿四年八月十九日）

漢代的「酷吏」與君權的發展　戴振輝　大公報史地周刊五十一期（廿四年九月六日）

兩晉南北朝的宮闈　劉廣惠　食貨半月刊二卷五期

宦官在唐朝政治的地位　范與周　行健月刊六卷三期

明代宦官權勢的演進　王崇武　北平晨報藝圃（廿四年一月廿九，卅日；二月一，二，六，八，九，十二，十六日）

明代宦官生活概況　王崇武　北平晨報藝圃（廿四年三月十二，十三日）

明代宦官與自宮禁令　王崇武　北平晨報藝圃（廿四年三月廿三，廿七，廿九日；四月一，二日）

十一 經濟

(1)經濟史

中國經濟史的引論 陶希聖講 齊植璐記 法商半月刊一卷一期

中國經濟之史的發展階級 呂振羽 文史創刊號

中國經濟結構之歷史的檢討 傅築夫 社會科學叢刊一卷二期

研究中國經濟史的大綱與方法 王瑛 食貨半月刊二卷四,五期

對於研究中國經濟史的一點認識 湯象龍 食貨半月刊一卷五期

民生史觀的中國社會經濟史研究發端 楊及玄 中山文化教育館季刊二卷二期

中國財政之史的發展 郭德明 文化批判二卷四期

我國古代經濟制度概觀 孫乃湛 民鳴月刊二卷三號

中國古代政治經濟思想述概 塹祥瑞 新中華二卷六期

傳說中夏代之經濟考 吳澤 經濟學報一卷一期

從西周到隋初一千七百餘年的經濟轉移 馬乘風 食貨半月刊二卷九期

通過詩經看到周代經濟狀態　汪馥泉譯　中華月報一卷三期

戰國秦漢的財閥　木武　清華週刊四十一卷七期

秦漢經濟史資料　馬非百　食貨半月刊二卷十期；三卷一，二期

西漢經濟底發展及其限制　陳嘯江　國立中山大學文史學研究所月刊二卷五期

西漢社會經濟研究序　陳嘯江　國立中山大學文史學研究所月刊二卷三，四期合刊

西漢底通貨單位和物價—西漢社會經濟研究第八章第三節—　陳嘯江　國立中山大學文史學研究所月刊二卷二期

漢武帝時代之經濟情勢與經濟政策　劉廣惠　文化批判二卷四期

王莽一朝社會經濟短史　馬乘風　中國經濟三卷五期

東漢經濟狀況　劉紹先　金大文學院季刊二卷一期

三國時代的經濟—補三國食貨志初稿—　陳嘯江　現代史學二卷一，二期

三國時代財富的分配—三國經濟史之第八節—　陳嘯江　國立中山大學文史學研究所月刊三卷三期

魏晉南北朝時政治經濟中心的轉移　李旭　食貨半月刊創刊號

五胡亂華前夜的中國經濟　倪今生　食貨半月刊一卷七期

五胡亂華明日的中國經濟 倪今生 食貨半月刊一卷八期

梁代經濟之概略—讀梁書札記— 姚漁湘 食貨半月刊二卷二期

隋唐經濟史研究 葉芷蓀 中國經濟二卷四，六期

隋唐五代經濟概論 呂振羽 中山文化教育館季刊二卷四期

唐代之高利貸事業 劉興唐 食貨半月刊一卷十期

唐代官民借貸考略 恍然 清華週刊四十三卷七，八期合刊

北宋初期的經濟財政諸問題 陶希聖 食貨半月刊二卷二期

王安石的經濟政策與時代背景 吳錫瑞 學藝雜誌十四卷七號

王安石的新法與統制經濟 葉樂羣 前途雜誌二卷十一期

內容：(一)序言，(二)均輸法，(三)市易法，(四)青苗法，(五)募役法，(六)保甲法，(七)保馬法，(八)結論。

葉淇與明代的「開中納粟」制度 朱慶永 大公報經濟週刊一〇四期(廿四年三月十三日)

滿族未入關前的經濟生活—清代的八旗生計問題之一章— 馬奉琛 食貨半月刊一卷六期

中國在帝國主義侵入前的經濟形式 錢亦石 學藝十三卷三號

是亞細亞式生產呢？還是小規模農業及

家庭工業聯合呢?—

鴉片戰役以後中國社會經濟轉變的動向和特徵　楊及玄　東方雜誌卅二卷四號

鴉片戰爭時代華北經濟史資料的新發現　萬斯年　大公報圖書副刊九十一期（廿四年八月八日）

道光朝禁煙之經濟背景　任宗濟　大公報經濟週刊一百廿七期（廿四年八月廿一日）

太平天國革命的經濟背景　羅爾綱　大公報史地週刊十八期（廿四年一月十八日）

中國經濟衰落之歷史的原因　傅築夫　東方雜誌卅一卷十四號

中國過去經濟政策批評　吳希庸　正風半月刊廿一期

重農政策—錯綜農業的成立—抑商政策—賤商思想的改變—閉關時代的皇室工業—清末以來的新工業政策—結論：史的敎訓。

中國經濟發展的本質　劉興唐　文化批判二卷二、三期

轉形期中國經濟之特質　金海如　文化批判二卷五、六期

現代中國經濟的檢討　錢亦石　中山文化敎育館季刊創刊號

廿二年來之中國經濟　馮和法　中華月報二卷一期

十年來中國之經濟　唐慶增　大夏一卷五期（十週紀念特刊）

十年來之中國財政　唐慶增　光華大學半月刊三卷九、十期

（2）經濟思想

中國經濟思想史方法論商榷　石決明　中國經濟二卷六、七期

中國經濟思想四大潮流　唐慶增　光華大學半月刊三卷七期
—儒，法，墨，農—

中國古代的經濟思想　王海波　經濟學季刊三卷二期

中國儒家經濟思想與希臘經濟學說　唐慶增　經濟學報四卷一期

孔子的經濟思想　姜和蓀　汗血月刊三卷六號

孟子經濟思想之新探討　范秉彤　中國經濟三卷四期

管子財富主義的分析　李鎬　北大社會科學季刊五卷一，二期合刊

老子的經濟思想　張覺人　學藝十三卷九號

公孫鞅土地經濟論綱領　閻卿　建國月刊十卷一期

桑弘羊之經濟政策　朱希祉　社會科學季刊四卷一，二號
附桑弘羊年表

桓寬鹽鐵論經濟學說研究　唐慶增　光華大學半月刊二卷九期
桓寬，字次公，汝南人，漢宣帝時舉爲郎官。

司馬遷辯護資本主義　胡適　經濟學季刊二卷一期

劉晏之經濟思想　唐慶增　國學論衡四期上

劉晏字士安，唐晏州南華人。

杜佑的經濟學說　曾了若　食貨半月刊二卷十二期

王安石經濟思想研究　胡國治　經濟學報六卷一期

宋王荆公的經濟政策　高向杲　中國文化建設協會山西分會月刊一卷十一，十二期合刊

王安石的社會思想與經濟政策　陶希聖　北大社會科學季刊五卷三期

眞德秀救荒論綱領　鄒枋　經濟學季刊三卷三期

曾國藩之經濟思想　唐慶增　經濟學季刊五卷四期

（3）貨幣　附金融問題

歷代錢幣沿革概觀　張珍樓　女師學院期刊二卷一，二期

中國古代之貨幣及制錢　李立俠　中國社會二卷三期

中國歷代貨幣學說概說　唐慶增　光華大學半月刊四卷一期

中國歷代之貨幣學說　唐慶增　經濟學季刊四卷二期

文字學上中國古代貨幣勾沈 丁興濵 學風五卷二期

殷周貨幣攷 王名元 國立中山大學文史學研究所月刊三卷三期

先秦貨幣沿革考 陳鯤化 正風半月刊一卷十一期

先秦及漢代之貨幣沿革考 明夫 湖南大學期刊二卷五期

秦漢貨幣制之探討 陳箴 清華週刊四十一卷七期

秦漢經濟史資料四—貨幣制度 馬非百 食貨半月刊三卷二期

兩漢貨幣制度 韓克信 食貨半月刊一卷十二期

三銖錢鑄造年代考 傅新 北平半月刊四，五，六期

這篇駁正漢書記載之錯誤，證明三銖錢乃於漢元狩三年鑄造。

交子發達考 日野開三郎著 傅安華譯 東方雜誌卅一卷十四號

中國金幣考 李國懷 學風四卷六期

銅幣研究 恩級 湖南大學季刊一卷二期

中國歷代的銀幣及銀的問題 傅築夫 社會科學叢刊二卷一期

中國歷史上金銀貨幣問題　加藤繁作　陳嘯江譯　國立中山大學文史學研究所月刊三卷一期
—唐宋時代金銀研究的緒論—

唐宋時代金銀的價格　陳嘯江　文史匯刊一卷一期
—此文譯自加藤繁氏唐宋時代金銀之研究第七章—

唐代絹帛之貨幣的用途　加藤繁著　傅安華譯　食貨半月刊一卷二期
譯自加藤博士的唐宋時代金銀的研究一書的一段
文章

五代貨幣制度　戴振輝　食貨半月刊二卷一期

北宋時代銅鐵錢的鑄造額　日野開三郎著　高叔康譯　食貨半月刊二卷一期
譯自昭和十年(民國廿四年一月)日本史學雜誌
第四十六編第一編

宋代紙幣考略　姜髯公　北平晨報藝圃(廿三年九月廿一，廿五，廿六，廿八，廿九日；十月一日。)

宋代紙幣的研究　周振中　正中半月刊一卷六期
內容(一)中國紙幣肇自宋代，(二)宋代貨幣需供情形。

咸同光宣四朝幣制史　樵　北平晨報藝圃(廿四年三月十九日)

中國紙幣的現狀　向金聲　中國經濟三卷十二期

吾國紙幣之現狀及其問題之探討　楊蔭溥　經濟學季刊五卷三期

中國當前之貨幣改革問題 顧季高 東方雜誌卅一卷八號

中國幣制改革與銀價騰貴 向金聲 建國月刊十三卷五期

四川之貨幣 梅心如 東方雜誌卅一卷十四號

四川幣制之研究 劉希哲 民鳴週刊卅三，卅六，卅七期

中國金融問題之癥結及其對策 張素民 文化建設一卷九期

中國金融現狀之兩個考察 中國銀行經濟研究室 東方雜誌卅二卷九號

中國金融界之現勢 汪諸君譯 中國經濟三卷十二期

上海金融發達史發凡 徐心芹 朔望半月刊七號

上海金融在袁世凱帝制時代 郭孝先 上海市通志期刊第二年一期

危機交迫之中國財政與金融 崔敬伯 大公報經濟週刊一〇八期（廿四年四月十日）

中國近年之銀行業 許寶和 東方雜誌卅卷九，十號

「中國銀行」之變遷史 一庸 國聞週報十二卷十七期

中國錢莊業之危機 吳承禧 國聞週報十一卷一，二期

上海的錢莊　郭孝先　上海市通志館期刊第一年三期

上海之票據清算制度　王文鈞　大公報經濟週刊一百卅三期（廿四年九月卅日）

（4）工商業

中國古代貿易之發展及都市之起源　劉興唐　文化批判二卷六期

從說文研究中所認識的交換形態之史的進展　吳承仕　經濟學報一卷一期

戰國時代商人的動向　河漢　食貨半月刊二卷五期

漢代的官府工業　鞠清遠　食貨半月刊創刊號
內容：（一）工廠的規模與分工，（二）設廠地點，（三）工人。

前漢時代西南海上交通之記錄　鄭師許譯　新亞細亞月刊七卷五期

中國中世紀的商業及其他　戴振輝　清華週刊四十三卷十期

唐代商品經濟之發展　劉興唐　文化批判二卷五期

唐代高利貸及債務人的家族連帶責任　楊蓮生輯　食貨半月刊一卷五期

唐宋時代上海在中國對外貿易上之地位觀　武堉幹　社會科學叢刊二卷一期

關於唐宋時代之商人組合「行」 加藤繁著 張其春譯 國風半月刊五卷一號

唐代官僚地主的商人化 傅安華 食貨半月刊一卷六期

五代的都市與商業—讀新舊五代史隨筆之一— 陶希聖 食貨半月刊一卷十期

宋代廣州市對外貿易的情形 程維新 食貨半月刊一卷十二期

宋代陸上的國際貿易 劉興唐 文化批判二卷四期

南宋官吏與工商業—讀朱文公集隨筆— 鞠清遠 食貨半月刊二卷八期

元代通商制度與清代通商制度之比較 吳貫因 正風半月刊一卷十期

內容：(一)元代稅制重征洋貨清代稅制重征國貨，(二)元代有商埠而無租界清代有商埠並設租界，(三)元代不許外人在國內用外國貨清代則否。

元代西域及猶太人的高利貸與頭口搜索 陶希聖 食貨半月刊一卷七期

十五六七世紀間中國在印度支那及南洋羣島的貿易 張錫綸 食貨半月刊二卷七期

明代的朝貢貿易制度 內田直作著 王懷中譯 食貨半月刊三卷一期

明代吾國與倭寇之貿易關係 鄭宗棨 經濟學季刊五卷二期

清代廣東貿易及其在中國經濟史上之意義—鴉片之役以前— 黃菩生 嶺南學報三卷四期

近世泰西諸國直航來華之起原　時昭瀛　武大社會科學季刊四卷一號

中國國際貿易之檢討　章乃器　中山文化教育館季刊二卷四期

中俄貿易的過去現在和未來　張覺人　中央時事週報三卷八期

中比貿易問題的研究　何炳賢　民族雜誌二卷三期

中非貿易問題的研究　何炳賢　民族雜誌二卷四期

中國與朝鮮貿易問題的研究　何炳賢　民族雜誌二卷八期

中國與澳州貿易問題研究　何炳賢　民族雜誌二卷十二期
以上數篇均就歷史上探討中國與各國通商的經過，再從統計上觀察歷年貿易之趨勢及其展望。

修改中英續議通商行船條約之研究　嚴繼光　民族雜誌二卷三，四，五期
光緒廿八年所訂中英通商行船條約，於民國廿三年七月廿八日已屆第三次十年期滿之時，應另行修改。

清代鴉片戰爭前之中西沿海通商　張德昌　清華學報十卷一期

光緒元年中日通商史料　文獻叢編廿輯

典當業起源考　宓君伏　大公報史地周刊六六期（廿四年十二月廿七日）

中國典當業研究 郭榮陞 南大半月刊一卷十三,十四期合刊

吾國典當業之探討 張由良 大公報經濟週刊一百十四期(廿四年五月廿二日)

我國典當業之研究 張一凡 中國經濟二卷八期

唐代茶業史論 田中忠夫原著 岩試譯 珞珈月刊二卷八期
內容:(一)消費論,(二)生產論,(三)交易證,(四)茶政論。

我國茶業之前途 炎棟 湖南大學季刊一卷二期

湖南之茶業 吳疊農 經濟學季刊五卷四期

中國合作社之史的發展 王思周 經濟學報一卷一期

中國近代工業之瞻望 吳道鍼 中國經濟三卷八期

中國手工業與商業資本之史的發展 王宜昌 文化批評二卷四期

中國的棉產 洪紱 大公報史地周刊六五期(廿四年十二月廿日)

中國造紙工業之發展問題 陳曉嵐 東方雜誌卅一卷七號

北平機械工業概況 趙梅生 經濟學報一卷一期

(5)賦稅

（a）田賦

中國田賦之研究　何魯瞻　民鐘季刊一卷二期

中國田賦論之基本原則　鄒枋　經濟學季刊五卷一期

中國古代土地及賦稅制度研究　陳汝夔　學風五卷九期

中國田賦改革之史的演進　劉支藩　政衡月刊一卷十期

中國田賦制度之史的演變及今後之整頓方策　石泉　進展月刊三卷九，十期，又十一，十二期合刊

中國古代賦稅制度　宮﨑市定著　草心譯　清華周刊四十一卷一，二期

論禹貢田賦不平均之故　許道齡　禹貢半月刊一卷一期

商鞅變法與兩漢田賦制度　劉道元　食貨半月刊一卷三期

西晉田賦制度　燕銘　益旦一卷二期

隋代社會倉制度與國家財政　谷霽光　天津益世報史學十四期（廿四年十月廿九日）

春秋「初稅畝」釋義　張蔭麟　大公報史地周刊四十二期（廿四年七月五日）

唐代租傭調稅制的單位問題　傅安華　大公報史地周刊卅三期（廿四年五月三日）

—評中國中古時期的田賦制度—

唐宋時代莊園之組織及其與聚落之關係 加藤繁著 張其春譯 方志月刊七卷二期

王安石以前田賦不均及田賦改革 陶希聖 食貨半月刊創刊號

遼金元征服中國後田賦制度的檢討 戴博榮 現代史學二卷四期

明代之賦役制度 趙其芳 中國經濟三卷三期

明代的田賦制度與墾荒政策 戴博榮 現代史學二卷三期

明代戶口田地及田賦統計 梁方中 中國近代經濟史研究三卷一期

明代「兩稅」稅目 梁方中 夏稅和秋糧 中國近代經濟史研究三卷一期

明初夏稅本色考 —明代田賦史劄記之一— 方中 清華週刊四十卷十一、十二期合刊

太平天國前後長江各省之田賦問題 夏鼐 清華學報十卷二期

近代田賦史中的一種奇異制度及其原因 梁方中 大公報史地週刊卅三期（廿四年二月廿四日）

中國田賦折徵之形形色色 鄒枋 中央時事週報三卷卅六期

中國田賦之積弊及其整理方法 成鳳彩 中國經濟二卷六期

中國田賦征收制度概觀　蔡如海　政衡月刊一卷七，八期合刊

吾國田賦弊端及初步之整理方案　徐德嶙　前途雜誌四，五期合刊

中國田賦之一考察—中國農業經濟及其崩潰過程—　天野元之助著　劉剛譯　中國經濟二卷八期

中國田賦之一考察　徐羽冰　東方雜誌卅一卷十期

田賦附加稅之沿革　朱偰　社會科學叢刊一卷一期

中國田賦附加稅之現狀及其整理　姜作周　南大半月刊一卷十三，十四期合刊

調查田賦附加稅方法上之研究—中央大學經濟系工作之一—　張伯香　東方雜誌卅一卷十四號

最近一年各省整理田賦附加稅概況　羅玉東　國聞週刊十一卷八，十期

江蘇田賦問題　劉支藩　江蘇研究一卷四期

江西之農佃概況　吳順友　文化批判二卷二，三期

四川省田賦附加稅及農民其他負擔之眞相　朱偰　東方雜誌卅一卷十四號

北平市田賦概況　梁方仲　民族雜誌二卷八期

(b)關稅與鹽務

雍正朝關稅史料（續） 文獻叢編十七，十八，十九輯
雍正硃批諭旨不錄奏摺

光緒三十年粵海關的改革 湯象龍 中國近代經濟史研究三卷一期

民國以前關稅担保之外債 湯象龍 中國近代經濟史研究三卷一期

中國第一次外債 湯象龍 天津益世報史學四期（廿四年六月十一日）

西漢時代的國家專賣鹽法 劉雋 天津益世報史學五，六期（廿四年六月廿五日；七月九日）

東漢的鹽政制度 劉雋 天津益世報史學四期（廿四年六月十一日）

南宋兩浙之鹽政 張家駒 食貨半月刊一卷六期

中國鹽法中專商問題 朱偰 社會科學叢刊二卷一期
吾國鹽法史上，專商勢力極盛時期，蓋爲清乾嘉兩朝。

鹽務掌故錄 景學鈐 政衡月刊一卷四期
清乾隆年間長蘆鹽務密參案，南巡鹽商報効。

清代鹽法考略 姚永樸 安徽大學月刊一卷六期；二卷一期

太平天國時代中國鹽政概觀 何維凝 社會科學叢刊一卷二期

兩淮鹽墾之過去及今後 李百强 經濟學季刊五卷一期

兩淮鹽務與錢莊 王叔涵 經濟學季刊二卷三期

中國「就場官專賣鹽制」理論的沿革　劉雋　天津益世報史學九期（廿四年八月廿日）

中國就場徵稅制鹽法理論的演進　劉雋　天津益世報財政周刊八，九，十期（廿四年三月四，十一，十八日）

中國鹽務之鳥瞰　趙叔雍．申報月刊一卷三，四號

中國之鹽業與鹽民生活　卞錦濤　新中華三卷十三期

引制票制的沿革　黃紹湘　大公報史地週刊六六期（廿四年十二月廿七日）

(C)其他

中國稅制之研究　劉秉麟　經濟學季刊一卷一，三期

論中國牙稅　祝步唐　天津益世報財政週刊（廿四年二月廿五日）

牙稅這種制度始於漢，分爲帖費及年捐兩種，帖費可比諸今日的牌稅，而年捐似乎和現在的營業稅相同。

五代十國正賦苛捐考　盧建會　中山文化教育館季刊二卷一期

唐代的戶稅　鞠清遠　食貨半月刊一卷八期

宋代榷酤考　武田金作　傅安華譯　中國經濟三卷一、二期

—即酒之官釀官賣—

明代糧長制度　梁方仲　天津益世報史學三期（廿四年五月廿八日）

所謂「糧長」就是負責督辦一區的稅糧的頭目，這個職位的

建置是在洪武四年九月。

各省市契稅概況 莊强華 學術世界一卷一期
內容：(一)稅制，(二)永佃契稅，(三)官契紙，(四)官草契紙，(五)契稅之征收，(六)稅收及積弊，(七)契稅之整理。

中國所得稅問題 毛起鵰 經濟學季刊四卷二期

吾國所得稅施行之癥結及其對策 陶季敏 東方雜誌卅二卷十六號

中國遺產稅研究 黃豪 經濟學季刊五卷二期

中國遺產稅問題 蔡如海 中國經濟二卷七期

[illegible]

十二　社會

(1)社會史

中國史前社會的研究　徐平　文化批判二卷二,三期

中國古代社會史的研究　季子　—兼評中外作者對此問題的意見—　中山文化敎育館季刊創刊號

中國社會史研究方法的商榷　齊震　文史一卷二號

對于中國古代社會史研究的方法論之檢討　黃文山　新社會科學季刊一卷三期

中國社會史分期之商榷　非斯　食貨半月刊二卷十一期

中國社會史細分派的批判　王興瑞　現代史學二卷一,二期

中國社會史論戰總評及中國社會結構的新分析　羅敦偉　中國社會一卷一期

「中國社會史論戰批判」的批判　大招　現代史學二卷三,四期

中國社會史論戰底檢討　吳明　中山文化敎育館季刊二卷一期

中國社會史上諸問題之清算　劉興唐　文化批判一卷二期

試談談中國社會史上的一個「謎」　李立中　食貨半月刊二卷十一期
自秦到淸的一個歷史階級只是商業資

本主義的轉變中。

關于中國社會研究的商榷　劉石肱　中國社會一卷二期

研究中國社會方法論的幾個先決問題　陳伯達　文史一卷三期

中國原始社會史方法論　王宜昌　新社會科學季刊一卷四期

中國的社會組織　五來欣造著　孟子眞譯　文化建設一卷二期

中國社會組織之解剖　柯象峯　中國社會一卷一期

中國社會發展形式之探險　劉興唐　食貨半月刊二卷九期

中國社會中心的轉移　張家駒　食貨半月刊二卷十一期

中國史前社會　蘇亦農譯　中國經濟三卷三期
｜譯自日本「歷史科學」去年十一月號｜

中國古代社會研究　章元璞　文化批判一卷四，五期

中國原始人類與其社會之形成　徐心芹　朔望半月刊創刊號

中國古代社會發展之各階級　言鞠　清華週刊四十一卷十一，十二期

中國古代社會與中古社會的分析　陶希聖講　白巴化記　新創造二卷四期

中國古代社會的圖騰文化 黃文山 新社會科學季刊創刊號

社與圖騰 李則綱 東方雜誌卅二卷十三號

內容：(一)引言，(二)社是怎樣產生的，(三)誰是社神，(四)社樹與社石，(五)社的建置及分封，(六)社的體系，(七)亡國之社，(八)社神的職掌。

中國古代社會簡述 李立中 中國社會一卷三期

讀郭沫若中國古代社會研究質疑 王扶生 建國月刊十三卷三期

中國古代及中世紀社會史的研究 錦雲 涇濤十期

從說文中發見之古代社會 程樹德 北大社會科學季刊五卷一、二號合刊

從說文解釋古代社會狀況 蕭適 光華大學半月刊三卷五期

中國的氏族社會 衞聚賢 新中國一卷五、六期

中國奴隸社會與封建社會之比較研究 王宜昌 文化批評一卷四、五期合刊，六期

中國奴隸社會論 劉興唐 文化批判一卷四，五期

再爲奴隸社會辯護 王宜昌 文化批判一卷四，五期

內容：(一)緒言，(二)對于劉興唐的反批判，(三)對于王興瑞君的答辯，(四)結論。

答王宜昌先生之再爲奴隸社會辯護　劉興唐　文化批判二卷一期

歷史法則與其運用　王宜昌　文化批判二卷五期
—并答劉興唐君「中國奴隸社會論」及「答王宜昌先生再爲奴隸社會辯護」二文—

渤海與中國奴隸社會　王宜昌　中國經濟三卷四，五，六期

奴隸社會還是封建社會　劉興唐　中國經濟三卷九期

中國史上奴隸社會理論的探討　建人　中原文化三期至七期連期刊登

奴隸社會研究　李立中　中國經濟三卷六，七期
—並評王宜昌，胡秋原，李麥麥諸先生—

殷周社會略考　陳伯達　太白半月刊二卷四期

殷商社會組織　束世澂　國立四川大學季刊一期

殷周之際的農業的發達與宗法社會的產生　曾謇　食貨半月刊二卷二期

西周時代的中國社會　呂振羽　中山文化教育館季刊二卷一期
內容：(一)周代國家的形成，(二)封建制成立的經濟基礎和西周封建制的成立，(三)初期封建制度的經濟組織。

東周時代的農工商業與社會層　陶希聖　中山文化教育館季刊二卷三號

周人國家創設的過程 呂振羽 經濟學報一卷一期

周代的封建社會 張蔭麟 清華學報十卷四期

周代諸大族的信仰和組織 陶希聖 清華學報十卷三期
內容：(一)周族的母神崇拜，(二)后稷的來源，(三)世代層及兄弟相及制，(四)半族與族外婚，(五)分輩稱呼與世婚制。

周末社會階級之變動 汪炳焜 光華大學半月刊二卷七，八，九期

春秋戰國社會略考 陳伯達 太白半月刊二卷十二期

春秋戰國時代的社會變革和社會運動——爲馬乘風評拙著「中國古代政治哲學批判」而作—— 李麥麥 文化建設二卷一期

戰國至清代社會史略說 陶希聖 食貨半月刊二卷十一期

屈原與其時代 鴻揆 山東八中校刊一，二期
偏重屈原時代的社會情形的考析

思想史上之漢代禮運篇本質與漢代社會的研究 金德建 民族雜誌三卷五期

兩漢社會狀況的鳥瞰 瞿兌之 社會學界三卷

西漢時代的社會經濟情態 胡作勵 珞珈月刊一卷六期
內容：(一)漢代助長土地兼併的幾種因素，(二)

地主與豪商勢力發展的概況，(三)文景以後改革運動的失敗。

東漢時底勤工儉學　蕭鳴籟　國立中山大學文史學研究所月刊三卷三期

魏晉時期社會經濟的轉變　武仙卿　食貨半月刊一卷二期

唐代社會史研究　玉井是博著　傅安華譯　中國社會一卷二，三期

元代社會狀況的研究—介紹馬可波羅遊記對元代社會史的貢獻—　季子　中山文化教育館季刊二卷二期

圖書集成與中國社會史搜討　淵平　新中華二卷十一期

由經濟上考察中國封建制度生成與毀滅的時代問題　傅築夫　社會科學叢刊一卷一期

封建社會崩潰後中國歷史往何處去　陳嘯江　現代史學二卷三期

中國社會停滯狀態的基礎—論「封建生產方法在中國所展開的特殊亞細亞形態」—　陳伯達　文史一卷四號

為尋求中國歷史何以走不上資本主義之路者進一解　陳嘯江　現代史學二卷一，二期

貨幣金融所反映出來的中國社會　章乃器　中山文化教育館季刊二卷一期

廿二年來之中國社會狀況　朱其華　中華月報二卷一期

中國社會思想之嬗遞 馬超俊 中山文化教育館季刊一卷二期

中國固有的社會思想 陶希聖 文化建設月刊一卷一期
內容：(一)重農輕商思想，(二)平等主義思想。

周易中之社會哲學 常乃悳 社會學界一卷

周易的時代背景與精神生產 李星可 中法大學月刊六卷四期；七卷二期
—評郭沫若所論並抒已見—

儒家社會思想的本質 程靄文 正論卅六、七期

墨子的社會思想 林惠祥 厦門大學學報三卷一期

韓非的社會思想 陳漢欽 新社會科學季刊一卷二期

蘇子瞻之社會政策 張尊五 國專月刊二卷一期

朱子在籍在官之救荒概略及其平議 黃源徵 國專月刊一卷一期

顧亭林社會觀 何貽焜 師大月刊廿二期

清代學者洪北江的社會思想 尉之嘉 新社會科學季刊創刊號

淸季陳熾之勞工學說　唐慶增　經濟學季刊一卷一期

嚴復社會思想　林耀華　社會學界七卷
內容：(一)生平事略，(二)學說淵源撮要，(三)中西社會進化之比較，(四)中國社會問題，(五)中國政治問題，(六)中國經濟問題，(七)中國之變法圖强，(八)敎育學說。

梁漱溟主義批判　徐日洪　淸華週刊四十二卷七期

中國輓近社會思想之變遷　俞頌華　社會學界一卷

我國哲學家對於勞作的態度　邱椿　文化與敎育七十二，三期合刊

(3)社會問題的硏究

(A)人口

中國人口之分布　胡煥庸　地理學報二卷二期

廿四史戶口考　呂冀仁　光華大學半月刊三卷一期至八期，四卷一期至五期連期刊登

中國古代人口思想硏究　吳希庸　行健月刊四卷五期

自戰國至漢末中國戶口之增減　楊向奎　禹貢半月刊一卷一期

秦漢之戶口與政治　王崇武　史學一期

前漢戶口統計表　胡德煌　禹貢半月刊一卷二，三期

論兩漢西晉戶口　譚其驤　禹貢半月刊一卷七期

漢末至唐戶口變遷的考察　楊效曾　禹貢半月刊二卷十期

三國時代的人口移動　陳嘯江　食貨半月刊一卷三期
—補三國志食貨志初稿之一—

三國時期國家的三種領民　何茲全　食貨半月刊一卷十一期

晉初郡縣戶數表　黃席羣　禹貢半月刊一卷六期

東晉元魏諸代戶口的逃隱和搜括　戴振輝　食貨半月刊二卷八期

東魏戶口統計表　柳彭齡　禹貢半月刊三卷一期

唐代人口的流轉　黃穀仙　食貨半月刊二卷七期
內容：(一)移民，(二)流徙，(三)戰爭的影響，(四)逃亡就食。

盛唐戶口較多的州郡　陶希聖　食貨半月刊二卷十期
—讀新唐書隨筆之一—

唐玄宗以前的戶口逃亡　傅安華　食貨半月刊一卷四期

官戶的異義　楊中一　食貨半月刊一卷四期

宋史地理志戶口表　趙惠人　禹貢半月刊二卷二期

明代戶口田地及田賦統計　梁方中　中國近代經濟史研究三卷一期

明代戶口逃亡與田土荒廢舉例　張錫綸　食貨半月刊三卷二期

安徽宣城內廣東村和洪楊後宣城的人口　胡傳楷　禹貢半月刊二卷二期

中國人口估計與土地分配問題　張實瑞　磐石雜誌二卷三，四期

中國人口問題之嚴重　張印堂　地理學報創刊號

與張印堂先生商榷中國人口問題之嚴重　涂長望　地理學報二卷一期

中國貧窮人口之估計　柯象峯　新社會科學季刊一卷四期

論中國戶口册籍之法　呂思勉　光華大學半月刊四卷五期

華北農村人口之結構與問題　李景漢　社會學界八卷

中國北部人口的結構研究舉例　許仕廉　社會學界五卷

山東通志人物類地域分佈表　姚師濂　禹貢半月刊二卷二期

廿年來之北平人口　地學雜誌廿四年一期

天津人口 地學雜誌廿四年一期

東海縣人口之一部 地學雜誌廿四年一期

(B)土地

中國田制史略(續) 徐式圭 學藝十三卷二期至五期連期刊登

中國歷代土地制度小史 楊先鐸譯 珞珈月刊二卷三期
內容:(一)井田制度,(二)漢之限田政策,(三)晉之占田制度,(四)南北朝及隋之田制—特述後魏之均田法,(五)唐代班田之法,(六)唐中葉以後之土地私有制。

中國歷代土地政策述略 齊耀東 國立北平大學學報一卷二期(法學專刊)

土地制度之沿革與平均地權 陳宗烈 建國月刊十卷一期

歷代土地政策 胡煥庸 國學商兌一卷一期

中國土地問題文獻述評 方顯廷 大公報經濟週刊一百卄期(卄四年七月三日) 政治經濟學報三卷四期

中國古代土地問題之史的研究 漢傑 進展月刊三卷四期,五,六期合刊

中國古代土地及賦稅制度 陳汝夔 學風五卷九期

屯田制度之史的搜討 余丙生 大學生言論四期

古代均田制度的眞相　梁園東　申報月刊四卷五期

詩經孟子周禮上的中國古代田制及稅法　司印昌譯　師大月刊廿二期

孟子所述古田制釋義　張蔭麟　大公報史地週刊四十二期（廿四年七月五日）

論孟子並沒有所謂井田制　莫非斯　食貨半月刊二卷二期

井田考　何健民　中國經濟三卷三期

井田考　鄭行巽　經濟學季刊五卷二期

井田制度新攷　余精一　東方雜誌卅一卷十四號　社會科學論叢一卷二期

井田新證　倪今生　中山文化教育館季刊二卷二期

井田之研究　祝百英　文史匯刊一卷二期

井田的材料　衛聚賢　學藝雜誌十四卷四期

井田制非土地制度說　梁園東　經濟學季刊六卷三期

土地兼併與井田思想　陶希聖　經濟學報一卷一期

竹帛上的周代封建制井田制　吳承仕　文史一卷三期

西周土地制度與井田 高耘暉 食貨半月刊一卷七，十二期

中國農村經濟史綱要 李競 中國經濟三卷五，七，九，十期
內容：緒論—所謂井田制度—

秦以前中國田制史 吳其昌 武大社會科學季刊五卷三，四號

先秦田制變遷之蠡測 吳志愼 新文化月刊二期

秦漢之土地問題與王莽之改制 古鐵 中原文化二期

晉代土地問題與奴隸制度 傅衣淩 現代史學二卷三期

我國中古「土地公有制」之復興與廢除 徐心芹 朔望半月刊四號

五代的莊田 陶希聖 食貨半月刊一卷十一期
—讀新舊五代史隨筆之二—

北宋幾個大思想家的井田論 陶希聖 食貨半月刊二卷六期

宋代的職田 陶希聖 食貨半月刊二卷四期

金元之田制 萬國鼎 金陵學報二卷一期

金代猛安謀克的土地問題 陶希聖 食貨半月刊一卷八期
—讀金史隨筆之一—

元代江南的大地主 陶希聖 食貨半月刊一卷五期
—讀元史元典章隨筆之三—

明代戶口田地及田賦統計　梁方中　中國近代經濟史研究三卷一期

明代屯田考　萬國鼎　金陵學報二卷二期

明代屯田制研究　孫媛貞　食貨半月刊三卷二期

明代皇莊論　何建民　中國經濟二卷三期

皇莊起源論　鞠清遠　中國經濟二卷七期

明代王府莊田之一例—晉政輯要裏抄下來的數目—　陶希聖　食貨半月刊二卷七期

中國現階段底土地問題　陶直夫　中山文化教育館季刊一卷二期

現在中國土地問題之探究　吳文暉　新社會科學季刊一卷四期

廣東的耕地所有與耕地使用　陳翰笙　中山文化教育館季刊一卷二期

李覯土地經濟論綱領　鄒枋　經濟學季刊四卷二期

黃梨洲之地權論與租稅論　孫兆乾　建國月刊十一卷六期

侯朝宗土地利用論綱領　鄒枋　經濟學季刊二卷四期

(C)農村

中國農民問題之史的發展 李若舟 文化批評一卷四，五期

中國農業起源地的新探索 王盈川 學風五卷八期

中國歷代重農政策之解剖 李奇流 汗血月刊二卷一號

重農思想之歷史性與階級性 石徑斜 中國經濟二卷三期
—中國經濟思想史研究之一—

中國農業技術發展史 王興瑞 現代史學二卷三，四期
—自殷代以至魏晉南北朝農業技術的進展—

中國農業區域之研究 George Cressey著 樓桐茂譯 中國經濟三卷四，五期
—中國之地理環境與農業—

西周時代的生產概況 曾謇 食貨半月刊一卷七期

管子之民食政策 向景華 國專月刊一卷五期

呂氏春秋之農學 孫謙六 農村經濟二卷二期

古代農村救濟制度考 龔山友 大道半月刊六期
內容：(一)儲倉積穀，(二)平糴，(三)散糧助耕，(四)治水，(五)卹老，(六)慈幼，卹孤獨廢疾。

秦漢經濟史資料三—農業 馬非百 食貨半月刊三卷一期

漢代農業生產的諸問題 馬乘風 中國經濟三卷十期

西漢政府的農業政策及其批評　陳嘯江　國立中山大學文史學研究所月刊二卷五期

兩漢的農業設施　吳敬敷　經濟學季刊五卷一期

「一晦三甽歲代取」　楊中一　食貨半月刊一卷六期
對陳嘯江君在「西漢社會純經濟過程之解剖」一文中，說明的西漢農業產量的一段話加以批評。

關於「一晦三甽」問題的商榷並答楊君　陳嘯江　食貨半月刊二卷一期

再論「一晦三甽歲代處」　楊中一　食貨半月刊二卷四期
—答陳嘯江先生—

三國時期農村經濟的破壞與復興　何茲全　食貨半月刊一卷五期

魏晉時期莊園經濟的雛形　何茲全　食貨半月刊創刊號
內容：(一)豪族的發展，(二)自由民到農奴的轉變，(三)新的社會—莊塢。

唐代農村的交換與借貸　傅安華　大公報史地週刊廿一期(廿四年二月七日)

隋唐時代之義倉　一良　食貨半月刊二卷六期

天寶亂後農村崩潰之實況　黃穀仙　食貨半月刊創刊號

天寶亂後唐人如何救濟農村　黃穀仙　食貨半月刊一卷十，十一期

五代農村的殘破和恢復 戴振輝 食貨半月刊二卷二期

朱梁的農村復興熱 嵇甫文 食貨半月刊一卷五期

兩宋農村經濟狀況與土地政策 李又曦 文化建設二卷二期

宋元佃耕制研究 季敏編譯 中原文化七，八期

宋元時代佃戶的研究 劉剛譯 中國經濟二卷二，四期

王安石的政治改革與水利政策「王興瑞 食貨半月刊二卷二期 中國農業技術發展史劄記之二」

由元末的農民暴動談到朱元璋所建立的政權 暉軒 中原文化一期

明代之農民 吳晗 天津益世報史學十二，十三期（廿四年十月一，十五日）

站在社會學之見地解析太平天國的農民革命 劉興唐 文化批判一卷三期

太平天國之農民革命及其思想 鍾夢齡 農村經濟二卷十期

作爲農民戰爭的太平天國革命 佐野袈裟美著 張果譯 時事類編二卷廿八期

各省農工僱傭習慣之調查研究 陳正謨 中山文化教育館季刊一期，二期

寧夏農村經濟之現狀 徐西農 文化建設一卷二期

洞庭湖濱各縣農村經濟上之特點及地權之分配　問農　珞珈月刊二卷六期

我國佃農保護法規的批評　陶因　武大社會科學季刊五卷一號

中國租佃制度之研究　馬寅初　經濟學季刊一卷一期

中國租佃制度之研究　劉君煌　建國月刊十二卷三，四，五期

租佃制度研究　劉秉仁　清華週刊四十一卷十一，十二期合刊

中國租佃關係轉變中的幾個現象　王毓詮　中國經濟三卷四期

中國佃傭制評論　傅衣凌　現代史學二卷一，二期

中國農村破產中之救濟對策　孔雪雄　中山文化教育館季刊二卷二期

農村破產之事實的分析　孔雪雄　中山文化教育館季刊二卷四期

(D)保甲

原保甲　錢基博　光華大學半月刊四卷一期

中國保甲制度之史的發展　李奇流　汗血月刊一卷六號

保甲制度雖始創於宋代之王安石氏，但遠在封建時代的周代已具有其雛形。

中國歷代保甲制度之檢討　龔化龍　前途雜誌二卷七，九號

我國歷代之戶口編審及保甲制度述評　莊繼曾　國衡半月刊一卷四期

保甲制度之史的發展　羅志淵　政衡月刊二卷四期

保甲問題的檢討　敷　中國文化建設協會山西分會月刊一卷九期

保甲運用問題之綜合的研究　聞鈞天　生力月刊一卷三期

(五)匪亂

中國歷代匪亂之鳥瞰　吳品今　汗血月刊創刊號
內容：(一)秦陳勝吳廣之亂，(二)西漢赤眉之亂，(三)東漢黃巾之亂，(四)隋末羣盜之亂，(五)唐末黃巢之亂，(六)明末李自成張獻忠之亂，(七)前清太平天國之亂。

西晉末的流民暴動　武仙卿　食貨半月刊一卷六期

唐代安史之亂的發動與擴大　傅安華　大公報史地週刊五十五期(廿四年十月四日)

黃巢暴動的社會背景　李文治　師大月刊廿二期

宋代的各種暴動　陶希聖　中山文化教育館季刊一卷二期
內容：(一)蜀的均富運動，(二)睦州的共產運動，(三)共餘的教徒暴動，(四)反對現行佛教的佛教徒暴動，(五)河北山東的暴動與梁山泊，(六)紅襖花帽等軍，(七)靖康以後的義勇軍，(八)靖康以

後各地暴動軍，（九）水上的徒黨，（十）茶商暴動，（十一）礦業暴動。

初期的白蓮教會 重松俊章作 陶希聖抄譯 食貨半月刊一卷四期
附元律中的白蓮教會

關於白蓮教之亂 日本矢野仁一著 楊鐵夫譯 人文月刊六卷一，二期

元代彌勒白蓮教會的暴動 陶希聖 食貨半月刊一卷四期
—讀元史隨筆之二—

明代彌勒白蓮教及其他「妖賊」 陶希聖 食貨半月刊一卷九期
—讀明史隨筆之二—

中國明代匪亂的總檢閱 李奇流 汗血月刊二卷三號

方國珍寇溫始末 葉嘉掄原著 甌風雜誌一期至四期連期刊登

晚明流寇之社會背景 吳晗 大公報史地週刊五，六期（廿三年十月十九，廿六日）

晚明流寇與遼東戰爭的關係 朱慶永 天津史學十七期（廿四年十二月十日）

晚明勦寇與今日勦赤 劉滌亞 國立武漢大學四川同學會會刊一卷二期

明末的破局 成本俊 珞珈月刊二卷三期

張獻忠屠川考略 蕭遠健 師大月刊十八期

甲午戰後庚子亂前中國變法運動之研究 陳恭祿 武大文哲季刊三卷一號

八年來赤匪肆擾與國軍清剿之經過 馮有眞 時事月報十二卷二期

赤匪破嘉陵之前後 東明 國聞週報十二卷十八期

共黨禍湘十日記 辜祖文 國風半月刊二卷五號

(F)奴隸

春秋的奴隸 陳憲璇 食貨半月刊二卷五期

西漢奴隸制度 吳景超 食貨半月刊二卷六期

西漢奴隸攷 武伯綸 食貨半月刊一卷七期

兩漢奴隸制度 戴振輝 食貨半月刊一卷七期

西漢的階級制度 吳景越 清華學報十卷三期

兩晉南北朝奴婢況 李鼎芳 北平晨報藝圃(廿三年八月廿八，廿九，卅一日)

唐代的賤民 楊中一 食貨半月刊一卷四期

唐代之賤民階級 黃現璠 師大月刊十三期

讀元代奴隸攷 鞠清遠 食貨半月刊一卷八期 —對日人有高橋「元代奴隸考」的奴隸解放九項原因之批評—

元代係官匠戶研究　鞠清遠　食貨半月刊一卷九期
—質認爲元代官局匠戶是奴隸的人們—

元代係官匠戶補記　鞠清遠　食貨半月刊二卷二期

遼代奴隸攷　傅衣淩　食貨半月刊一卷十一期

中國苦力幫之史的考察　全漢昇　中國經濟二卷一期

(G)家庭與婦女

五倫說之歷史觀　吳承仕　文史創刊號

家之來源與中國古代士庶廟祭攷　姜亮夫　民族雜誌一卷八期

周金文中的宗法紀錄　曾謇　食貨半月刊二卷三期

宗法影響下的中國家庭　王政　民族雜誌二卷六期

一千八百年前的中國家庭　金穆　人言週刊一卷廿九期

魏晉時代之『族』　陳嘯江　國立中山大學研究院史學專刊一卷一期

南朝大族的鼎盛與衰落　武仙卿　食貨半月刊一卷十期

我國古代冠制　逸　北平晨報藝圃(廿四年七月九,十三日)

歷代成年制度攷 美籌公 北平晨報藝圃（廿四年九月六，七，九日）

中國古代的婚姻制度 東川德治著 君岑譯 珞珈月刊創刊號

古代族外婚制的發達 曾謇 食貨半月刊二卷八期

詩經中的周代男女關係 丁霄漢 文化建設二卷一期

內容：（一）女子生活仰賴於男子，（二）男女工作已經分開，（三）男女結合的矛盾，（四）從一而終的觀念，（五）女子的地位比男子低。

春秋戰國時代再嫁之俗 張周勛 北平晨報藝圃（廿四年三月廿七，廿九，卅日）

漢代男女私通的風俗 張周勛 北平晨報藝圃（廿四年四月十，十二，十三，十五，十六，十九日）

從四民月令所見到的漢代家族的生產 楊聯陞 食貨半月刊一卷六期

四民月令是後漢時代的作品，原書早已散佚，現存有任兆麟，王謨，嚴可均，唐鴻學四種輯本。

三國時代的幾種社會風俗之研究 趙毅浩 新文化月刊七，八期合刊，九，十期合刊

內容：（一）關于家族世系方面者，（二）關于婚姻制度方面者。

中國離婚發達史 黃乃漢 社會學界七卷

唐宋時七出研究 董家遵 文史匯刊一卷一期

唐宋時代家族共產制度與法律　陳鼲化　法律評論十二卷一，二期

唐宋之家族同產及遺囑法　仁井田陞著　汪兼山譯　食貨半月刊一卷五

唐代女子服裝考　賀昌羣　藝術週刊十四期（廿四年一月五，十二日）

近三百年來底中國女裝　許地山　大公報藝術週刊三四，三五，三七，三八，四二，四四期（廿四年五月廿五日；六月一，十五，廿二日；七月廿日；八月三日）

鳳盌　劉振卿　北平晨報藝圃（廿四年九月卅日）

宋代女子職業與生計　全漢昇　食貨半月刊一卷九期　內容：（一）實業方面，（二）遊藝方面，（三）雜役方面，（四）妓女。

明代以前婚嫁制度考　惟廉　北平晨報藝圃（廿四年七月廿三，廿四，廿六，廿七，廿九日）

中國多妻制度的起源　蔡獻榮　新社會科學季刊一卷二期

中國婦女在新舊法律地位上之比較　耿馨山　女師學院期刊一卷二期；二卷一期

妾制研究　關瑞梧　社會學界六卷

中國娼妓制度之歷史的搜究　高邁　新社會科學季刊一卷三期

明初倡夫制度　常景宗　北平晨報藝圃(廿四年三月廿，廿二日)
明初的「養子」風氣　王崇武　天津益世報讀書週刊廿二期(廿四年十月卅一日)
古今婦女名用雙文考　樂民　北平晨報藝圃(二十三年七月廿五日)

(廿)士大夫

士的起源　成本俊　珞珈月刊二卷七期
士君子——中國封建社會意識形態論之一——　夏雍　盍旦創刊號
中國士大夫與中國政治　成本俊　珞珈月刊一號至四號連期刊登
亡國大夫之史的檢討　胡夷平　汗血月刊三卷一號
前漢亡國文化與士大夫之責任　丁布夫　汗血月刊三卷一號
記中古時代的士族　程憬　社會科學叢刊一卷一期
魏晉學者之生活與思想　龍世雄　社會科學論叢季刊一卷三期
魏晉時代的亡國大夫與亡國文人　成本俊　汗血月刊三卷一號
魏晉風流與私家園林　吳世昌　學文一卷二期

兩晉士大夫　惲對　金聲一卷一期

晚明仕宦階級的生活　吳晗　大公報史地週刊卅一期（廿四年四月十九日）

三百年來蘇省結社運動考　陸樹柟　江蘇研究一卷三期

兩浙結社考　陳豪楚　浙江圖書館館刊四卷一期

（4）民俗（關于喪葬，婚俗及節令，神祇）

中國的風俗　何炳松　文化建設月刊一卷一期

風俗志　太白半月刊一卷一期至二卷三期連期刊登　記各地特有的習俗或土著的生活

禮俗稽古　黃華節　黃鐘四卷九期

中國社會風俗一臠　申報月刊四卷一期

怎樣改進中國之風俗　吳澤霖　申報月刊四卷一期

志書所供給我們的風俗史料　秋生　北平晨報社會研究九二期（廿四年七月三日）

古代冠服與民國服制　金鳴盛　中國新論一卷三號

舊石器時代人類葬儀之研究　裴文中　天津益世報社會思想卅期（二十二年

中國古代社會研究者對于喪服應認識的幾個根本觀念 吳承仕 文史創刊號

漢代之贏葬—即不用棺槨衣衾之葬— 出版週刊八〇號

明代的殉葬制度 吳晗 大公報史地週刊十七期(廿四年一月十一日)

中國婚喪風俗之分析 陳懷楨 社會學界八卷

中國婚俗之民俗學的研究 楊江松 東方雜誌卅一卷十一號

中國婚姻風俗的檢討 陳邦言 文化建設一卷七期

中國民族婚姻的變象 何聯奎 新社會科學季刊一卷二,三期

現行婚制之錯誤及男女關係之將來 許地山 社會學界一卷

浙江中部「招夫養子」與「租妻」「典妻」的婚俗 吳辰仲 北平晨報社會研究六十九期(廿四年一月廿三日)

志書中所見之福建各府婚喪風俗斷片 劉品端等 福建文化一卷七期

莆田風俗斷片 上里村人、福建文化三卷十七期

淸代粵東械鬥史實 郎擎霄 嶺南學報四卷二期

廣東農村械鬬之嚴重與分析　黃樞　輔仁廣東同學會半年刊二卷一期

廣西賀縣徭民生活的現狀　蔡樹邦　東方雜誌卅一卷十九號

廣西猺民風俗雜談　熾昌　新中華二卷十五期

黎人風俗考　李旭華　河北博物院畫刊九十四，九十六，九十八期

河北寧晉縣的婚嫁風俗　楊翰卿　北平晨報社會研究六十八期（廿四年一月十六，廿三，卅日）

察哈爾風俗考察記　梁輔丞　中央時事週報三卷四四至五十期；四卷二，三，四，六，八期

伊克昭盟拉達特旗蒙民的鄉村生活　龐守善　東方雜誌卅二卷十二號

清初東北土人的生活　周信　禹貢半月刊三卷五期

新疆民族風俗雜談　王履康　政衡月刊一卷三期

新疆各民族婚禮和喪儀　魏景星　天山月刊一卷三期

西藏游牧的人民生活狀況　唐克　平明雜誌三卷五，六期合刊

漢代的社稷神　童書業　天津益世報史學十六期（廿四年十一月廿六日）

城隍考　鄧嗣禹　史學年報二卷二期

城隍史略　鄧嗣禹　大公報史地週刊六四期(廿四年十二月十三日)

春燈溯源　楊汝泉　國聞週報十一卷九期

五辛盤略考　黃華節　太白半月刊一卷十期
—中國新年禮俗史稿之四—

端午火瓢　北平晨報藝圃(廿四年六月四,五日)

鍾馗攷　張錦城　北平晨報藝圃(廿四年十二月四日)

鍾馗考　无名　中國文學二期

桃符考　傅衣凌　國立中山大學文史學研究所月刊二卷三,四期合刊
內容:(一)關於桃與鬼的古代傳說,(二)從桃人到桃符,(三)從圖畫到文字。

七夕　廉君　北平晨報藝圃(廿四年八月六,七日)

話盂蘭　上元　北平晨報藝圃(二十三年八月廿四日)

中秋翫月考　陳雋如　北平晨報藝圃(廿四年九月十三,十四日)

中秋佳節　美髯公　北平晨報藝圃(廿四年九月十六日)

嫦娥考　鄧憂鳴　國專月刊一卷三期

重陽節　廉君　北平晨報藝圃(廿三年十月十六日)

重陽典料輯要　陳雋如　北平晨報藝圃(廿四年十月五、八,十二,十四日)

關於重陽節　啓埒　北平晨報藝圃(廿四年十月四,七日)

臘八雜話　廉君　北平晨報藝圃(廿四年一月十二日)

(5)雜考

近代社會史料　兌之　北平晨報藝圃(廿三年四月廿七日;五月一,二,四,七,十二,十四,十五,十六,十九,廿一,廿二,廿三、廿五,廿六、廿八日;六月一,二,四,五,六,九,十一,十二,十三,十五,十八,十九,廿,廿二,廿三,廿七,卅日;七月三,四,六,七,九,十,十一,十四,十八,廿一,廿三,廿四,廿五,廿七,廿八,卅一日;八月一,四,六,七,十八,廿,廿五,廿七,廿九,卅一日;十月五,六,八,十,十二,十三,十五,十七,十九,廿,廿二,廿三,廿四,廿六,廿七,廿九,卅,卅一日;十一月二,三,五,六,七,八,十,十二,十三,十四,十六,十七,十九,廿,廿一,廿三,廿四,廿六、廿八日;十二月十,十二,十四,十五,十八,廿一,廿二,廿五,廿六,廿八,卅一日;廿四年一月五,七,八日;二月二,六,廿五日;七月二,九,十二,十七,十九日)

守三齋雜記　曾謇　北平晨報藝圃(廿三年五月三,十一,廿五,卅日;六月五,十五,十六,十八,十九,廿二,廿三,廿五,廿六日;八月十一,十五日;十月二日;十一月五,六,七,八,十,十二,十三,十六,十七,十九,廿一,廿三,廿四,廿六,廿七,廿八日;十二月一,三,四,五,七,十,十一,

十二，十四，十五，十七日；廿四年一月十八，卅日）

杶廬所聞錄 鉥庵 關于社會史料 申報月刊三卷十，十一，十二號；四卷一號

中國歷代尺數考 曾士莪 國聞週報十一卷卅八期

漢唐之尺度及里程考 足立喜六著 吳晗譯 人文月刊五卷六，七期

漢唐尺度里程考 足立喜六著 凡桐譯 北强月刊二卷三期

漢里之實長 仇廬譯 禹貢半月刊四卷二期

關于中國度量衡問題之論斷 王恆守 勵學四期

對於吾國度量衡制之商榷 胡剛復 東方雜誌卅二卷七號

中國標準度量衡問題平議 李拔 勷勤大學季刊創刊號

度量衡標準制命名問題之研究 吳承洛 時事月報十二卷四期

關于度量衡及記數名稱之意見 曾瑊益 學藝雜誌十四卷四期

穴居雜考 龍非了 中國營造學社彙刊五卷一期

中國古代的行會制度及其起源 全漢昇 現代史學二卷一，二期

盟與誓 辰伯 文學季刊二期

釋盟與誓之意義和儀式

唱喏考 孫楷第 輔仁學誌四卷一期

國史上陷於煙幕之問題 吳貫因 正風半月刊一卷十八、十九期

南北朝人壽之研究 劉汝霖 師大月刊十期

清代之旌表制度 曾鐵忱 中國社會二卷一期

近代都市的研究法 吳景超 食貨半月刊一卷五期

宋代都市的發達 加藤繁著 陳望道譯 新中華二卷廿一，廿二期

內容：(一)緒言，(二)城壕，(三)坊制及其崩潰，(四)廂—都市所分之區，(五)市制的崩潰，(六)瓦子，(七)酒樓，(八)結語。

宋代都市的夜生活 全漢昇 食貨半月刊創刊號

宋代東京對於杭州都市文明的影響 全漢昇 食貨半月刊二卷三期

宋室南渡後的南方都市 張家駒 食貨半月刊一卷十期

內容：(一)過去的發展，(二)市井的繁盛，(三)宴遊的好尚，(四)奢侈的風習。

南宋之都市生活 小竹文夫著 岑家梧譯 現代史學二卷一，二期

南宋臨安都市生活考 孫正容 文瀾學報一集

南宋杭州的外來食料與食法—南宋都市間的關係之一— 全漢昇 食貨半月刊二卷二期

明汴梁廟會 水子 食貨半月刊二卷七期

清人竹枝詞中之燕都市塲與廟會史料 張次溪 正風半月刊八期

中國廟市之史的考察 全漢昇 食貨半月刊一卷二期

燕京民間食貨史料 張江裁 正風半月刊一卷廿三期

中國古代社會中之酒 一良 食貨半月刊二卷七期

酒話 廉君 北平晨報藝圃(廿四年六月廿一，廿二，廿四，廿五日)

酒話 劍秋 北平晨報藝圃(廿四年十月十六，十八日)

吸煙考 枕 北平晨報藝圃(廿四年五月廿九日)

煙草集証 王逸樵 北平晨報藝圃(廿四年六月七，八，十，十一日)

菸草傳入我國史 亦章 北平晨報藝圃(廿四年六月十五日)

烟草初傳入中國的歷史 吳晗 天津益世報史學三期(廿四年五月廿八日)

鴉片輸入中國考　徐頌周　中國新論一卷五號

中國禁煙法令之發展　于恩德　社會學界七卷

骰子　陳竺同　太白半月刊一卷三期
據考証骰子是外域傳來的六么賭博，輸入當六朝時期。

十三 教育

(1)教育史

中國教育史略 徐式圭 學藝八卷七,八,十號;九卷七,八號;十卷三,五,七,九號

中國教育史綱圖說 丁琦行 國光雜誌五,六,九,十期

中國的教育思想及其制度 章益 文化建設一卷一期

中國教育統制 陳錫恩(英文) 協大學術三期

中國教育之起源 吳家鎮 中華教育界廿三卷六期

讀陳東原撰「養士教育的起源」 唐景崧 天津益世報讀書週刊廿二期(廿四年十月卅一日)

原文載「教育雜誌」新四號

古今學制之異同 顏昌嶢 船山學報五期

我國古代教育之二級制論 吳家鎮 廈門大學學報三卷一期

成周的教育制度 紀廷藻 江漢思潮三卷三期,四,五合期

「學記」的教育制度與教學法則之剖析 章廷俊 政衡月刊二卷六期

漢代之官學　陳東原　學風四卷九期

漢代之私家教學　陳東原　學風五卷二期

漢初之教育　陳東原　學風五卷一期

唐代學校狀況　喬介林　長城季刊一期

遼金元清時代之中國學制　高時良　厦大週刊十四卷廿七期

金代學制之沿革　毛汶　學風五卷十期

(2)教育思想

孔子之教育學　蒼石山房原稿　船山學報二，四，五期

孔子教育思想　林僧　哲學與教育一卷一期

孔子教育思想研究　楊榮春　學藝雜誌十四卷七號

孔子教育之精神　求眞　國光雜誌八期

教育觀點下的孔子　劉石臣　文化批判一卷三期

孔孟教育學說之異同　胡樂豐　學風五卷八期

孟子教育學說 劉德豐 哲學與教育二卷一期

孟荀二子教育思想的比較研究 曾繁鑫 哲學與教育四卷一期

荀子教育思想 張爲銘 哲學與教育二卷二期

荀子教育哲學研究 楊榮春 中華教育界廿二卷十一，十二期

荀子之社會的教育論 瞿世英 社會學界四卷

老莊之反對教育論 遯 哲學與教育二卷一期

莊子的教育思想 楊瑞才 教育新潮三卷四期

梁啟超的教育思想 邱椿 華北月刊二卷一期

內容：(一)他的人生觀—趣味主義，(二)教育的意義與目標，(三)教育的方法，(四)公民教育或政治教育，(五)女子高等教育，(六)教育的趣味，(七)結論。

梁漱溟教育思想述略 唐現之 中華教育界廿三卷六期

陶行知邰爽秋二先生農村教育主張之不同 楊肅 中華教育界廿二卷十期

(3)書院 附現代各大學史略

書院興廢考 班書閣 女師學院期刊二卷一期

內容：(一)書院之創始—始於唐，(二)書院之繁興，(三)明

季之毀書院，(四)清末之廢書院—光緒間改書院爲學堂。

書院掌教考　班書閣　女師學院期刊一卷二期

書院生徒攷　班書閣　女師學院期刊三卷一期

集賢注記輯校　唐韋述原著　海鹽朱倓輯　國立中山大學文史學研究所月刊三卷一期

集賢院爲唐室書府

宋代太學生之政治活動　黃現璠　師大月刊廿一期

宋代太學生之生活及考試情形　覺民　清華週刊四十三卷十二期

宋代書院的興起　張天量　大公報史地週刊卅期(廿四年四月十二日)

紫陽書院沿革考　吳景賢　學風四卷七期

明代的書院制度　梁甌第　現代史學二卷四期

—中國書院制度資料—

龍溪書院考略　鄭師許　嶺南學報四卷一期

學海堂考　容肇祖　嶺南學報三卷四期

學海堂之創建者爲阮元。

同文館考　傅任敢譯　中華敎育界廿三卷二期

同文館設立於一八六〇年間，是中國敎育制度中滲入現代觀念的先鋒：館設在京師直隸總理通商事務衙門，廿世紀初併入京師大學。

國內二十六處教育學院系狀況與課程調查 張文昌 之江學報一卷二期

即中央，浙江，北京，中山，暨南，東北，師範，武漢，湖南，山西，江蘇，安徽，滬江，協和，民國，金陵，華中，復旦，齊魯，厦門，輔仁，金陵女子學院，大夏，燕京，嶺南，之江等廿六處大學或學院之教育學系的調查。

修建北京大學史料 文獻叢編廿，廿五輯

國立中央大學沿革史 楊葆初 江漢學報創刊號

內容：(一)自孫吳迄明之國學—(a)孫吳詔立國學於建業(b)宋設立四學，梁開五館，(c)明建國子監於雞鳴山之陽。(二)三江師範及兩江師範時代，(三)高等師範時代，(四)東南大學時代，(五)中央大學時代。

光華大學簡史 光華大學半月刊三卷九，十期

(4)近代教育

明代之社學 王蘭蔭 師大月刊廿一期

明代之鄉約與民衆教育 王蘭蔭 師大月刊廿一期

清末小學教育之演變 佟振家 師大月刊廿一期

清末安徽之新教育行政　趙郭　趙仲英　學風五卷五期

清末安徽之中等教育　趙郭　學風五卷六期

整理地方教育史料的重要—劉眞—清末安徽新教育史序—學風五卷十期

廿年前考察安徽教育筆記—黃炎培—安徽教育史資料之一—學風五卷二期

六二運動始末　吳景賢　學風四卷六期

民國十年六月二日安徽省垣各校學生，爲請增加教育經費事件與政府及省議會衝突，被軍警毆擊受死傷者多人。

五四以來之中國學潮　黃迪　社會學界六卷

廿年來之中國教育　蔣成堃　廈大週刊十二卷十八，十九，廿期

十年來之中國中等教育　廖世承　光華大學半月刊三卷九，十期

中國教育現狀批判　魯儒林　珞珈月刊一卷二期

中國大學教育評議　董任堅　大夏學報第一卷三號（教育專號）

我國高等教育改進之量的估計　張孟休　中山文化教育館季刊二卷三號

十年來之中國高等教育　歐元懷　大夏一卷五期（十週紀念特刊）

中國鄉村師範演進的鳥瞰 古楳 中華教育界廿一卷十二期

中國鄉村教育運動溯源 顧纂連 學風五卷五期

中國新興教育參觀記 張宗麟 中華教育界廿一卷三期

成都教育的印象 許欽文 中華教育界廿一卷八期

(5)考試制度

中國考試制度之概況 戴季陶 文化建設一卷一期

中國考試制度起源於唐虞，本編所述就科舉，學校，銓敘三方面之政象，舉其犖犖大者，一研究其利害得失。

中國新考試制度 一屆 北强月刊一卷三，四，五期

清代考績制度之研究 李飛鵬 江漢學報創刊號

科舉小史 韓鏡心 涇濤十期

中國科舉制度起源考 鄧嗣禹 史學年報二卷一期

與友人論中國考試制度起源書 俞大綱 光華大學半月刊三卷四期

明代學籍進士考 李棪 輔仁廣東同學會半年刊二期

明天啟壬戌科涇陽王端節公會試朱卷跋　張鵬一　國立北平圖書館館刊八卷六期

清代瑞安選舉人表　陳謐　甌風雜誌十九，廿期合刊

十四　宗教

(1)通論

論中國的宗教　化中　海潮音十五卷四號

中國宗教的發展及其儀式　王新命　文化建設一卷一期

文字學上中國古代宗教勾沈　丁興濱　學風四卷八期

中國古代宗教思想概觀　牛若望　磐石雜誌二卷八，九期
述我國經書中對于上帝之觀念以及儒，道，墨三家對天之觀念。

釋帝　黎正甫　磐石雜誌三卷三，四期
舉經書對于天帝的見解

中國古代原始宗教巫術中之經濟要素　石決明　中國經濟三卷九期

周易卦爻辭之宗教觀　黎正甫　磐石雜誌二卷十一期

由詩經中觀察周代人民的宗教信仰　何盤石　磐石雜誌三卷八期

周代諸大族的信仰和組織　陶希聖　清華學報十卷三期

宗教與中國封建社會　王宜昌　文化批評一卷四，五期

明堂制度與宗教　王治心　協大學術一期　—中國宗教思想史之一章—

(2)佛教

(a)通論

佛教之根本義及其評價　姚寶賓　申報月刊四卷四期

佛法之眞義及其演變　常惺　海潮音十六卷六號

佛家哲學之新體系　余精一　東方雜誌卅一卷十九號

佛教道德觀　木村泰賢遺著　洪林譯　海潮音十五卷五號

佛教倫理學　普欽　海潮音十四卷一號

佛法究竟義與相似義　歐陽竟無　蔣唯心記　國風半月刊六卷九、十期

佛教能傳布中國的原因　陳垣先生講　葉德祿筆記　磐石雜誌一卷四期
因能利用文學，美術，園林的三種緣故。

說佛教與社會制度　銖庵　人間世四十一期

與季弟論學佛書　洪允祥　國風半月刊五卷八，九合期，六卷七，八合期

儒佛會勘　塵隱居士　海潮音十六卷二號

國學與佛學 唐法化講 性渟梵波記 海潮音十三卷八號

蘇東坡的佛教思想 井上秀天著 曇倫譯 海潮音十四卷三號

梁任公與佛教 智藏 海潮音十六卷三,四,五號

評胡適之的佛教觀 慧雲 海潮音十四卷三號

中國佛教現狀 譚云山 海潮音十五卷九,十號 新亞細亞月刊八卷二期

中華佛教印象記 鈴木大拙 海潮音十六卷六,七號

現代佛教趨勢 蔣維喬 人文月刊六卷六期

佛教僧尼統計之鱗爪 慧珠 海潮音十六卷三號

統全國而估計之,除喇嘛外約有僧人五十萬,尼僅十萬。

(B)佛教史 附宗派,寺廟

中國佛教史略 李翼廷 河南大學文學院季刊二期

佛教的教史教法和今後的建設—太虛大師講於閩南佛學院— 守志記 海潮音十四卷三號

歷代判教之概觀 談玄 海潮音十六卷十二號

三階教之研究　矢吹慶輝著　墨禪譯　海潮音十六卷二號至六號，八號至十二號，十七卷一號

三階教之起因於隋眞寂寺信行禪師，恰當中國佛教史上判教之論議漸趨熾盛，形成各宗派之時期。

光孝寺與六祖慧能　謝扶雅　嶺南學報四卷一期

唐書神秀傳疏證　羅香林　國立中山大學文史學研究所月刊二卷五期

神秀汴州尉氏人，少遍覽經史，隋末出家爲僧，後遇峯山東山寺僧宏忍師事之。

唐宋間之雲南佛教　方國瑜　海潮音十六卷三號

宋代之佛教　久保田量遠　慧敏譯　海潮音十六卷十二號

宋元明思想學術文選前編總目敘例　黎錦熙　師大月刊廿二期

選錄楊文會著之「佛教十宗概要」與胡適講之「中國禪學的發展」

十五年來中國佛法流行之變相　大圓　海潮音十六卷一號

十五年來中國佛教之動向　大悟　海潮音十六卷一號

十年來之中國佛教　蔣維喬　光華大學半月刊三卷九，十期

佛法一味論之十宗片面觀　太虛　海潮音十五卷四號

小乘佛教部執分裂及其考證 葦舫 海潮音十五卷四號
小乘佛學變遷之概觀 葦舫 海潮音十四卷五期
俱舍宗廿二根的人生觀 葦舫 海潮音十三卷九號
大乘百法與俱舍七十五法之比較研究 道屏 海潮音十五卷七號
阿毘達磨俱舍論述要 葦舫 海潮音十四卷九號
成實論大意 太虛 海潮音十四卷九號
三論宗歷史之研究 洪林 海潮音十五卷四，五號
震旦三論宗之傳承 啞言 海潮音十五卷六號
三論宗之教義研究 洪林 海潮音十五卷七號
三論宗之思想及其弘傳 洪林 海潮音十五卷九號
中論史之研究 印順 海潮音十五卷九號
相宗鑑眞 姚廷杰 國學商兌一卷一，二期
相宗絡索 王夫之遺著 船山學報六期至九期連期刊登

法相與科學　唐大圓　國學論衡三期

法相唯識學概論　太虛大師講　虞德元記　海潮音十四卷三，四號　厦大週刊十二卷八，九，十，十一，十四，十五，十六期

天台宗的根本教理　黃懺華　海潮音十三卷十號

賢首學與天台學比較研究　太虛　海潮音十三卷十一號

賢首宗教義之特點　紹奘　海潮音十三卷十一號

華嚴宗的根本教理　黃懺華　海潮音十三卷十一號

中國禪學之發展　胡適之講　吳奔星　何貽焜記　師大月刊十八期

禪宗平議　李一超　海潮音十五卷三號

禪宗論義問答　耐冬記　海潮音十四卷十二號

禪宗與曹溪南華寺　羅香林　國立中山大學文史學研究所月刊一卷四期

胡適的禪學　芝峯　海潮音十六卷二號

禪宗與密宗　談玄　海潮音十四卷十一號

禪密或問　塵隱　海潮音十六卷五，八，九，十二號

淨土宗論義問答 耐冬記 海潮音十四卷十二號

淨土述要 泉若 海潮音十四卷十號

密宗教義一班 黃懺華 海潮音十四卷二號

密宗之發展觀 渡邊海旭著 洪林譯 海潮音十五卷六號

全系佛法上之密宗觀 法舫 海潮音十四卷七號

喇嘛教小史 范石軒譯 新蒙古三卷四期

西曆七世時，西藏王斯倫贊堪那，採取印度波羅門之佛典，充實佛教而爲喇嘛，是爲西藏之國教，元時傳入中國漸散佈各地。

喇嘛教之分派及其發達 渡邊海旭著 寂悟譯 海潮音十五卷七號

蒙古的喇嘛教 俞方 蒙藏月報三卷一，二期

西藏佛教的過去與現在 陳健夫 海潮音十五卷九號

康藏之宗教 龍騰淵譯 海潮音十三卷十號

六朝伽藍記敍目 劉汝霖 師大月刊十三期

唐代寺院經濟之管窺 葉受祺 學風五卷十期

中古佛教寺院的慈善事業　全漢昇　食貨半月刊一卷四期

少林寺及其僧徒志　顏承周　北平晨報藝圃（廿三年七月六，七，九，十，十三，十四，十六，十七，十八，廿，廿一，廿三，廿四，廿五，廿七，卅日；八月一，三，六，七，八，十日。）

元代的寺產—戔部文集中的史料—　鞠清遠　食貨半月刊一卷六期

元代佛寺田園及商店　陶希聖　食貨半月刊一卷三期

北平法源寺沿革考　羅桑彭錯　正風半月刊一卷八期至廿三期連期刊登

調查北平護國寺報告　張中微　蒙藏月報四卷一期

故都雍和宮概觀　何佳圭　蒙藏月報四卷三期

(C)佛經與釋義

佛學入門書舉要　劉天行　海潮音十六卷二號

佛教典籍分類之研究　陳鴻飛　海潮音十三卷九號

佛學僞書辯略　李翊灼　文藝叢刊一卷二期

一切經音義校勘記　許瀚原校　邵次公錄　河南圖書館館刊第一冊

三國佛典錄　劉國鈞　金陵學報二卷二期

西晉佛典錄　劉國鈞　金陵學報三卷二期

大中磬刻文時代管見　許地山　燕京學報十八期

所刻係心經和尊勝陀羅尼經

談壇經　李長之　大公報文藝副刊四十四期（二十三年二月廿四日）

壇經是代表禪宗的典籍

記北宋本的六祖壇經　胡適　文史叢刊一期

跋日本京都堀川興聖寺藏北宋惠昕本壇經影印本

「六祖壇經」德異刊本之發現　李嘉言　清華學報十卷二期

這刊本是由日本宮內省圖書寮藏寫本，與丁福保藏明正統四年刻本，互相參校考證出來的。

記雷峯塔藏寶篋印陁羅尼經　甲亘　北平晨報藝圃（廿四年十一月廿五日）

影印宋板磧砂藏經始末記　蔣維喬　光華大學半月刊三卷三，四，五，六期

宋板磧砂藏經存于西安開元臥龍兩寺，民國廿年夏朱慶瀾等放賑至西安，發見之乃倡議印行。

金藏雕印始末考　國風半月刊五卷十二號

附經目

熱河現存之滿蒙藏文大藏經　慧敏　海潮音十六卷九號

現存佛教梵語聖典概觀　渡邊海旭著　洪林譯　海潮音十五卷七號

華嚴宗著述彙目　南亭　海潮音十四卷二號
華嚴字母學音篇　蘁蜕　國學論衡四期下，五期下
華嚴事事無礙法界闡義　唐大圓　國學論衡四期下
四十二章經道安經錄闕載之原因　王維誠　燕京學報十八期
四阿含經之提要研究　力定　海潮音十五卷七號
中國戒律宏傳概論　葦舫　海潮音十五卷七號
大乘妙法蓮華經懸論　太虛師講　守志記　海潮音十五卷六號
大乘起信論底眞如緣起學說　黃懺華　海潮音十五卷八號
起信論札記　唐大圓　國學論衡五期下
阿賴耶緣起與如來藏緣起之研究　法舫　海潮音十五卷三號
無着世親之教義和緣起論—節譯唯識論要義—　花田淩雲著　東初譯　海潮音十五卷五號
觀所緣緣論攝要　唐大圓　國學論衡四期下
漢譯阿毘達磨六足論考　葦舫　海潮音十四卷十二號

顯揚聖教論與瑜伽師地論比較觀　談玄　海潮音十五卷六號

唯識廿論講要　法舫　海潮音十四卷五期

唯識學上之種子義　雨曇　海潮音十五卷七號

唯識新論簡述　李琯卿　海潮音十五卷十一號

唯識學上捨異熟識之研究　寶忍　海潮音十四卷十二號

唯識與四緣十因之研究　雨堃　海潮音十六卷九號

十二因緣之研究　姚寶賢　大陸雜誌一卷十一期

安慧梵藏卅唯識註與成唯識論　姚寶賢　學藝雜誌十三卷三號

義淨譯寶生論中唯識廿論與玄奘譯本之關係　李華德　燕京學報十七期

藥師琉璃光如來本願功德經講記　太虛大師講　竺摩記　海潮音十五卷八，九，十號

地藏菩薩本願經說要　大醒　海潮音十四卷十一，十二號

梵網經與千鉢經抉隱　悲華　海潮音十五卷四號

圓覺經略釋　法智胡述記　—太虛大師在中國佛學會講—　海潮音十四卷二，十，十一號

佛說聖觀自在菩薩梵讚　鋼和泰　燕京學報十七期

出生菩提心經講記　太虛大師講　寶忍記　海潮音十五卷二號

心經法相釋　唐大圓　國學論衡四期下

略說賴耶三相　守志　海潮音十四卷十號

普賢行願品講錄　太虛大師講　普照記　海潮音十五卷十一，十二號

雲中訪經禮佛記　蔣唯心　國風半月刊五卷六，七號

（3）其他

道教思想的由來及其哲學　蔣維喬　光華大學半月刊二卷六期至十期連期刊登

道教之根本思想及其對於人生的態度　許地山　讀書季刊一卷二號

北平白雲觀道學淵源考　羅桑彭錯述　正風半月刊一卷廿四期，二卷一期

初期的白蓮教會　附元律中的白蓮教會　重松俊章作　陶希聖抄譯　食貨半月刊一卷四期

賈耽與摩尼教　聶公谷　禹貢半月刊二卷四期

基督教在華傳教的功罪　姚寶猷　現代史學二卷四期

從教外典籍見明末清初之天主教 陳垣 國立北平圖書館館刊八卷二號

乾隆朝天主教流傳中國史料（續） 文獻叢編十七輯

天主教在察哈爾的狀況 胡一聲 蒙藏月報四卷三期

回教概述 譚云山 新亞細亞月刊六卷五期

回回教入中國考 Issac Mason著 朱傑勤譯 國立中山大學文史學研究所月刊二卷三，四期合刊

回教入華考 丁正熙 晨熹旬刊一卷五號

中國與阿拉伯人關係之研究 朱傑勤 國立中山大學研究院史學專刊一卷一期

—中國回教史的資料—

伊斯蘭教入新疆考 王日蔚 禹貢半月刊四卷二期

長白山之崇拜考 村田治郎博士著 畢任庸譯 人文月刊六卷七期

[illegible]

[illegible]

[illegible]

基督教之發展[illegible]　人文月刊六卷七期

[illegible]中國[illegible]二期[illegible]二號

[illegible]

中國之回教與大同主義之研究　[illegible]　國立中山大學研究院史學專刊一卷一期

回教入中國[illegible]五[illegible]

[illegible]　國立中山大學文史學研究所[illegible]

回教[illegible]六卷[illegible]一卷[illegible]二卷一期

天主教[illegible]第一卷[illegible]四卷三期[illegible]

天主教[illegible]中國[illegible]

十五　藝術

（1）通論

中國的美術　滕白也　文化建設一卷一期
內容：（一）建築，（二）雕刻，（三）銅器，（四）漆器，（五）陶磁器，（六）其他實用美術，（七）今日之危機。

中華民族美術之展望與建設　傅抱石　文化建設一卷八期

中國藝術向那裏去　李寶泉　國民文學一卷三期

中國藝術前途之探討　孫福熙　藝風三卷五期

中國古代藝術上的圖譜　陳鐘凡　現代史學二卷三期
——從古代藝術的圖譜上，考察夏殷周三代文化的起原及其傳播的區域——

中國佛教藝術溯源　常景宗　北平晨報藝圃（廿四年五月廿一，廿二，廿四日）

秦漢美術史　朱傑勤　文史匯刊一卷一期

漢代北方藝術西漸的小考察　滕固　學藝雜誌十四卷四期

唐代藝術的特徵　滕固　文藝叢刊二卷一期

清代的美術 上野菊爾作　吳蒲若譯　藝風三卷五期

藝術叛徒之藝術論 劉海粟　中央時事週報二卷廿一，廿二期，廿八期至卅三期，又卅九，四十，五十期；三卷一，二，三期

述歷代畫家及其作品

研究中國藝術史計劃 陳鐘凡　考古社刊三期

倫敦中國藝展近訊及各國出品選述 莊尚嚴 唐惜分　大公報藝術週刊六二期（廿四年十二月十四日）

（2）書畫

書畫同源 鄧以蟄　大公報藝術週刊廿九期（廿四年四月廿日）

書畫晰覽 花甲病夫　湖社月刊四十一册至四十五册連期刊登

愛吾盧書畫聞見錄 李慶芬　北平晨報藝圃（廿三年八月廿七，廿九，卅一日）

（a）書

書法小史 孫以悌　史學論叢一期

執筆訣 周軼生　制言半月刊四期

執筆法 張舒　北平晨報藝圃（廿四年二月廿六，廿七日，三月一，二，四，五日）

商庵書法叢談 張舒書 北平晨報藝圃（廿三年十二月廿九日，廿四年一月八，十五，十六日）

覆韓君洪鐘論書 楊鑄秋 安徽大學文史叢刊一期一卷

章草之研究 卓君庸 大公報藝術週刊五期（廿三年十一月四日）

草書學說 張皇 人間世廿七期

魏碑與唐書 复父 北平晨報藝圃（廿四年十二月四，七日）

晉字 張震澤 勵學三，四期

晉人小帖 陳子展 太白半月刊一卷一期

大觀帖第六卷榷場殘本考 玉風、大公報藝術週刊四十一期（廿四年七月十三日）

此帖爲翁方綱藏，帖首題目一行：「晉右軍王羲之書」

宋仲温藏定武蘭亭攷 夏甲旦 北平晨報藝圃（廿四年十一月廿二日）

陶淵明詩帖跋 林宰平 大公報藝術週刊五十三期（廿四年十月五日）

淳化閣帖 甲亘 北平晨報藝圃（廿四年十二月九日）

詹東圖玄覽編卷之一 故宮週刊四五二期至四九二期連期刊登

明詹景鳳東圖玄覽，傳本極罕，此數十期所選登多關于歷代墨寶之記述。

龔秋禮元明以來書法評傳墨蹟大觀跋　歐陽竟無　國風月刊七卷一期

(b)畫

通論

中國的繪畫　鄭午昌　文化建設一卷一期

繪畫之理論與技法　賀天健　國畫月刊七期

中國畫技法之史的簡覈　李寶泉　大公報藝術週刊四十九期(廿四年九月七日)

論中西畫法之淵源與其基礎　宗白華　文藝叢刊一卷二期

中國畫特有之技術　呂鳳子　金陵學報二卷一期

中國畫的技術與派別　姚漁湘　國聞週刊十卷廿一，廿二期

中國畫之倣古與寫生　林絳欣　人間世卅六期

傳模移寫新論　干因　北平晨報藝圃(廿三年十月廿三，廿四，廿六，廿九，卅，卅一日；十一月二，三日)

中國畫論上的法與品　戲魚　中原文化四期　清華週刊四十一卷二期

中國畫論由氣韵生動到墨戲的研究 李寶泉 文化設建一卷八期

中國繪畫之背法與輸入凹凸法 葉季英 金陵學報二卷一期

中國繪畫之創作 葉季英 民族二卷十一期

中國繪畫上題之起源及其形式之演化 俞宗杰 藝風三卷五期

中國畫家的目的 王振鐸 人生與文學一卷四期

現代中國畫的反時代性 方人定 藝風三卷七期

中國繪畫的將來 靳石庵 津逮季刊一卷三期

我們怎樣看中國畫 淩叔華 大公報藝術週刊三期(廿三年十月廿一日)

讀「我們怎樣看中國畫」 秦宣夫 大公報藝術週刊七期(廿三年十一月十八日)

內容：(一)「形似」「神」「氣韵」，(二)用色，(三)畫與詩，(四)工與意，(五)餘論。

繪事雜錄(續) 故宮週刊三○一期至四五一期連期刊登

繪事答問 胡佩衡 湖社月刊四十七册至五十八册連期刊登

繪畫之標準 賀天健 國畫月刊九，十期

春覺齋論畫　林紓　湖社月刊十一册至十六册連期刊登

林琴南先生畫論　張次溪　正風半月刊一卷十四期至廿二期連期刊登

北樓論畫　金紹城　湖社月刊一册至十册合訂本

與黃賓虹教授論畫書　陳柱　學術世界一卷四期

國畫十講　陳秉興　申報月刊四卷三，四期

國畫詹言　葉恭綽　湖社月刊九十，九十一册

國畫與水繪　汪亞塵　朔望半月刊二號

畫學淺識　金蔭湖　湖社月刊一册至十册合訂本

畫學講義　金紹城　湖社月刊一册至九十七册連期刊登

畫學原理　蘷冬　湖社月刊十一，十二册

畫法要旨　黃賓虹　國畫月刊一，二，三，五期

畫論蠡測　俞劍華　國畫月刊二，三期

畫要　烏以風　學風五卷一期

學畫之心得 蔡可南 湖社月刊四十七册至六十册連期刊登

學畫心得數則 姜丹書 國畫月刊十一，十二期合刊

畫法擬註 余鑄雲 湖社月刊一册至十册合訂本，又十二册至十七册連期刊登

師二雲居畫贅卷一揆古 顧森書 湖社月刊十二册至十八册連期刊登

師二雲居畫贅卷二協藝 顧森書 湖社月刊十九册

師二雲居畫贅卷四摛景 顧森書 湖社月刊四十册至五十册連期刊登

夢譚畫理 冠道人藏 湖社月刊一册至十册合訂本

芥舟學畫編 沈宗騫 湖社月刊四十二册至六十七册連期刊登

松壽軒第一集論畫法 曹恕伯 湖社月刊十二，十三，十四册

籀廬畫談 從虹 藝觀六期

枕冬閣畫語錄 金隆湖 湖社月刊十七，十八，十九册

石濤畫語錄解 烏以鋒 湖社月刊一册至十六册連期刊登

苦爪和尚畫語錄詮釋 楊溥 湖社月刊八十册至八十九册連期刊登

懷冬閣片言　湖社月刊十二冊

立庵隨筆　錢保昂　湖社月刊一冊至十冊合訂本，又十四，十六，十八，廿冊

愧吾廬隨筆　王賢　湖社月刊一冊至十冊合訂本

鏡湖隨筆　鏡湖　湖社月刊一冊至十冊合訂本

思辟齋隨筆　雲湖　湖社月刊一冊至十冊合訂本，又十三，十八冊

微廬偶筆　張威廉　湖社月刊四十七，四十八，四十九冊

讀畫隨筆　張晉福　湖社月刊一冊至十冊合訂本

讀論畫書　牛新北　湖社月刊九十四冊至九十七冊連期刊登

讀畫學書齋讀書志　吳辟疆　國學論衡三期

論文人畫　李濂　述古代文人畫家對于畫之評論　行健月刊五卷一期，六卷一期

幽夢影畫語　陸丹林　國畫月刊六期

虛齋名畫錄　湖社月刊九十四冊至九十七冊連期刊登

畫扇瑣記　錢立庵　湖社月刊十九冊

雪景畫法之研究 牛新北 湖社月刊十四册

談寫意畫 吳文質 國畫月刊六期

指畫略說 滕白也 藝風三卷五期

續指頭畫說 林彥博 湖社月刊六十二册至七十九册連期刊登

且園指畫 爾玉 北平晨報藝圃（廿四年十二月四日）

福氏贈華國畫撰述及感想 秦宣夫 大公報藝術週刊四十一期（廿四年七月十三日）

故宮藏畫所見 葛康俞 大公報藝術週刊四十六，四十七期（廿四年八月十六，廿四日）

唐宋元明名畫展覽出品目錄 湖社月刊十六，十七，十八册

巴黎中國繪畫展覽 秦宣夫 李健吾 文學一卷五號 內容：（一）引言，（二）古畫，（三）現代畫，（四）結論。

倫敦中國藝展覽之繪畫 夏敬觀 國畫月刊六期至九，十期合刊

倫敦中國藝展開幕 國聞週報十二卷四十七期

畫史

畫史繩 賀天健 國畫月刊二，三期

四朝畫史輯要（續）　金蔭湖　湖社月刊五十五册至八十册連期刊登

我國歷代繪畫之評述與今後繪畫應採之新途徑　張景湲　中國文化建設協會山西分會月刊一卷十期

國畫宗派說暨各體式之商榷　金蔭湖　湖社月刊八十三册至九十一册連期刊登

三種漢畫之發現　賀昌羣　文學季刊創刊號

兩晉至隋異域輸入壁畫的考證　陳竺同　文學季刊二卷三期

論顧愷之至荊浩之山水畫史問題　傅抱石　東方雜誌卅二卷十九期

顧愷之的藝術　汪亞塵　國畫月刊三期

顧愷之的肖像畫　葉季英　民族三卷二期

唐畫偶談　施翀鵬　新中華三卷十一期

唐代式壁畫考略　滕固　東方雜誌卅一卷十三號

歷代御府畫院之興廢　夏敬觀　國畫月刊六期至九，十期合刊連期刊登

宋畫與元畫　李濂　湖社月刊九十五册至九十七册連期刊登　北平晨報學園八四二，八四三號（廿四年八月十二，十三日）

宋陳居中畫卷　黃仲琴　嶺南學報三卷二期
陳居中字嘉泰，畫院待詔，專工人物番馬，布景著色。

科茲洛夫發見南宋版畫美人圖考 那波利貞著 賀昌羣譯 女師學院期刊創刊號

俄國科茲洛夫探檢隊于一九〇七年入蒙古旅行，在甘肅寧夏發掘得西夏時黑城遺址，發見我國古槧本及西夏字畫甚多，此版畫即其中之一。

元代四大畫家 吳蒲若譯 藝風二卷三，五期

本篇譯自：中央美術通卷百卌四號今關天彭所著作元四大畫家之事蹟。

元管仲姬之書畫 冼玉清 嶺南學報三卷二期

明代徽派的版畫 鄭振鐸 大公報藝術週刊六期（廿三年十一月十一日）

清代無畫論 陳小蝶 國畫月刊二期

婁東派畫人四王惲吳概論 程造之 江蘇研究一卷五期

清代的畫派

近代畫家評概 常景宗 北平晨報藝圃（廿四年十二月廿三日）

六法和山水畫 張徵廬 國畫月刊六，七，八期

論山水畫 李應 清華週刊四十一卷五期

論山水畫 海戈 人間世十六期

中國山水畫思想的淵源　謝海燕　國畫月刊四,五期

中國山水畫濫觴時期之推考　賀天健　國畫月刊四期

中國山水畫今昔之變遷　黃賓虹　國畫月刊四期

論中國山水畫之派別　賀昌之　湖社月刊一册至十一册連期刊登

中國山水畫之南北宗　葉季英　民族二卷九期

南北宗　王鈞初　大公報藝術週刊四十八期(廿四年八月卅一日)
「南宗」和「北宗」是中國山水畫的兩大宗派。

清代山水畫之研究　陳師曾　湖社月刊十一,十三,十五,十六,十八,十九册

中國山水畫賞鑑家臨摹家創作家之考核　胡鐘英遺著　國畫月刊四期

中國山水畫在畫科中打頭之論証　賀天健　國畫月刊四期

中國山水畫今日之病態及其救濟方法　賀天健　國畫月刊五期

中國山水畫之寫生　俞劍華　國畫月刊四期

對於中國山水畫寫生之商榷　俞劍華　國畫月刊八,九,十期

學畫山水參考用帖　胡佩衡　湖社月刊十六册

清代花草之派別 陳師曾 湖社月刊廿册

清畫傳輯佚三種序 洪業 燕京大學圖報五十七期

晚清金石家之畫 瓊 北平晨報藝圃(廿四年十月廿八日)

清代梨園書畫史 李大翀 北平晨報藝圃(廿四年一月十八，十九，廿一，廿二日)

清代青樓書畫史 李大翀 北平晨報藝圃(廿四年一月廿三，廿五，廿六日)

中國洋畫家諸傾向 李寶泉 矛盾月刊二卷一期
內容:(一)官學派—徐悲鴻，顏文樑，楊秀濤，潘玉良，(二)印象派—王道源，汪亞塵，吳恒勤，(三)新印象派—周碧初，邱代明

嶺南畫宦錄 潘其璇 學術世界一卷六期

中國畫史人名大辭典凡例 重沓公 藝觀六期

(3)建築

中國的建築 范文照 文化建設一卷一期

中國建築與宗教 宋壽祥 藝風三卷九期

日本伊東忠太博士講演 湖社月刊四十册至四十六册
支那建築之研究

讀樂嘉藻「中國建築史」闢謬 梁思成 大公報文藝副刊四十六期（二十三年三月三日）

由天寧寺談到建築年代之鑑別問題 林徽因 梁思成 中國營造學社彙刊五卷四期 大公報藝術週刊廿五期（廿四年三月廿三日）

漢代建築式與裝飾 鮑鼎·劉敦楨·梁思成 中國營造學社彙刊五卷二期 內容：屋頂，枓栱，柱及礎石，門窗與發劵，平坐及欄干，臺基，牆壁穹窿，裝飾雕刻。

泉州印度式雕刻 庫瑪拉耍彌著 劉致平譯 中國營造學社彙刊五卷二期

定興縣北齊石柱 劉敦楨 中國營造學社彙刊五卷二期

明代營造史料（續） 單士元 中國營造學社彙刊四卷二期；五卷一，二，三期

工程史料 內務府檔 文獻叢編廿八輯 總理工程處三和英廉等約估修理成化寺，淨住寺，瀛臺等處工料銀兩摺。

東西堂史料 劉敦楨 中國營造學社彙刊五卷二期

河北省西部古建築調查紀略 劉敦楨 中國營造學社彙刊五卷四期

晉汾古建築預查紀略 林徽因 梁思成 中國營造學社彙刊五卷三期

明長陵　劉敦楨　中國營造學社彙刊四卷二期

易縣淸西陵　劉敦楨　中國營造學社彙刊五卷三期
內容：（一）導言，（二）諸陵概狀，（三）營建時代，（四）平面配置之比較，（五）地宮結構。

曲阜孔廟之建築及其修葺計劃　梁思成　中國營造學社彙刊六卷一期
內容：（一）上篇孔廟建築之研究，（二）重修計劃。

正定調查紀略　梁思成　中國營造學社彙刊四卷二期
（一）隆興寺，（二）陽和樓及關帝廟，（三）天寧寺木塔，（四）廣濟寺花塔，（五）臨濟寺青塔，（六）開元寺磚塔及鐘樓，（七）府文廟前殿，（八）縣文廟大成殿。

同治重修圓明園史料　劉敦楨　中國營造學社彙刊四卷二期

圓明園營志詳考　崇賢　清華週刊四十卷二期

圓明園史料　文獻叢編十八輯至廿一輯連期刊登

清官式石橋做法　王璧文　中國營造學社彙刊五卷四期

趙縣大石橋　梁思成　中國營造學社彙刊五卷一期

石軸柱橋述要　劉敦楨　中國營造學社彙刊五卷一期
西安灞，滻，豐三橋。

一篇關于蘭州黃河鐵橋之重要史料　眞久　北平晨報藝圃（廿三年十二月四日）

蘭州黃河鐵橋史料續鈔　眞久　北平晨報藝圃（廿四年一月一日）

軒考　樂嘉藻　河北第一博物院畫報八十，八十二，八十四期

杭州六和塔復原狀計劃　梁思成　中國營造學社彙刊五卷三期

中國塔考（續）　樂嘉藻　河北第一博物院畫報五十，五十一，五十三期

識小錄　陳仲虎　中國營造學社彙刊五卷三、四期
內容：門飾之演變

哲匠錄（續）　梁啓雄　中國營造學社彙刊四卷二期，五卷二期
營造補遺

（4）竹刻與其他

刻竹考略　褚德彝　湖社月刊一册至十册合訂本

竹刻源流　懽冬　湖社月刊十三，十四，十八册

竹人續錄　褚德彝　湖社月刊四十三册至七十九册連期刊登

篆刻學講義　壽鑈　湖社月刊一册至十六册連期刊登

塑史　覺父　北平晨報藝圃（廿四年四月二，三，六，八，九日）

塐之餘聞 常景宗 北平晨報藝圃(廿四年四月廿四,廿六日)

刺繡藝術史 常景宗 北平晨報藝圃(廿四年四月十二,十三,十五日)

存素堂絲繡錄 朱桂莘 湖社月刊十五,十七册,又四十一册至七十七册連期刊登

圍琪小史 孫以悌 史學論叢一期

圍棋源流考 李旭華 河北博物院畫刊八七,八八,八九,九一期

[illegible]

閩祖師證考　李[illegible]　河北博物院畫刊八七，八八，八九，九一期

閩東小史藁　以楷　史學論叢二期

介紹美術家[illegible]　[illegible]

刻竹藝術史　[illegible]　北平晨報藝圃(廿四年四月二十三，二十五日)

竹之園圃　[illegible]　[illegible]六日)

十六 音樂 附曲譜歌舞

談雅樂 稚聖 大公報藝術週刊十期（廿三年十二月九日）

律呂與樂均 張笑俠 北平晨報國劇週刊四二，四三，四四期（廿四年九月一，八，十五，廿二日）

引商刻羽雜以流徵解 王易 文藝叢刊一卷二期

晉荀勗十二笛律斠證 顏希深 燕京學報十六期

姜白石議大樂辨 夏承燾 國學論衡三期

蔣孝編南九宮譜與沈璟南九宮十三調曲譜 王鍾麟 金陵學報三卷二期

記「樂學軌範」 問天 劇學月刊四卷四期

「樂學軌範」係明初朝鮮所修官書；第一卷論宮調律呂，第二卷關于樂隊的組織及各種樂器的排列，第三卷記中國唐宋之樂舞，第五六七是樂器圖說，第八卷是舞器圖說，第九卷是冠服圖說。

方成培與香研居詞塵 綠依 劇學月刊四卷六期

香研居詞塵共五卷，清方成培撰。

古樂器小記 唐蘭 燕京學報十四期

內容：上篇：鐘鎛錞鉦鐃鐸，下篇：磬塤鼓敔。

琴學源流 鄭友鶴 國立北平大學學報一卷四期（文理專刊）

琴旨錄要 梅叔 金聲一卷一期

內容：律呂名徵辨—閼轉弦繁謬—立體爲用辨

琵琶小記　荔支　人間世卅四期

閑話琵琶　老鶴　北平晨報藝圃（廿四年三月廿二，廿三日）

琵琶譜錄　曹心泉口述　邵茗生筆記　劇學月刊三卷一期

琵琶聲譜彙昔各地流傳，至爲繁夥；要以直隸，浙江兩省所創製方成者爲大宗。

談「大十番」樂曲　方問溪　北平晨報國劇週刊卅六號（廿四年六月廿日）

曲調源流考　茗生初稿　劇學月刊三卷五，六，八，九期，四卷二期

「宮」「調」　穎陶　劇學月刊三卷四期

宮調通論　尹厂　女師學院期刊三卷一期

北仙呂「點絳唇」之研究　劉澹雲　大公報劇壇（廿四年五月廿四，廿五，廿六，廿七，廿八，廿九，卅日；六月一，二日）

曲譜新編略例　華鐘彥　女師學院期刊三卷二期

南胡曲選譜　陳振鐸　雨後春光　女師學院期刊三卷二期

南胡曲選符號說略　陳振鐸　附南胡曲譜　女師學院期刊三卷一期

南曲譜研究　錢南揚　嶺南學報一卷四期

洞簫練習曲譜　陳龢厂　女師學院期刊二卷二期

明皇曲錄　侯庭督　師大月刊十四期

此篇僅蒐明皇所製之曲，見於史册者凡十之有五。

清官秘譜零憶　曹心泉口述　邵茗生筆記　劇學月刊三卷四，五，六，八期

前清每逢千秋令節或喜慶筵宴，例演吉祥新戲，劇本皆宮中編製先期練習，演劇時多舞燈以湊熱鬧，心泉先生嘗在內庭承值，就其記憶所及，追述其曲譜。

「安天會偸桃」曲譜　曹心泉　劇學月刊四卷三，四期

「思凡」曲調考　劉澹雲　大公報劇壇（廿四年八月廿三，廿四日）

「鍾馗嫁妹」附工尺譜　曹心泉訂譜　劇學月刊三卷七期

「舟配」曲譜　曹心泉　劇學月刊三卷十一期

「水簾洞」曲譜　曹心泉校訂　劇學月刊三卷九期

「盤絲洞」曲譜　曹心泉　劇學月刊四卷五期

「下海」曲譜　曹心泉　劇學月刊四卷二期

「畫蘭」曲譜　曹心泉　劇學月刊三卷十二期

「鐵龍山」曲譜　曹心泉　劇學月刊四卷一期

「林冲夜奔」歌曲之研究　方問溪　北平晨報國劇週刊(廿四年三月十四日；四月四日；五月廿三，卅日；六月六日；七月四日；八月一，十五，廿二日)

「夜奔」曲譜　心泉　劇學月刊三卷十期

麒麟閣激秦三檔曲譜　曹心泉　劇學月刊四卷六期

淮安府全譜　曹心泉　劇學月刊四卷七期

四裔樂儀式　劉振卿　北平晨報藝圃(廿四年五月十三，十四，十五日)

女樂源流記　邵茗生初稿　劇學月刊三卷二，三期

內容：(一)六朝以上之女樂，(二)唐代之女樂。

宋代之女樂　邵茗生　劇學月刊三卷十，十一期

—女樂源流記之三—

唐宋樂舞考　邵茗生　劇學月刊二卷十二期

元明樂舞考　邵茗生　劇學月刊三卷四期

內容：(一)武定文綏之舞，內平外成之舞，(二)崇德之舞，定功之舞，(三)泰定十室樂舞，(四)樂隊舞，(五)十六天魔舞，(六)八展舞，(七)獅子舞，(八)平定天下之舞，車書會同之舞，撫安四夷之舞，(九)明代各種隊舞，(十)表正萬邦之舞，天命有德之舞。

清代樂舞考　邵茗生　劇學月刊三卷六期

內容：(一)文德舞武功舞，(二)大雩童子舞，(三)慶隆舞，(

四）世德舞，（五）德勝舞，（六）五魁舞，（七）瓦爾喀部樂舞，（八）朝鮮國樂舞，（九）蒙古樂舞，（十）回部樂舞，（十一）番子樂舞，（十二）廓爾喀樂舞，（十三）緬甸國樂舞，（十四）安南國樂舞，（十五）清代舞譜。

中國古代之舞（續） 君綏 藝觀 六期

舞器舞衣考 邵茗生 劇學月刊 三卷七期

內容：（一）舞器—相，應，牘，雅，戈，弢，戚，揚鉞，籥，翟，羽，童子舞羽，鷺，翿，纛，羽葆幢，旌，節，童子舞節，慶隆舞節，麾，翧干，金錞，金鉦，金鐃，金鐸，木鐸，單鐸，雙鐸，鼗鼓，無綏兆，舞表，（二）舞衣—冕，爵弁，皮弁，建華冠，章華冠，方山冠。

蒙古樂曲 東府 北平晨報藝圃（廿四年五月廿五，廿八日）

[illegible]

十七 圖書館目錄學

(1)通論

圖書館通論 呂紹虞 學藝十四卷五，六，八，九號

中國圖書小史 林範三 廣州大學圖書館季刊一卷二期至二卷一期連期刊登

詳述古代及宋代各時期的圖

圖書館起源小史 喻友信譯 學風四卷五期

古今公家私家藏書之卷數 曾士莪 國聞週報十二卷卌期

江蘇藏書家小史 吳春晗 圖書館季刊八卷一，二期

廣東藏書家考 何多源 廣州大學圖書館季刊一卷二期，二卷一期

近代廣東書家小傳 偉山 粵風一卷四期

圖書館學論著的介紹 編者 中國出版月刊二期至五期連期刊登

圖書之選擇與購訂 呂紹虞 大夏一卷一期

中國圖書館應負之新使命 雷通羣 廣州大學圖書館季刊一卷四期

中國書的收集法　胡適講　中華圖書館協會會報九卷五期

機關參考資料之處理法　彭志緒　中華圖書館協會會報十一卷二期

工具書的類別及其解題　汪辟疆　讀書顧問創刊號

所謂工具書是凡屬索引，圖表，辭典等一類的書籍，給學者便於檢查的。

線裝書籍保護法　霍懷恕　學風五卷五期

圖界應該怎樣負責補救連環圖書小說流毒　顧家杰　中華圖書館協會會報十一卷二期

從圖書館說到檔案處　劉純　中央時事週報四卷十期

檔案研究之對象與途徑　蔡國銘　文華圖書館學專科學校季刊六卷四期

內政部檔案室巡禮記　蔡國銘　文華圖書館學專科學校季刊六卷三期

內容：(一)前言，(二)總的印象，(三)登記，(四)排列，(五)分類，(六)編目，(七)出納，(八)後語。

(2)各地圖書館概況

全國省立圖書館現狀鳥瞰　陳訓慈　浙江圖書館館刊四卷三期

國立北平圖書館　鄧衍林譯　文華圖書館學季刊七卷三，四期合刊

國立中央圖書館 蔣復璁（文華圖書館學季刊七卷三、四期合刊）。

國立中央圖書館籌備之經過及現在進行概況 蔣復璁 中華圖書館協會會報十卷一期

上海圖書館史 胡道靜 上海市通志館期刊第二年（四期

江蘇省立教育學院圖書館概況 俞頌明 圖書館學季刊八卷四期

西湖文瀾閣規制徵故 張崟 浙江圖書館館刊三卷二期

廣州圖書館事業概述 何多源 廣州大學圖書館季刊一卷二，三期（一）國立中山大學圖書館概況，（二）嶺南大學圖書館概況。

廣州各大圖書館參觀記 馮天齊 中華圖書館協會會報九卷五期

內政部衛生署圖書室實況 馮葆椿 中華圖書館協會會報九卷六期

國立中央大學圖書館概況 桂質柏 江漢學報創刊號

今日之南大圖書館 董明道 南大半月刊一卷十五期

中法大學圖書館概況 馮陳祖怡 圖書館學季刊七卷四期

北平協和醫學院圖書館概況實錄 李鐘履 圖書館學季刊八卷一、二、三期

山東鄉村建設研究院圖書館概况　劉俊卿　中華圖書館協會會報十一卷一期

天一閣考略　編者　學風五卷一期

重整范氏天一閣藏書記略　趙萬里　國立北平圖書館館刊八卷一號　大公報圖書副刊十二期（廿三年二月三日）

從天一閣說到東方圖書館　趙萬里　國立北平圖書館館刊八卷一號　天一閣舊藏明季史料書籍的記錄

廿年來之籀園圖書館　孫延釗　浙江圖書館館刊四卷三期

秋籟閣之殘影　項士元　浙江圖書館館刊四卷六期

（3）目錄學　附編目法

目錄學　周貞亮　安雅月刊一卷四，六，八，十期

目錄學概說　服部宇之吉著　王古魯譯　圖書館學季刊八卷一期

典籍述略　繆鉞　國風半月刊五卷八，九合期

論書目之體例　張西堂　大公報圖書副刊九十二期（廿四年八月十五日）

中國圖書分類法之史的檢討　蔣元卿　學風四卷十期

內容：（一）分類之起源，（二）七略七志與七錄，（三）四部與四庫，（四）四庫之缺點，（五）西洋分類法之輸入。

中國圖書分類的起源 蔣元卿 學風五卷四期
別錄七略漢志源流異同考 程會昌 金大文學院季刊二卷一期
四部與七略 張友梅 圖書展望二期
七略四部之開合異同 汪辟疆 國風半月刊二卷七期
內容：(一)史部與經書之開合，(二)諸子與兵書術數方技之開合，(三)諸賦與文集名異而實同，(四)諸子始終獨立專部，(五)圖譜始終未能獨立專部，(六)佛道二家開合無定。
佛教目錄在中國目錄學上之影響 費錫恩 文華圖書館季刊七卷三，四期合刊
目錄學上「唐」之斠誤 張友梅 圖書展望一期
分類之理論與實際 劉子欽 文華圖書專科學校季刊六卷三，四期
圖書編目法 何多源 圖書館季刊一卷一，二期
圖書之分類與編目 呂紹虞 大夏一卷三號
圖書館分類指南 張鴻書 文華圖書館學專科學校季刊七卷一，二期
圖書分類的面面觀 霍懷恕 學風四卷五期
論圖書分類法標記 喻友信譯 中華圖書館協會會報十卷一期

中文書籍分類法比較　陳鴻飛　文華圖書館專科學校季刊六卷一期

中文圖書十部分類商榷　宋孔顯　新中華三卷十五期

中文圖書標題編製法管見　程長源　浙江圖書館館刊三卷四期

類名標題目錄　錢亞新　女師學院期刊二卷二期
依類名標題卡片排成的目錄，叫做類名標題目錄。

善本圖書編目法　于震寰　圖書館學季刊七卷四期

經書之編目　毛坤　文華圖書館學專科學校季刊六卷一期

近人對於經部分類意見之纂述　霍懷恕　學風四卷十期

子部分類管窺　汪應文　文華圖書館學專科學校季刊六卷一，三期

中國史地圖書分類商榷　杜定友　圖書館學季刊七卷四期

法律圖書分類法的我見　姚俊德　學風四卷十期

雜誌之分類管理法　趙小梅　學風四卷十期

書架目錄略說　霍懷恕　學風五卷九期

在目錄中如何舉示書名　于震寰　中華圖書館協會會報十卷二期

目錄學對于科學研究的功用 余文豪譯 中華圖書館協會會報九卷六期

(4)檢字，索引，與辭典

漢字檢字法沿革史略及近代七十七種新法表 蔣一前 圖書館學季刊七卷四期

中國文字之科學的序列｜五筆檢字法｜ 陳立夫 中山文化教育館季刊二卷一期

漢字形位排檢法修正商榷 杜定友 中華圖書館協會會報十卷四期

漢字筆順的研究 趙榮光 中華教育界廿二卷九，十期

檢字法進一步的討論 張鳳 教授與作家一卷一期

改進以後的好處：(一)每字體系，不相混亂，確合字典的編置，(二)檢查半字，手續經濟，得以簡御繁之旨，(三)字數分少，同號亦減，有省去數目的可能。

綜合檢字法緒言 馬瀛 浙江圖書館館刊三卷五，六期

體面線點檢字法 張鳳天方 現代學生三卷四期

評形數檢字法底新「改進」 郭福堂 大公報圖書副刊五十六期（廿三年十二月八日）

原文：張鳳檢字法進一步的討論，刊登於教授與作家月刊創刊號。

介紹點直橫斜檢字法 蔡元培 現代學生三卷四期

四角號碼檢字法的商榷　趙惠人　浙江圖書館月刊四卷五期

半周鉛筆索引法　周辨明　厦大週刊十三卷廿六，七期合刊

書目答問索引　孔彥培　中法大學月刊六卷五期，七卷四號，八卷一號

室名索引拾補　毛春翔　浙江圖書館館刊四卷一期

書評索引初編　鄭慧英　廣州大學圖書館季刊一卷三、四期
是編索引是將近十幾年的書評彙集在一起

中國經濟社會史重要論文分類索引　食貨半月刊一卷六期至三卷二期連期刊登

國防書目及期刊論文索引　雪昆　澤永合輯　圖書展望三期

介紹「法學論文索引」　鏡宇　中華圖書館協會會報十卷二期

重訂叢書子目索引序　李笠　浙江圖書館館刊三卷六期

清代文集篇目分類索引序　王重民　大公報圖書副刊九十八期（廿四年九月廿六日）

中國地學論文索引序　王庸　禹貢半月刊一卷十一期

地學論文索引序　張其昀　國風半月刊四卷十二號　圖書館學季刊八卷二期

文學論文索引三編序　郭紹虞　大公報圖書副刊一一〇期（廿四年十二月十九日）

讀史方輿紀要索引支那歷代地名要覽序 張其春譯 方志月刊八卷七，八合期

中文字典辭書解題 林斯德 圖書展望三期

古今人物別名辭典 附序例 陳德芸 廣州大學圖書館季刊二卷一期

國學辭典序 曹鍾瑜 中華圖書館協會會報十一卷二期

（5）印刷與版本

中國的印刷 王雲五 文化建設一卷一期

印刷術之基礎知識 千里 中國新書月報二卷九，十期合刊

版本 周越然 太白半月刊一卷一期

版本 阿英 文藝畫報三期

版本述 王修 浙江圖書館館刊三卷三，四期

版本名稱簡釋 雪昆 中國出版月刊四卷五，六期

我也談談版本 雲彬 太白半月刊一卷三期

「席上腐談」之版本及其價值 張崟 浙江圖書館館刊四卷五期 「席上腐談」宋季吳郡俞琰撰，書爲札記體。

宋元刊本刻工名表初稿　長澤規矩也著　鄧衍林譯　圖書館學季刊八卷三期

元朝私刻本表　鄭師許譯　人文月刊六卷五，七期

福建版本在中國文化上之地位　張貽惠　福建文化一卷七期

廿四史版本沿革考　王紹曾　國專月刊一卷一，三．四期

呂氏春秋板本書錄　蔣維喬等　光華大學半月刊三卷八期　人文月刊六卷四期

—呂氏春秋集解書錄之一—

水經注版本述略　怡生　北平晨報藝圃（廿四年十一月卅日；十二月一日）

華陽國志版本考略　朱士嘉　燕京大學圖報七十，七十一期

洛陽伽藍記版本述略　怡生　北平晨報藝圃（廿四年十二月七日）

藏書紀事詩之版本及其索引　張慕騫　浙江圖書館館刊四卷一，二期

藏書紀事詩爲清長洲葉鞠裳先生鉅著之一、是書有兩種本子；一爲清光緒廿三年江氏靈鶼閣叢書刻本，一爲清宣統二年家刻本。

浙江省立圖書館藏書版記　毛春翔　浙江圖書館館刊四卷三期

經山寺刻藏述　陳豪楚　浙江圖書館館刊四卷六期

校讐學之意義及其歷史　馬太玄　中華圖書館協會會報十卷六期

校勘學方法論—序陳垣先生的元典章校補釋例—　胡適　國學季刊四卷三期

校勘學之興趣　李笠　文瀾學報一集

校書雜錄　沈延國　制言半月刊七期

經史百家刋誤　馬定　北平晨報藝圃（二十三年一月卅，卅一日；二月二，三，十，十二，十三，十九，廿，廿一，廿三，廿七，廿八日；三月三，五，六，九，十四，十六，廿，卅一日；四月三，四，十三，廿日；五月一日）

（7）書目

（A）普通

補南齊書藝文志　陳述　師大月刊廿二期

清代公藏及其有關係之目錄　蓮子　正中半月刊一卷五期　本篇縷舉在四庫以前清宮庭內，所庋藏之圖書，天祿琳琅是也；四庫以後之公藏，如學部等處藏書。

清內府書籍目錄　河南圖書館館刊第三冊

清熱河避暑山莊各殿宇陳設書籍目錄　圖書館學季刊八卷一期

清代著述統計之研究　陸達節　建國月刊十二卷二期至五期連期刊登
分經史子集四部來作百分比

校正書目答問　葉德輝遺著　國學論衡三期

書目答問補正序　柳貽徵　國風半月刊四卷九期

新書目答問　黎錦熙　文化與教育七二,三期合刊
就張之洞書目答問改編,用師大圖之中國圖書十進分類法。

國學必讀簡要目錄序　孫德謙　大夏一卷十期

百部佳作擬稿　張明仕　宋雲彬　人間世卅九期

中國書分類目錄　中國新書月報二卷九,十期

最近新書分類介紹　中國出版月刊一期至三卷五期連期刊登

雜誌專號集目　丁濬　于震寰　中華圖書館協會會報十卷五期

中文期刊生卒調查表　中華圖書館協會會報九卷四期至十一卷三期連期刊登

一九三三年的古籍發見　鄭振鐸　文學二卷一號

舊京訪書記　王葆心　安雅月刊一卷七,八期

北遊觀書日記 錢南揚 浙江圖書館館刊三卷五期

甌海訪書小記 慕騫 浙江圖書館館刊三卷三，五，六期

城南草堂曝書記(續) 王立中 學風四卷一期至五期，七期至十期；又五卷七期至十期連期刊登

浙江省立圖書館圖書總目中日文書第一輯序例 陳訓慈 學風五卷九期

國學圖書館圖書總目序 柳詒徵 國風月刊七卷四期

本館新得莊氏蘭味軒捐贈圖書目錄 浙江圖書館館刊三卷二期

嘉興吳興圖書館訪書小記 夏樸山 浙江圖書館館刊四卷六期

廈大圖書館最近新書一覽 廈大周刊十四卷廿六，廿九期

新編中日文書目錄 燕京大學圖書報卅八期至八十三期連期刊登

秀野公刊書藏書略紀 顧柏年 浙江圖書館館刊四卷六期

金氏花近樓書目解題(續) 金濬 學風四卷一期至五卷三期連期刊登 國風半月刊六卷九，十期合刊

金氏花近樓書目解題序 東原 學風五卷六期

梁溪余氏負書草堂秘笈書目 燕京大學圖書報八十期

校絳雲樓書目跋尾　薛吟白　燕京大學圖報卅八期
此書目現藏燕京圖

讀書敏求記校定本題記　薛吟白　燕京大學圖報六十三，六十四，五合期

巴陵方氏藏書志序　余嘉錫　國立北平圖書館館刊八卷六期

梁氏飲冰室藏書目錄序　余紹宋　圖書館學季刊八卷一期

韓氏讀有用齋書目序　封文權　圖書館學季刊八卷二期

明吳興閔氏刊書目　傳鈔本　河南圖書館館刊第三册

辛亥以來藏書紀事詩　倫明　正風半月刊一卷廿期至廿四期；二卷一期

藏書紀事詩索引　張慕騫　浙江圖書館館刊四卷六期

要籍解題　陳衍　國專月刊二卷一，四期

拾經樓羣籍題識（續）　葉啓勳　圖書館學季刊七卷四期
（一）春渚紀聞十卷，（二）默紀十卷。

雁影齋題跋　李希聖遺稿　船山學報二期，又四期至九期連期刊登

籀廎題跋　孫詒讓　青鶴雜誌一卷十七期，二卷九期至十八期連期刊登
（一）審思殿研拓本跋，（二）五鳳甎研拓本跋，（三）二劉集跋，
（四）竹軒雜著跋，（五）干常侍易注疏證跋，（六）甕菊軒詩草跋，（七）竄
擴詩質跋，（八）東遊日記跋，（九）書唐寫本說文木部殘帙後，（一〇）書

大戴禮易本命篇盧注後，（十一）亭林詩集校正跋，（十二）召白虎敦拓本跋，（十三）集韻攷正跋，（十四）五鳳甎研拓本跋，（十五）九峯山志跋，（十六）横塘集跋，（十七）曾詞百詠跋。

止盦書跋 孫鳴鏘遺著 青鶴一卷廿期；二卷五，七期

（一）江揚畫史錄跋，（二）跋周文忠公墨蹟手卷，（三）書王荆公唐百家詩選，（四）跋鈔鶴泉集，（五）跋王夢樓杭州府志首卷凡例圖説例，（六）跋環菴遺稿。

盉山羣書校跋 潘承弼 制言半月刊二期至七期連期刊登

（一）劉子新論，（二）詞林萬選，（三）涉史隨筆，（四）萬柳溪邊舊話，（五）硯箋，（六）秋崖詞。

叢書跋語 張元濟 青鶴二卷廿期至三卷十九期連期刊登

（一）東萊先生詩集跋，（二）許白雲先生文集跋，（三）山谷外集詩注跋，（四）爾雅疏跋，（五）飲膳正要跋，（六）張子語錄跋，（七）雲仙雜記跋，（八）馬氏南唐書跋，（九）蕭冰厓詩集拾遺跋，（十）張光弼詩集跋，（十一）陸氏南唐書跋附校勘記，（十二）羣經音辨跋，（十三）影宋羣經音辨跋，（十四）宋之問集跋附校勘記，（十五）馬氏南唐書跋附校勘記，（十六）急就篇跋，（十七）麟臺故事殘本跋，（十八）李丞相詩集跋附校勘記，（十九）周賀詩集附校勘記，（二〇）朱慶餘詩集跋附校勘記，（二一）春秋胡氏傳跋附校勘記，（二二）呂氏家塾讀詩記跋，（二三）青陽先生文集跋，（二四）周易要義跋，（二五）梅亭先生四六標準跋，（二六）棠陰比事跋，（二七）疊山集跋，（二八）禮記要義跋附校勘記，（二九）茗齋集跋，（三〇）春秋正義跋，（三一）吳越備史跋附校勘記。

思適齋題跋題詞 章鈺 燕京大學圖報八十一期

補讀書廬題跋　温廷敬　國立中山大學文史學研究所月刊二卷二，五期

集千家注批點杜工部詩集

跋汪又村藏書簿記抄　洪煨蓮　燕京大學圖報七十七期

序跋彙刊　浙江圖書館館刊四卷一期至六期連期刊登　(一)續谿廟子山王氏譜序目，(二)故錢塘丁松生先生百齡冥誕紀念序，(三)拜魁紀公齋叢書序並跋，(四)譯書經眼錄序，(五)關中金石文字新編跋，(六)豐華堂藏浙江方志目錄序，(七)重刊稽愆集序，(八)天台國清寺浮居隋造像跋，(九)新鍥孔聖宗師出身全傳跋，(十)宋元南戲百一錄序，(十一)唐太常遺文序，(十二)孫太僕年譜跋，(十三)「圖書之典藏」弁言，(十四)新刊仙居叢書序，(十五)萬曆仙居縣志校勘後記，(十六)飲冰室合集序，(十七)南田山志序，(十八)仙居叢書序例，(十九)仙居叢書序，(二十)唐荆川先生年譜序，(二十一)書西溪藏稿後，(二十二)太平御覽跋，(二十三)史記新校注序，(二十四)校刊鄭渭川衢縣志稿弁言。

(B)專科

翁方綱羣經附記殘稿跋　周一良　燕京大學圖報七十八期

殷契書目錄　陳準　甌風雜誌一，六，七期

商代典籍志初稿　王蘧常　「國風半月刊五卷六，七合期

逸周書集目　沈延國　制言半月刊五期

擬重訂章學誠史籍考類目——學瓠著述之一——葉仲經　中央時事週刊四卷五期

廿五史補編書目提要　國聞週報十二卷十五，十九期

廿五史補編提要選錄　廿五史刊行會　禹貢半月刊三卷七，八期

百部佳作史地部分擬目　胡佳　人間世卅九期

明代倭寇史籍誌目　吳玉年　禹貢半月刊二卷四，六期

萬季野明史稿流散目錄　國風半月刊四卷六期

大英國博物館所藏太平天國史料考　謝興堯　大公報圖書副刊卅一期（廿三年六月十六日）

記巴黎國家圖書館所藏太平天國文獻　王重民　大公報圖書副刊八十三期（廿四年六月十三日）

共讀樓所藏年譜目　陳乃乾校錄　人文月刊六卷七期至十期連期刊登

清代行政制度參考書目　馬奉琛　社會科學季刊五卷三，四期

中國地理學史上之書目　吳錫瑞　地學季刊二卷一期

重印四庫全書所收地理書目專號　王　方志月刊七卷八，九期合刊

續補館藏方志目錄　國立北平圖書館館刊八卷二號

九峰舊廬方志目錄序　顧頡剛　燕京大學圖報七十二期

金陵大學圖書館所藏兩廣方志錄　王齊宣　廣州大學圖書館季刊二卷一期

廣東三大圖書館所藏全省方志錄　鄭慧英　廣州大學圖書館季刊一卷二期

清代學者地理論文目錄　王重民　禹貢半月刊三卷八，九，十二期；四卷三，五期

現已編入「清代文集篇目分類」索引印出

清代學者關于禹貢之論文目錄　王重民　禹貢半月刊一卷十期

楊守敬地理著述考　朱士嘉　禹貢半月刊四卷一期

先生湖北宜都人，此篇依年代先後分述之，首列書名卷帙，版本，次及序跋，目錄，書後間或附以按語。

館藏樣式雷藏圓明園及內庭陵寢府第圖籍分類目錄　金勳　國立北平圖書館館刊七卷三，四號

館藏樣式雷製圓明園及其他各處燙樣目錄　金勳編　國立北平圖書館館刊七卷三，四號

關於上海的書目提要　胡懷琛　上海市通志館期刊第二年一期

福建文化研究書目　金雲銘　福建文化一卷一期至四期，六期

南州書樓所藏廣東書目　冼玉清　廣州大學圖書館季刊二卷一期

西文雲南論文書目選錄 丁驌 禹貢半月刊四卷八期

存素堂入藏圖書河渠之部目錄 朱啓鈐 中國營造社彙刊五卷一期

關於中國人口墾殖種族諸問題中英書目 許仕廉 牛鼐鄂 社會學界四卷

明代北方邊防圖書錄 王以中 地學雜誌廿二年二期

歷代兵書述略 陸達節 建國月刊十卷五期

東方圖書館殘本數學舉要目錄 李儼 圖書館學季刊七卷四期

本館新購裘氏雙嘯室中國算學書目 浙江圖書館館刊三卷三，四期

測圓海鏡批校目錄 孔廣森撰 國立北平圖書館館刊八卷二號

墨經集目 沈延國 制言半月刊五期

館藏類書目錄敘 洪業 燕京大學圖報七十四期

叢書百部提要 出版週刊一百二十九期

盛明百家詩目錄 蔡金重 燕京大學圖報七十九期

同光兩朝別集提要 孫雄 北平晨報藝圃（廿四年四月六，八，九、十日）

故宮所藏昇平署劇本目錄　故宮週刊三百〇一期至三百十五期

參加倫敦中國藝術國際展覽會出品目錄(未完)　故宮週刊四六〇期至四九二期

一九三四年的文學雜誌　于震寰　中華圖書館協會會報十卷三期

全國醫藥期刊調查記　宋大仁　沈警凡　中西醫藥一卷一期

國醫學界參考書目　沈仲圭　中國出版月刊二卷四,五,六期合刊

(C)善本附禁書

本館新舊善本書目異同表　國立北平圖書館館刊八卷一期至四期連期刊登

國立北平圖書館善本書目序　傅增湘　圖書館學季刊七卷四期

館藏善本書志　金濤 安徽圖書館　學風五卷四,五,六期

館藏甲種善本書舉要　夏定域 浙江圖書館　圖書展望二期

館藏善本書題識(續)　夏定域 毛春翔　浙江圖書館館刊三卷二期至六期,四卷一期至六期連期刊登

善本展覽題識輯錄　編者　浙江圖書館館刊三卷一期
九鐘精舍圖,歲暮歸書圖,虹橋板拓片併題識,澄泥硯
拓片并題識,宋景制敕跋,倪文正公畫像題詠。

館藏善本書題跋輯錄一 文瀾學報一集

（一）附釋音周禮註疏題記，（二）附釋音春秋左傳注疏題記，（三）陳洪綬篆儀象辨手稿本題記，（四）殿本明臺五經校記，（五）馮登府漢三家詩異字詁稿本書後，（六）說文解字過校本題記，（七）桂馥箋注說文解字跋，（八）說文管窺寫本跋。

國立中山大學圖書館善本書跋 朱倓 國立中山大學文史學研究所月刊二卷二，三，四期，合刊，五期

（一）明嘉靖刊本誠齋易傳跋，（二）明崇禎刊本太常紀跋，（三）明嘉靖刊本盧山紀事跋，（四）鈔本崖山志跋，（五）嘉慶本棲里景略跋，莫友芝校本封氏聞見記跋，（六）知不足齋鈔本巴西文集跋，研齋先生詩集跋，（七）明唐藩本文選李善注跋，（八）天一閣鈔宋本新編四六寶苑跋，（九）明崇禎本孝經彙刻本十二種跋，（十）南國賢書跋，（十一）舊鈔本海角遺編跋，（十二）萬曆本養正圖解跋，（十三）林芳校本顏氏家訓跋，（十四）明刻風俗通義跋，（十五）舊鈔本女世說跋，（十六）舊鈔本綱山集跋，（十七）嘉靖本宗子相集跋，（十八）鈔本辛齋集跋，（十九）廣字義跋，（二十）舊鈔東江遺事跋，（二十一）徐氏鈔本傳是樓書目跋，（二十二）南村隨筆跋，（二十三）明鈔玉靈聚義跋，（二十四）明仿元虛堂習聽錄跋，（二十五）舊鈔本釣磯文集跋，（二十六）明嘉靖本東坡寓惠錄跋，（二十七）鈔本同谷集跋，（二十八）明萬曆刊本岳陽紀勝彙編跋。

藏園羣書題記（續） 傅增湘 國聞週報十一卷二期，又八期至四十二期間期刊登十二卷四，六，十，十二，十四，十九，廿一，廿五，卅一，卅五，四十，四十七期

嘉業藏書提要 劉承幹 青鶴一卷十八，廿，廿二，廿四期；二卷二期；三卷四，六期

吳興劉氏嘉業堂藏書紀略　黃孝紓　青鶴二卷十二，十六，廿二期；三卷二期

南潯劉氏嘉業堂觀書記　張崟　浙江圖書館館刊四卷三期

芸盦羣書題記　趙萬里　大公報圖書副刊八，九，十七，廿一期（二十三年一月六，十三日；三月十日；四月七日）

宋本提要廿九種　寒雲遺稿　河南圖書館館刊第一，二，三冊

墨莊叢稗錄　逸叟　河南圖書館館刊第一，二，三冊
善本書跋

珍籍遇眼錄　羅香林　國立中山大學文史學研究所月刊二卷一，二期
（一）五服圖解，（二）嶺南林睡廬詩選，（三）武溪集，（四）影元鈔本金臺集，（五）明鈔本丹崖集，（六）成化寰宇通志，（七）秘書省續到四庫闕書。

求恕齋善本瞥記　夏定域　浙江圖書館館刊四卷三期
（一）明版，（二）稿本，（三）鈔本，（四）校本。

著硯樓讀書志　潘承弼　制言半月刊五期
（一）殘宋本春秋經左氏傳句解，（二）說儲，（三）治河通考。

嬰閣書跋　秦更年　青鶴二卷六，八，十四，十九期
（一）宋殘本春秋經傳集解，（二）鈔本儒林傳擬稿，（三）藏書紀事詩，（四）嘉慶丙子士禮居刻本汪本隸釋刊誤，（五）明仿宋本楚辭，（六）刻本南唐書注，（七）稿本清儀閣碑目

五十萬卷樓題跋　莫伯驥　國立中山大學文史學研究所月刊一卷五期，二卷一期，三，四期合刊　嶺南學報三卷二期　圖書館季刊六卷三期

不列顛博物院所藏中國寫本一瞥記 素癡 國聞週報十一卷卅一期
敦煌寫本

海外希見錄 王重民 大公報圖書副刊七十五期(廿四年四月十八日)

巴黎敦煌殘卷叙錄 王重民 大公報圖書副刊八十期至八十八期,又九三、九五,九六,九九,一〇〇,一〇六,一〇七期(廿四年五月廿三,卅日;六月六,廿,廿七日;七月四,十一,十八日;八月廿二日;九月五,十二日;十月三,十日;十一月廿一,廿七日)

巴黎圖書館敦煌寫本書目序 陸翔 國學論衡三期

敦煌刼餘錄序 陳寅恪 海潮音十三卷十一號

柏林訪書記 王重民 國聞週報十二卷四十二期
內容:(一)太平天國文獻,(二)明鈔本華夷譯語、(三)正統道藏。

佚存書目 張增榮譯 圖書館學季刊八卷三期
中國書籍之佚存於日本者

鄧刻奏繳咨禁書目補 李湲輯 磐石雜誌二卷四,六期
清代各省撫院所奏繳,和庭寄查繳禁書的目錄。

索引的禁書總錄校異 白蕉 人文月刊五卷一,二,三期
內容:(一)違礙書目,(二)應燬書目,(三)補遺。

(D)地方著述目 附孔門後學考

金陵藝文志 陳詒紱 國風半月刊四卷四號;五卷十一,十二號合刊至六卷五,六號合刊連期刊登

上海學藝概要　胡懷琛　上海市通志館期刊第一年一，二，四期

晚近浙江省文獻述概　陳訓慈　文瀾學報一集

凡四事：(一)郡邑叢書之輯刊，(二)地方志乘之纂修，(三)省賢譜傳之撰述，(四)鄞天一閣之修葺。

浙江郡邑叢書簡表　張崟　國風半月刊五卷二號

寒石草堂所藏台州書目　項士元　浙江圖書館館刊四卷一期

四明叢書序　陳漢章　國風半月刊二卷六期

集浙東四明縣歷代學者之著述成叢書

四明叢書第二集序　張壽鏞　浙江圖書館館刊三卷五期

四明叢書第三集序目　張壽鏞　浙江圖書館館刊四卷三期

温州經籍志校勘記　孫延釗　甌風雜誌一期至十期，又十七，十八期合刊，十九，廿期合刊

瑞安孫氏玉海樓藏温州鄉賢遺書目幷跋　孫延釗　浙江圖書館館刊四卷二期

瑞安經籍目　陳謐　浙江圖書館館刊四卷四期

永嘉叢書覽要表　孫延釗　浙江圖書館館刊四卷六期

安徽文獻述略　吳景賢　學風四卷八期；五卷一期

夢選樓所藏金華書目 胡宗楙 浙江圖書館館刊四卷六期

安徽通志稿藝文攷質疑 王立中 學風五卷八期

安徽叢書第三期書目提要 編審會 附著者小傳 學風四卷九期

桐城文錄入選諸家著述考 姚子素 學風四卷四期

桐城文錄入選諸家著述攷補 姚子素 學風四卷九期

南陵縣著述人物考略 蔣元卿 學風四卷四期

蕪湖縣著述人物述略 蔣元卿 學風五卷二期 自宋至清代之著述人物志

同安著作人物考 陳影鶴 厦門圖書館聲二卷九，十，十一期

潮州藝文志 安饒鍔輯 宗頤補訂 嶺南學報四卷四期

江夏劉先生湘煃蘄州陳先生詩著述考 王研農 安雅月刊一卷五，六期

孔門後學著述考 趙日生 船山學報六期

(E)個人著述考

慈湖著述考 張壽鏞 光華大學半月刊四卷三，四期

明張燮及其著述考　薛澄清　嶺南學報四卷二期
燮字紹和，萬曆甲午舉人，福建龍溪人。

南雷遺書目錄　馮貞羣　國風月刊七卷一號

方玉潤著述考　向覺明　文學季刊創刊號

梁廷枏著述錄要　冼玉清　嶺南學報四卷一期

總理軼著考略　高良佐　建國月刊十卷五期

(8)四庫全書　附圖書集成

四庫全書之歷史　李時　女師學院期刊創刊號

四庫全書目錄板本考　葉啓勳　圖書館學季刊七卷一期至八卷四期連期刊登
金陵學報三卷二期

四庫提要辨證　余嘉錫　輔仁學誌四卷一期

四庫提要與漢宋門戶　錢穆　天津益世報讀書週刊廿四期(廿四年十一月十四日)

七閣四庫成書之次第及其異同　張崟　國立北平圖書館館刊七卷五期

四庫全書中永樂大典輯本之缺點　袁同禮　國立北平圖書館館刊七卷五期

文瀾閣四庫全書史稿　張崟　文瀾學報一集

書于文襄論四庫全書手札後 陳垣 圖書館學季刊七卷四，五期

從學者作用上估計四庫全書之價値 黃雲眉 國立北平圖書館館刊七卷五期

四庫待訪書目考初稿自序 張傑 光華大學半月刊四卷二期

景印四庫全書原本提要緣起 尹石公 河南圖書館館刊第四册

論抽印四庫全書 陳灨一 青鶴一卷廿一期

選印四庫全書平議 孟森 青鶴一卷廿三期

選印四庫全書平議 錢基博 青鶴一卷廿二期

影印四庫全書往來牋 張元濟 袁同禮 青鶴一卷廿期

影印四庫全書之諸家意見 編者 廣州大學圖書館季刊一卷二期

景印四庫全書未刊本擬目 國立中央圖書館籌備處 國立北平圖書館館刊七卷五號

四庫孤本叢刊目錄 教育編訂四庫全書未刊珍本目錄委員會 國立北平圖書館館刊七卷五號

四庫全書珍本初集目錄 商務印書館 國立北平圖書館館刊七卷五號

選印四庫全書問題文獻目錄 國立北平圖書館館刊七卷五號

從莊氏史案說到四庫全書　湯中　中央時事週報二卷卅八期

關于圖書集成之文獻　袁同禮　圖書館學季刊六卷三期
(一)內務府奏請查武英殿修書處餘書請將監造司庫等官員議摺，(二)總理衙門奏遵旨石印書籍酌擬辦法摺。

附錄

（一）學術界消息

國內學術界消息　容媛編

廿二年一月至六月——（甲）學術機關消息：（一）滕縣發現周代古物及漢代石室，（二）泰山麓發現唐明皇封禪玉簡，（三）北平圖書館秦豫訪古，（四）北平圖館務消息，（五）正定隆興寺調查，（六）抽印四庫全書珍本，（七）古動物化石發現，（八）廣東中山大學民俗學會民俗週刊復刊，（九）故宮古物南遷略誌，（一〇）地理學家張相文先生逝世；（乙）出版界消息：（一）卜辭通纂考釋，（二）殷栔卜辭，（三）山西萬泉縣閻子疙疸之發掘，（四）古史辨，（五）中央研究院歷史語言研究所新刊書籍三種，（六）北平圖新刊書三種，（七）邵二雲先生年譜，（八）成道以來梨園繫年小錄，（九）中國通俗小說書目，（一〇）本校引得編纂處最近刊行引得及特刊四種，（一一）齊大季刊。

廿二年七月至十二月——（甲）學術機關消息：（一）南陽草店漢墓享堂畫象記，（二）歷城唐代造像及章邱濟陽明代佛經，（三）滕縣發掘紀要，（四）抽印四庫全書續誌，（五）國立北平研究院植物研究所之工作進行，（六）海南生物採集團，（七）中央研究院派員考察苗疆經過，（八）悼柯劭忞簡朝亮先生；（乙）出版界消息：（一）殷虛書契續編，（二）福氏所藏甲骨文字，（三）殷契佚存，（四）三代秦漢金文著錄表內府藏器著錄表，（五）雙劍誃吉金文選，（六）頌齋吉金圖，（七）古代銘刻彙考四種，（八）小檀欒室鏡影，（九）故宮殿本書庫現存目，（一〇）清昇平署存檔事例漫抄，（一一）西夏研究，（一二）哈佛燕京學社燕京學報專號四種，（一三）引得編纂處近刊引得特刊四種。

廿三年一月至六月——（甲）學術機關消息：（一）天龍山北齊石佛之劫，

（二）中國營造學社古代建築之研究進行，（三）陝西考古會之工作進行與戴院長之反對發掘古墓，（四）廣勝寺金刻藏經影印，（五）遼海叢書，（六）蒙兀兒史記將增刊出版，（七）劉師培遺著之發刊，（八）李越縵手稿之發現與日記餘册之印行，（九）清華大學購得郝蘭皋遺稿，（一〇）廣西教育廳苗猺教委會調查苗猺計畫綱目；（乙）出版界消息：（一一）高昌陶集，（二）善齋吉金錄，（三）唐五代西方音，（四）遼陵石刻集，（五）明倭寇考略，（六）禹貢半月刊，（七）法言義疏，（八）客家研究導論，（九）沙南蛋民調查專號，（一〇）引得編纂處最近刊行引得及特刊四種。

廿三年七月至十一月—（甲）學術機關消息：（一）北平研究院五年來之工作進行及成績，（二）膠東考古團，（三）新女直國書碑之發現，（四）新疆發現西漢論語殘簡，（五）悼劉復先生；（乙）出版界消息：（一）元秘史譯音用字考，（二）元典章校補釋例，（三）甲骨文編，（四）武英殿彝器圖錄，（五）雙劍誃吉金圖錄，（六）陝西金石志，（七）明史佛郎機呂宋和蘭意大里亞四傳注釋，（八）宋元南戲百一錄，（九）史地週刊，（一〇）十三經索引，（一一）引得編纂處最近刊行引得及特刊五種，（一二）滿州帝國吉林省顧鄉屯何家溝第一回發掘物研究報告，（一三）日本東亞攷古學會刊行攷古書籍四種，（一四）洛陽故城古墓考。

廿三年十二月至廿四年五月—（甲）學術機關消息：（一）渾源出土古器，（二）中央研究院安陽田野工作之經過及重要發見，（三）陝西考古會近況，（四）故宮文獻館所藏明清檔案之整理，（五）中央研究院籌組海產考察團，（六）北平地質調查所擬定三年工作計畫；（乙）出版界消息：（一）古史辨第五册，（二）元明清系通紀，（三）清初三大疑案考實，（四）史學論叢，（五）史地社會論文摘要月刊，（六）吳憲齋先生年譜，（七）善齋吉金錄，（八）考古學社考古專集三種考古叢書第一種，（九）松花江下遊的赫哲族，（一〇）國學論文索引三編，（一一）引得編纂處最近刊行引得二種，（一二）燕京大學圖書館目錄初稿，（一三）城子崖。

廿四年五月至十一月—（甲）學術機關消息：（一）河南浚縣山彪鎮新獲古物，（二）北平研究院考察彭城北齊石刻經過，（三）臨沂縣發現漢墓畫像石刻；（乙）出版界消息：（一）十二家吉金圖錄，（二）金文續編，（三）漢代壙專錄，（四）金文分域編（五）封泥存眞，（六）柯劭忞先生遺著三種，（七）章氏叢書續編，（八）明史鈔略，（九）三國志注補，（一〇）清史大綱，（一一）中國地方志綜錄，（一二）南園叢稿，（一三）日知錄校記，（一四）中國文學史大綱，（一五）清人雜劇二集，（一六）古音系研究，（一七）引得編纂處最近刊行引得四種，（一八）古物保管委員會工作，（一九）中國明器圖譜。

學術界消息。 圖書季刊一卷二期。（一）山西發見宋金元諸代藏經，（二）李越縵手稿之發見與日記餘册之印行，（三）郝蘭皐著述之發現，（四）中央研究院歷史語言研究所將最近出版趙萬里編著之漢魏六朝冢墓遺文圖錄，（五）利馬竇遺牘與傳教錄之再版，（六）北平圖書館近購德格版藏文大藏經，（七）任啓運遺著之新刋，（八）李文田著作誌聞，（九）劉師培遺著之發刋，（十）蒙兀兒史記增刋卽將出版，（十一）全宋詞與詞話叢刻，（十二）渤海國都城遺址之發掘，（十三）萬國人類學人種大會預誌，（十四）萬國地理學聯合會特於今年開會於波蘭。

學術機關消息 輔仁學誌四卷一期 廿十二年間；—（一）輔仁大學中國語言研究所工作—關于廣韻聲系之研究，（二）北平故宮博物院文獻館之最近況—檔案之整理

學瓠 中央圖書館編 中央時事週報四卷五期至五十期連期刊登 這一欄專以介紹各地圕情形與學術界消息，起自廿四年二月至十

二月間。

圖書館界　中華圖書館協會會報九卷四期至十一卷三期連期刊登廿三年一月至廿四年十二月間各處圖書館及出版物之消息。

文化簡訊　圖書展望一，二，三期。廿四年六月至十二月間：—（一）出版瑣聞，（二）學生團體活動情報，（三）學術界最近調查，（四）發明與發現新語，（五）國內外學者消息，（六）圖書館界近訊，（七）其他他文化掇拾。

古物消息　河北第一博物院畫報五十期至九十五期間期刊登。

出版界消息　輔仁學誌四卷一期。廿三年間：—（一）影印四庫全書珍本之經過，（二）三代秦漢金文著錄表，（三）殷契佚存考釋，（四）古代銘刻彙攷，（五）頌齋吉金圖錄，（六）高昌陶集，（七）雙劍誃金石文選，（八）經典釋文敍錄疏證，（九）唐代長安與西域文明，（十）嘉靖禦倭江浙主客軍考，（十一）明史纂修考。

國內地理界消息　楊啓揚　楊向奎等輯　禹貢半月刊四卷三期至八期連期刊登。廿四年八月至十二月間之消息：—（一）國內鐵路公路新聞彙誌，（二）國內鑛產新聞彙誌，（三）各省生產狀況，（四）華僑在南洋之分佈入口稅，（五）各省水災狀況，（六）各省交通狀況，（七）各省鐵道狀況，（八）各省公路狀況，（九）各省水利狀況，（十）各地人口調查，（十一）各省行政區之改革。

出席第十四屆國際地理會議報告　呂炯　地理學報一卷二期　開會日期爲一九三四年八月廿三日至卅

一日地點寫波蘭京城華沙。

詞壇消息 詞學季刊一卷二號 廿二年八月至廿三年八月間：—（一）羅莘田草創唐宋金元詞韵譜，（二）趙萬里將刊善本詞集十種，（三）趙叔雍新得陳大聲草堂詞集，（四）彙刻全宋詞及詞話叢編之擬議，（五）最近各地出版之各家詞集，（六）漚社社友新刊詞集，（七）女詞人陳家慶碧湘閣詞出版，（八）清詞鈔最近消息，（九）龍榆生擬撰彊邨本事詞，（十）吳瞿安對於本刊所載陳澤白石暗香詞譜之是正，（十一）袁師南徵求湖南人詞，（十二）姜文卿刻書處重刊半塘定稿，（十三）彊邨遺書第二次開印，（十四）景印花草粹編出版，（十五）景印詞林摘豔出版，（十六）彊邨先生葬事近訊，（十七）彊邨先生造象之擬議，（十八）邵次公將刊行樸學偉著，（十九）夏臞禪撰十種詞人年譜將全脫稿，（二十）龍榆生董理詞學論著。

詞壇消息 大公報文學副刊三〇四期（二十二年十月卅日）（一）葉恭綽輯清詞鈔，（二）詞學季刊之刊行，（三）明神童蘇福之秋風辭，（四）許申著之高陽集，（五）鄭昌時著之「鄉音異同可通音學說」

（二）新書的評介

新書介紹 圖書季刊一卷一期至二卷二期連期刊登。廿二年至廿四年出版之新書：小檀欒室鏡影，頌齋吉金圖錄，契佚存考釋，三代金文著錄表，遼居雜著乙稿，渤海國志長編要删，清初史料四種、翁覃溪手札，因明論理門十四過類疏，濰縣文獻叢刊第二輯，江蘇藝文志，關於徐光啓之新刊三種，嘉靖南宮縣志，多爾袞攝政日記司道職名册，兩儒耳目資，梁質人年譜，文獻叢編十五十六輯，室名索引，墨子大義述，博史，北平箋譜，文學論文索引續編，咸同貴州軍事史，車里康藏軺征，川邊遊記，東方學報，樂學軌範影印本，新羅史研究，東洋天文學史研究，遼東前線，遼文存，遼文萃，遼痕五種，契丹名號考釋，攀古小廬文，嶺表紀蠻，甲骨學，新出雲南邊務書三種，史前期中國社會研究，明初之滿州經略，支那工藝圖鑑，白鶴帖，中國之地理底基，原始宗教中對于死者的恐懼，洛陽故城古墓考，第一次滿蒙學述調查研究團報告，楚器圖釋，諧聲譜，大同古建築調查報告，樂浪彩篋，松花江下游的赫哲族，清初三大疑案考實，同治重修圓明園史料，清代燕都梨園史料，蒙古概況與內蒙自治運動，中國大事年表，中國脊椎動物之研究，明清之際黨社運動考，李子金類譜，篆隸萬象名義，古史新証，古史辨，星象統箋，星體圖說，史記天官書恒星圖考，考古專號一卷一期，河北石徵第一集，吳愙聽先生年譜，吉金文錄，覃揅齋金石書畫第一輯，衡齋藏見古玉圖，景印明朱刻本歷代鐘鼎彝器款識，中國音樂史，支那山水畫史，唐宋之繪畫，清代圖書館發展史，中法越南關係始末，兩淮水利鹽墾實錄，經濟地理概論，元人小令集，鄭和下西洋考，瀛涯勝覽校注，法書論西倫氏中國古代繪畫史，中國地理新誌，章氏叢書續編，古音系研究，中國陶磁圖錄，甲戌叢編，八十九種明代傳記綜合引得，人文地理學概論，元明散曲小史，伊闕石刻圖表，十二家吉金圖錄，金文續編，漢代鑛磚集錄，多桑蒙古史，內蒙古長城地帶，舊石器時代之藝術，三國志注補影印，林文忠公年譜，中國保甲制度，造園學概論，晉石厂叢書十種，佳夢軒叢著二種，詞話叢編，中國娼妓史，浙江省立圖書館總目。

「中國學術研究」　陳恭祿　武大社會科學季刊五卷一期
江亢虎著商務版。

評「本國文化史大綱」　應普漢　學藝十四卷五期
楊東蓴編北新書局發行。

「經學史論」一之 大公報圖書副刊四十三期（廿三年九月八日）本田成之著江俠庵譯商務版。

江俠庵編譯「先秦經籍考」底胡譯 慧先 現代六卷二期 商務發行。

「春秋總論」初稿 夏樸山 大公報圖書副刊一百〇五期（廿四年十一月十四日）

毛起著杭州貞社出版

「中國近三百年哲學史」 李長之 國聞週報十一卷一期 蔣維喬著中華發行

評日人瀧川龜太郎「史記會注考證」 梁隱 大公報圖書副刊十三期（二十三年二月十日）

呂思勉著「白話本國史」訂譌 雲孫 大公報圖書副刊八十一期（廿四年五月卄日）

「明倭寇考略」 庚年 大公報圖書副刊六十三期（廿四年一月廿四日） 陳懋恒著哈佛燕京學社出版

「辛亥革命史」 郭斌佳 武大文哲季刊四卷四期 左舜生著中華版

「中國天主教傳教史」 郭斌佳 武大文哲季刊四卷三號 The Catholic Missions in China, a Short Sketch of the History of the Catholic church in China from the Earliest Records to Our Own Days. By Paschal M. D'Elia, S.J.上海商務印書館出版

「佛遊天竺記考釋」 大公報圖書副刊六十八期（廿四年二月廿八日） 岑仲勉著商務版

「中國音樂史」 大公報圖書副刊八十三期（廿四年六月十三日） 王光祈編

「清代圖書館發展史」　武大文哲季刊四卷二期　譚卓恒著商務版

「中國印刷術之發明及其西傳」　鄧嗣禹　圖書評論二卷十一期　著者為哥倫比亞大學漢文教授Thomas Francis Carter. 由哥倫比亞大學印行

評「中國印刷術之發明及其西漸」　張德昌　新月月刊四卷六期

關於文學的書籍

再評「中國文學珍本叢書」　鄭恭三　天津益世報讀書週刊廿七期（廿四年十二月五日）

——並致施蟄存先生——

關於「中國文學珍本叢書」　施蟄存　國聞週報十二卷四十六期

胡適著「白話文學史」上卷　梁叔儀　圖書評論一卷九期　新月書店印行

鄭振鐸著插圖本「中國文學史」　吳世昌　圖書評論二卷七期　附論變文發生時代與詞的起源

評鄭著「中國文學史」　吳世昌　新月月刊四卷六期

鄭振鐸先生來函　新月四卷七期

錢基博著「現代中國文學史」　圖書評論二卷十期　上海世界書局發行

鄭賓于著「中國文學流變史」 羅根澤 圖書評論二卷十期 上海北新書局印行

評錢基博「現代中國文學史」 胡先驌 大公報文學副刊三〇八期（廿二年十一月廿七日） 青鶴二卷四期

由世界書局發行

「現代中國文學史」 武大文哲季刊三卷一號

評錢基博之「現代中國文學史」 王旬 衆志月刊二卷一期

評顧實「中國文學史大綱」 津逮季刊一期 商務出版

評趙景深「中國文學小史」 品如 津逮季刊二期 光華書局出版

「中國文學批評史」上卷 朱自清 清華學報九卷四期 郭紹虞著商務印行

郭紹虞的「中國文學批評史」 李辰冬 大公報文藝副刊一一五期（廿三年十月卅一日）

讀「中國文學批評史」 張長弓 文藝月報一卷四期

評羅著「中國文學批評史」 振珮 學風五卷四期 北平人文書店出版

「中國文學批評史（一）」 周木齋 文學四卷一號

評羅根澤的「中國文學批評史」 衆志月刊二卷三期

「先秦文學大綱」—臻　文學一卷五號　楊蔭深編上海華通書局發行

「近代散文鈔」—中書君　新月四卷七期　沈啓天編,周作人序

「中國詩詞曲之輕重律」—大公報文學副刊二百九十二期(廿二年八月七日)　王光祈編中華書局出版

評「唐刻詞話叢編」—厲嘯桐　武大文哲季刊五卷一號　唐圭璋編南京利濟巷六十七號發行

「中國戲劇概論」—劇學月刊三卷九期　盧冀野編著,世界書局印行

「中國戲劇研究」—趙景深　人間世五期　英文本原名 Studes in the Chiuese Drama作者 Kate Buss. 美國波士頓四海出版

「中國近代戲曲史」—棨　劇學月刊二卷六期　鄭震編譯北新書局出版

「元明散曲小史」—長之　天津益世報文學副刊十期(廿四年五月八日)　梁乙眞著,商務版

「元明散曲小史」—凡　大公報圖書副刊八十二期(廿四年六月六日)

「清人雜劇初集」—趙景深　現代學生二卷二號　鄭振鐸輯開明書店代售

「臉譜」—野鶴　劇學月刊三卷七期　齊如山著北平東安市場丹桂商場松竹梅商店發行

中國通俗小說目—棨　劇學月刊二卷六期　孫楷第編北平圖書館發行

「紅樓夢偶說」　季眞　天津益世報讀書週刊十八期(廿四年十月三日)
道光六年晶三蘆月草舍原本光緒二年賁覆山房編次

「屈原」　長之　天津益世報文學副刊十三期(廿四年五月廿九日)
郭沫若著，開明印行

「屈原」　何其若　人間世卅三期

後記

國學論文索引三編出版後，已兩易寒暑；在此兩年期間，所收論文，約四千餘。原擬此編所分類目，仍能與前論一脈相承，以便讀者之檢索，惟以學術研究之趨向，年有不同，則前後所發表之論文，亦難于一致，爲目前分類之便利計，乃稍有變更；例如年來甲骨學之研究多偏重發掘考釋，故於「考古學」中，另立「甲骨」一目，論文中有兼及文字之探討者，則互見於文字學之六書。又以近來新發掘之文字，篇數極微，故不另立專目，即附見於考古學之「雜記」類中。

至于本編史學之「雜考」一目，範圍較前編爲擴大，而「史料」一目，則較爲縮小；凡論文關于歷史上一人或一事之考釋，均歸入史學之「雜考」；惟關于古代物之考釋，則按其性質分歸考古與社會學之「雜考」；關于地方或郡國之考釋，則歸入地學之「雜考」。地理類則以兩年來地學研究之論文，稍異於前，故所分類亦稍異於前編。又諸子類所列漢魏以後諸家之學說，均按其流派歸附儒，法，道諸家之後，不若前編另立「漢魏以後諸子」一目。其他各類，亦因與前編所收論文性質不同，略加更改；例如「政治」「社會」「經濟」各類，前編均首列「通論」一目，本編則以兩年來此類論文，多注重過去歷史之探討，故均改爲「政治史」「社會史」「經濟史」等目。國學一類，亦就此編論文之性質，酌爲更改；不另立「序跋」與「校勘記」兩目，均按其論文之內容分歸各類，如關于史書者則入史學之「專著」，關于地理書者，則入於地學之「專著」，餘以此類推。

凡同類論文篇目較多者，則另立一目；如太平天國之論文，有專著，有雜考，有史料，若按其性質分歸各目，讀者翻閱時，未免不便，故即另立一目。惟論文太少者，即不立目，或併數類爲一類，或附見性質相近之類中；如尺度量衡及煙酒等，均歸於社會「雜考」中；如郵政附見於地學之「交通」，水利水禍附見於「河流」。

論文性質之較爲複雜，不僅包括一類者，亦如前編，採用互見例；如討論禹貢論文，涉及地理者，既見經類之「尚書」，復見地理之「專著」。

每一類子目，排比之次序，則以範圍較廣者居先；如有時代性，則以時代之先後爲序，關於地理則以地域爲序，經書則以篇目之次第爲序；要之皆以論題性質之所宜而定先後之序，以便讀者檢閱。

本編所錄論文，凡見於雜誌報章之有關中國問題者，無不收羅，若按論題之內容，與性質言之，似微嫌有越國學範圍者；惟一般論文所研究之對象，均屬與中國有關，中間雖有屬于現代社會政治之討論，但時過境移，未始非研究中國史者，之絕好資料，爲讀者檢討便利計，故收集之範圍寧取寬大焉。更有論文之內容，有近于膚泛，有立論與前人雷同者；吾人編製索引，既不能以內容之優劣，妄定取捨，而且一篇之中，間有一二點可取者，均收集之，以備讀者之鑑別。

本編所收雜誌，約二百十餘種，讀者手此一編，既可以檢閱兩年來之鴻篇巨著，亦可藉以窺見學術界之一時趨向；凡已爲時人研究所得之結論，既可免雷同複述之弊，且可就已發表之討論中，另闢新見，則學術界之研究，益見日新月異，斯亦吾人所希冀而認爲此項索引爲研究學術諸君子涓埃之助也。倘將來學術之研究更趨於科學化，則誠如郭師序文所云此索引分類之標準亦可更爲單純矣。

編中所包括雜誌報章約自廿三年一月至廿四年十二月止，以本圖所收藏者爲主，次則參以平中各大學，如淸華，燕京，北大等處圖所收藏者；在「本編所收雜誌卷數號數一覽」，已用符號分別標明。

此編初稿擬就，蒙王育伊楊殿珣兩先生爲斟酌類目，復矯正其中未妥之處；及編成蒙郭師紹虞之代撰序文，均此誌謝。

編者謹識于國立北平圖 民國廿五，五，十五。

勘誤表

頁數	行	字	誤	正
六八	二	小字七	鈢	鑈
九四	六	小字一	劉	柳
九六	九	小字五	國光	國風
一〇一	二	小字七	脫「十」字	十二卷
一一三	一	五	賦	賊
一一三	四	小字第二行	八，廿二日	八月廿五日
一一四	十二	小字十一	一，九期	八，九期

中華圖書館協會叢書

第二種

國學論文索引四編

中華民國二十五年六月出版

【定價壹元貳角伍分】

編輯者 國立北平圖書館 索引組 劉修業

北平文津街一號

發行者 中華圖書館協會

北平成府槐樹街三號

印刷者 引得校印所

總經售處 國立北平圖書館

分售處 各省各大書店

中華圖書館協會出版書籍

中華圖書館協會會報 （兩月刊） 每期壹角

內容有論文及目錄圖書館界新書介紹等乃傳達消息之刊物

圖書館學季刊 劉國鈞博士主編 每期四角全年壹元伍角

主旨在促成一合于中國國情之圖書館學兼論板本目錄之學

全國圖書館調查表 （四次訂正） 一册 壹角

表列全國各圖書館之名稱地址極便參考

老子攷 七卷 二册 王重民編 壹元陸角

著錄中外關于老子之著述五百餘家甚詳

國學論文索引 一册 壹元

國學論文索引續編 一册 捌角

國學論文索引三編 一册 壹元

此索引收雜誌約一百種

文學論文索引 一册 壹元陸角

文學論文索引續編 一册 壹元陸角

是書中索引雜誌約二百種範圍廣博

文學論文索引三編 一册 壹元貳角

中華圖書館協會概況 一册 壹角

詳述中華圖書館協會之沿革組織及事業

中華圖書館協會第一次年會報告 一册 壹元

中華圖書館協會第二次年會報告 一册 伍角

以年會議決案及紀錄爲主爲留心圖書館之發展者所必讀

中國圖書館概況 一册 叁角

提出國際圖書館大會之英文論文五篇

日本訪書志補 一册 （線裝） 楊守敬著 叁角

迻錄觀海堂書偈跋並參他書輯成較原志多四十餘篇

官書局書目彙編 一册 朱士嘉編 伍角

乃各省官書局之總目爲採置書籍必備工具

圖書館參考論 一册 李鍾履著 壹元貳角

詳述參考事務鉅細靡遺爲研究學術之南針

現代圖書館編目法 一册 金敏甫譯 壹元

原著者爲本會名譽會員畢孝普先生